KB165805

조선총독부박물관과 식민주의

일제 식민사학 비판 총서 2

조선총독부박물관과 식민주의

식민지 역사의 재현과 문화재 관리

2022년 2월 16일 초판 1쇄 찍음
2022년 2월 25일 초판 1쇄 펴냄

지은이 오영찬
책임편집 최세정 · 엄귀영
편집 이소영 · 김혜림
표지·본문 디자인 김진운
마케팅 최민규

펴낸이 윤철호 · 고하영
펴낸곳 (주)사회평론아카데미
등록번호 2013-000247(2013년 8월 23일)
전화 02-326-1545
팩스 02-326-1626
주소 03993 서울특별시 마포구 월드컵북로6길 56
이메일 academy@sapyoung.com
홈페이지 www.sapyoung.com

* 이 저서는 2016년 대한민국 교육부와 한국학중앙연구원(한국학진흥사업단)의 한국학총서
  사업의 지원을 받아 수행된 연구임(AKS-2016-KSS-1230007)

일제 식민사학 비판 총서 2

조선총독부박물관과
식민주의

식민지 역사의 재현과 문화재 관리

오영찬 지음

사회평론아카데미

'일제 식민사학 비판 총서'를 출간하면서

2016년 한국학중앙연구원에 '한국학총서' 지원사업으로 「일제 식민주의 역사학의 연원과 기반에 관한 연구」를 제출하였다. 일제 식민사학을 총괄적으로 다루어보자고 7명의 연구자가 모였다. "조선·지나(支那)·만몽(滿蒙)·동남아시아 통합지배를 향한 '동양사'와 식민사학 비판"이라는 부제가 출발 당시의 의욕을 상기시킨다.

일본제국은 한국의 국권을 빼앗은 뒤, 식민지로 영구 통치하기 위해 한국사를 왜곡하였다. 한국은 반도라는 지리적 조건으로 대외적으로 자주성을 잃고, 대내적으로는 당파적인 민족성으로 정쟁을 일삼다가 일본의 통치를 받게 되었다는 것이 골격이다. 1960년대에 접어들어 한국 역사학계는 이를 바로잡는 '식민주의 역사 비판'을 시작하여 한국사의 모습을 크게 바꾸어놓았다. 그런데 1960~1970년대에 확보된 비판의 틀은 시간이 지나서도 확장성을 보이지 못하였다. 한국은 일본제국의 대외 침략에서 가장 큰 피해국이었던 만큼 식민사학의 실체와 왜곡의 뿌리를 바닥까지 헤집어보는 확장력을 발휘할 권리와 의무가 있었다. 그러나 시간이 흘러도 그런 기세는 보이지 않았다. 비판의 시선도 한국사에서 좀체 벗어나지 못하였다. 만주 지역이 포함되었지만, 그것은 '만선사(滿鮮史)'가 제국 일본 역사 왜곡의 주요한 주제의 하나였기 때문이다. 일제의 대외 침략은 동아시아 전체를 대상으로 한 만큼 역사 왜곡이 조선, 만주에만 한정되었을 리 만무하다.

이 총서는 지금까지의 식민주의 역사학 비판의 틀에서 벗어나 제국 일본의 '동양' 제패 이데올로기 생산의 주요 조직, 곧 제국의 대학과 언론계(『일본제국의 '동양사' 개발과 천황제 파시즘』, 이태진), 조선총독부박물관(『조선총독부박물관과 식민주의』, 오영찬), 남만주철도주식회사의 조사부(『제국 일본의 동아시아 공간 재편과 만철조사부』, 박준형), 조선총독부 중추원과 조선사편수회(『조선총독부의 조선사 자료 수집과 역사편찬』, 서영희), 경성제국대학(『경성제국대학 법문학부와 조선 연구』, 정준영), 외무성 산하의 동방문화학원(『일본제국의 대외 침략과 동방학 변천』, 이태진) 등의 연구 및 홍보조직을 조사 대상으로 삼았다. 이 조직들에서 누가, 어떻게 역사 왜곡에 나섰는지, 일본의 대륙 침략에 따라 이를 역사적으로 옹호하며 조선과 만주는 물론 대륙 전체를 아우르려 하고(『만선사, 그 형성과 지속』, 정상우), 동남아와 태평양으로 '남진'하면서 '대동아공영권'을 내세우는 과정(『남양과 식민주의』, 허영란), 이 단계에서 새로 발족한 도쿄, 교토 양 제국대학의 동양문화·인문과학연구소(『일본제국의 대외 침략과 동방학 변천』, 이태진) 등을 살폈다. 일본제국 침략주의의 실체를 말 그대로 머리에서 발끝까지 뒤져본다는 심정으로 연구에 임하였다.

일본제국의 침략주의는 두 개의 베일에 가려져 있다. 하나는 '메이지유신'이란 '신화'이고, 다른 하나는 무임승차하듯 편승한 제국주의 일반론이다. 일본제국은 구미 바깥 세계에서 유일하게 근대화(서구화)에 성공한 나라라는 신화가 일본의 반성을 거의 기대할 수 없게 만들었다. 침략을 받은 나라에서조차 부러워하는 신화였다. 그리고 19세기 말, 20세기 전반기는 약육강식의 신제국주의 시대로서 일본제국의 대외 침략은 그중 하나일 뿐이라는 변론이 엄연하게 힘을 발휘했다. 이런 잘못된 인식의 덫이 그 엄청난 범죄적 침략 행위에 면죄부 효과를 가져와 비판의식을 더욱 흐리게 하였다. 일본제국의 대외 팽창은 천황의 영광을 위해 기획되었고, 그 천황제 국가주의는 구미 제국주의와는 뿌리가 다르고 행위 양상이 달랐다. 그래서 파시즘의 실황도 일본제국이 앞섰고, 더 무서웠다. 이 총서는 동아시아 세계의 평화공존 질서 확립을 위해 일본 역사학계가 서둘러 처리했어야 할 숙제를 대신하는 것일지 모른다.

한·중·일 3국의 동아시아는 현재 국제적으로 비중이 매우 커져 있다. 3국 관계는 전통적인 민족국가 기반 위에 냉전 시대 이데올로기 분쟁으로 빚어진 대치 관계가 복합하여, 새로운 평화공존의 질서를 세우기가 매우 불투명한 상황에 놓여 있다. 평화공존 체제의 확립을 위해서는 무엇보다도 과거 민족국가 시대의 패권주의 의식을 떨쳐버려야 한다. 중국은 지금 사회주의 국가이면서 역사적으로 오랜 종주국 의식이 남아 있는 실태를 자주 드러낸다. 일본 또한 제국 시대의 '영광'에 대한 기억을 쉽게 버리려 하지 않는다. 두 나라가 이렇게 과거의 유산에 묶여 있는 상황은 동아시아의 미래에 도움이 되지 않는다. 지난 세기 일본제국이 동아시아 세계에 끼친 악영향은 너무나 크기 때문에 일본의 반성 순위는 첫 번째가 되어야 한다. 이 총서는 같은 역사학도로서 일본 역사학계가 지금이라도 제국 시대 역사학의 잘못을 실체적으로 살펴 동아시아의 바람직한 질서 확립에 새로운 추동력을 발휘하기를 바라는 절실한 바람을 담았다. 바른 역사를 밝혀 바른 교육으로 일본 국민의 역사 인식과 의식을 바꾸어주기를 바라는 마음이다.

'일제 식민사학 비판 총서'는 5년여의 각고의 노력 끝에 세상에 나왔다. 무엇보다도 한국학중앙연구원의 지원에 감사한다. 공동연구에 참여한 연구원 모두 최선을 다하였으나 부족함이 많이 남아 있을 것이다. 이에 대한 강호 제현의 따뜻한 질정과 격려를 바라 마지 않는다.

공동연구 책임
이태진

책머리에

　조선총독부박물관과의 인연은 내가 국립중앙박물관에 재직하던 1998년으로 거슬러 올라간다. 초임 학예연구사로 국립중앙박물관 유물관리부에서 자료 관리를 담당하고 있었는데, 여기에는 조선총독부박물관 유리원판사진 관리도 포함되어 있었다. 어느 날 구면이던 신라 고고학 전공자 후지이 가즈오(藤井和夫) 씨의 서신을 받았다. 해방 이전 조선총독부박물관에 근무했던 일본 교토대학의 아리미쓰 교이치(有光敎一, 1907~2011) 명예교수가 본인이 직접 발굴했던 고고학 유적들의 보고서를 생전에 마무리하려고 하니 관련 자료의 협조를 요청한다는 것이었다. 그 첫 번째 사업으로 1932~1933년 발굴한 경주 황오리 16호분과 노서리 215번지 고분의 발굴보고서 발간을 위해 유리원판사진의 복제와 출토 유물의 실측을 신청하였다. 아리미쓰 교수는 1933년 조선고적연구회의 연구원으로 시작하여 해방될 때까지 조선총독부박물관 주임으로 활동했으며, 해방 이후에는 조선총독부박물관을 미군정에 인계하고 1946년 8월까지 남아서 국립박물관의 경주 호우총 발굴을 지도한 인물이었다.

해방된 지 50년이 지난 시점에 조선총독부박물관의 발굴 유물과 이와 관련한 유리원판사진, 문서 등을 다시 일본인의 손에 넘겨 정리를 맡기는 일은 선뜻 받아들여지지 않았다. 국립중앙박물관 내부에서는 발굴 당사자가 뒤늦게나마 자료를 정리하여 보고서를 출간한다니 학술적인 차원에서 협조해야 하는 게 아닌가라는 의견도 있었다. 수차에 걸친 내부 논의 끝에 결국 자료 협조를 하지 않는 것으로 결론이 내려졌다. 국립중앙박물관의 협조를 받지 못한 채 일본에서는 유네스코동아시아문화연구센터와 도요분코(東洋文庫)의 재정 지원을 받아 『조선고적연구회유고(朝鮮古蹟研究會遺稿)』라는 제하로 세 권의 발굴보고서가 출간되었다.

아리미쓰 교수의 발굴보고서 문제는 조선총독부박물관의 유산을 어떻게 바라볼 것인가에 대한 숙제를 마음 한 켠에 남겼다. 발굴 유물과 유리원판사진은 식민지에, 발굴자와 발굴 기록은 식민 모국에 각각 흩어진 채 오랜 시간이 흘렀다면, 과연 과거의 발굴 자료를 공개할 책임과 권리는 누구에게 있는 것일까? 학술 자료의 지적 권리와 정리의 책임은 발굴자에게 있는 것인가, 아니면 식민지 시기 박물관을 계승한 현재의 박물관에 있는 것인가? 이에 대해 오늘날 국립중앙박물관은 조선총독부박물관에 대해 어떤 입장을 취해야 하는 것인가? 이러한 문제에서 출발하여 조선총독부박물관의 실체와 성격에 대해 궁금증을 가지게 되었다.

　조선총독부박물관은 근대 학문의 발전과 밀접한 관련을 맺었으면서 식민지 문화재 정책기관으로서 중요한 의미를 지니고 있음에도 불구하고 지금까지 본격적인 연구가 없었다. 조선총독부박물관은 제국 일본이 식민지에 설치한 박물관으로, 제국의 박물관을 모방해 운영됐으며, 전시와 소장품 관리 등 박물관의 기능과 고적조사 및 식민지 문화재 보호 관리 기능이 중첩되어 있었다. 총독부 관료와 박물관 직원들, 그리고 제국의 학자들 간의 갈등도 노정되어 있었던 조선총독부박물관은 식민성과 근대성이 착종된 대표적인 식민지 문화기관이었다.

　10여 년의 시간이 흘러 국립중앙박물관에서 이화여자대학교로 자리를 옮긴 후, 2014년부터 4년간 국외소재문화재재단과 국립중앙박물관의 의뢰로 조선총독부박물관 문서의 해제 작업을 할 기회가 생겼다. 김인덕(한국근대사), 이기성(고고학), 김주하(건축사), 이용윤(불교미술사) 교수 등 여러 분야의 훌륭한 연구자들과 함께한 해제 작업을 통해 조선총독부박물관에 대한 새로운 지견을 얻을 수 있었다. 이 작업을 거의 마칠 즈음 은사인 이태진 선생님께서 한국학중앙연구원의 공동연구과제 참여를 제안하셨다. 고대사 전공자인 필자에게는 힘에 부치는 주제였지만 조선총독부박물관에 대한 연구를 이참에 정리할 기회로 여겨 흔쾌히 제안을 받아들였고, 부족하나마 이 책으로 결실을 거두게 되었다. 보다 균형 잡힌 시각에서 조선총독부박물관의 식민성과 근대성의 문제에 접근하고자 했으나, 전자의 문제에 천착했다는 아쉬움이 남는다. 후속 연구를 기약하고 싶지만, 아쉽게도 이제는 본업인 고대사 연구자로 다시 돌아가야 할 것 같다. 늘 사료의 부족에 허덕이던 고대사 연구와 달리 풍부한 자료의 숲에서 마음껏 헤맬 수 있었던 것은 즐거운 연구 경험이었다.

새로운 분야를 공부하면서 실로 많은 분에게 과분한 도움을 받았다. 자료 이용에 협조를 아끼지 않은 친정 국립중앙박물관 선후배, 조선총독부박물관 문서 해제 작업을 제안하고 지원해준 국외소재문화재재단 관계자와 수년을 함께한 공동연구원, 근대사에 대한 식견을 넓혀준 한국학중앙연구원 공동연구과제팀의 이태진 선생님, 서영희 선배 이하 여러 선후배 분께 감사드린다. 아울러 어려운 출판 환경에서 흔쾌히 출판을 수락해준 ㈜사회평론아카데미 대표님께도 감사를 드린다. 방학 때마다 영국을 은거처로 삼아 집필에 전념할 수 있었다. 늘 서로 페이스메이커가 되어준 아내 혜숙과 형표, 은표에게 5년 이국 생활의 작은 선물이 되기를 바란다.

차례

조선총독부박물관의
역사적 궤적을 찾아

2005년 10월, 국립중앙박물관은 용산에 세계적 규모의 건물을 신축해 이전 개관하였다. 1945년 해방과 더불어 조선총독부박물관(이하 '총독부박물관')의 건물과 소장품을 그대로 이어받아 문을 연 지 60년 만의 일이었다. 경복궁 내 조선총독부박물관 건물에서 문을 연 국립박물관은 한국전쟁 당시 부산 피난살이를 거친 후, 휴전과 함께 남산으로, 덕수궁으로 전전하다가, 1972년 유신체제의 출범에 전후하여 '한국적 민족주의'와 관료주의의 그늘이 짙게 드리워진 '중앙'을 명칭에 추가하면서 조악한 경복궁 내 신축 건물에 자리를 잡았다. 1980년 다시 옮긴 구 조선총독부 건물이 김영삼 문민정부의 역사 바로 세우기 작업의 일환으로 1995년 철거되면서, 국립중앙박물관은 경복궁 내 임시공간에 잠시 몸을 피했다가 용산으로 이전하게 된 것이다. 전 세계에서 단기간에 이처럼 잦은 이전을 거듭한 국립박물관은 결코 없을 것이다. 국립중앙박물관의 이러한 역사적 궤적은 한국전쟁 같은 민족의 비극뿐 아니라 민족주체성 확립이니 식민 잔재의 청산이니 하는 정권 이데올로기와 결부되었으며, 한편으로 한국 현대사와 영욕을 함께한 역사의 현장 그 자체였다.

건물이라는 물리적 실체의 역사성은 비교적 가시적으로 잘 드러난다. 그러나 박물관의 소장품이나 전시 등 내용적 측면에서 국립중앙박물관의 현재 모습이 지니는 시간의 나이테는 정체나 성격을 포착해내기가 쉽지 않다. 마치 원래 현재의 모습을 당연히 유지해오고 있는 듯하다. 하지만 박물관의 소장품, 전시, 조사연구 등 제반 활동은 결코 단기간에 이루어진 것이 아니라 과거의 전통과 경험이 장기간 누적된 것이다. 이러한 역사성을 제대로 인식하는 것, 국립중앙박물관의 과거와 현재의 모습이 어떠하며, 얼마나 철저하게 과거를 극복하고 현재에 자리하며 미래를 지향하고 있는가를 살펴보는 것이 필요하다. 국립중앙박물관의 새로운 도약을 위해서는 이에 대한 진지한 성찰이 전제되어야 하지만, 아직 본격적인 작업이 제대로 이루어진 적이 없다는 점은 아쉽다.

이 책은 이러한 문제의식에서 출발하여 국립중앙박물관의 전사(前史)로서 조선총독부박물관을 살펴본 것이다. 국립중앙박물관의 소장품과 전시, 조사연구의 연원이 불가피하게 조선총독부박물관에서 비롯되었다는 것은 주지의 사실이다. 아울러 관리 운영 시스템 등도 상당 정도 영향을 받았다. 하지만 총독부박물관이 언제 어떻게 성립되었으며, 무엇을 위해 어떤 활동을 펼쳤는지는 구체적으로 잘 모른다. 따라서 총독부박물관의 실체와 내용에 대한 인식이 제대로 이루어져야만 국립중앙박물관의 현재 모습에 대한 올바른 이해가 가능하며, 미래의 발전 방향을 설정할 수 있을 것이다.

이를 위하여 본서에서는 총독부박물관의 설립과 운영의 구체적인 모습을 살펴보고자 하였는데, 먼저 1부에서는 총독부박물관의 설립 과정과 그 배경에 대해 살펴보았다. 총독부박물관의 설립을 주도한 데라우치 마사타케(寺內正毅, 1852~1919) 총독이 식민지 조선의 문화재를 수집하고 박물관의 설립에 관심을 가지게 된 경위를 검토하였다. 그리고 1915년 조선물산공진회(이하 '물산공진회')와 총독부박물관의 연속성에 대해서는 박물관 건축을 중심으로 살펴보았으며, 조선 문화의 재현과 식민지 문화재 관리에 초점을 맞추어 총독부박물관의 설립 목적을 검토하였다.

2부에서는 박물관의 기반이 되는 조직과 인력, 그리고 소장품의 문제를 다루었다. 먼저 총독부박물관의 시기적 변천에 따른 조직과 인력 구성의 변화를 추적하였으며, 조선총독부의 직제상 학무국 소관이 아닌 총독관방의 총무과에 소속되어 설립된 경위를 검토하였다. 아울러 총독부박물관이 어떤 소장품을 기반으로 출발했는지 개관 전후 소장품의 형성 과정과 의미에 대하여 살펴보았는데, 이를 위해 총독부박물관이 개관할 당시 확보한 초기 소장품의 구성과 현황, 그리고 이들에게 부여했던 가치의 기준을 검토하였다. 그리고 향후 소장품을 어떤 경로를 통해 확대해나갔는지 살펴보았다. 아울러 총독부박물관의 상설전시에 대한 복원을 통해 식민주의 역사관이 전시를 거쳐 어떻게 재현되었는지를 구체적으로 검토하였다. 특히 총독부박물관 상설전시의 각 단계별 전시 주제와 내용의 변화상과, 그러한 변화의 배경과 의미에 주목함으로써 총독부박물관이 상설전시를 통해 어떤 역사상을 재현하려고 하였고, 또 총독부박물관에 부여된 식민지 박물관으로서의 사명과 역할에 얼마나 충실하고자 했는지 살펴보았다.

3부에서는 식민지학의 일환으로 행해진 고적조사 과정에서 총독부박물관의 역할을 중점적으로 살펴보았다. 고적조사 주체들의 변동과 함께 그들이 생산한 고고학 담론의 경합을 고찰하였다. 식민권력의 독점적인 조사 체제 속에서 1925년 도쿄제국대학(이하 '도쿄제대)의 낙랑고분 조사와, 1931년 민간 재원의 조달로 설립된 조선고적연구회(朝鮮古蹟研究會)의 조사를 통해 식민지 고적조사의 파행상을 확인하였다.

4부에서는 1930년대 종합박물관 건립을 추진하다가 좌절된 과정을 살피고, 전시체제 말기에 소장품의 금속 공출에 의한 훼손 실태와 공습 피해를 막기 위한 소장품 소개(疏開)에 대하여 살펴보았다. 마지막으로 총독부박물관의 전시와 고적조사가 일본인에 의해 거의 독점되는 상황에서 박물관의 운영과 소비에서 식민지 조선인들이 어떤 위치에 있었는지를 살펴보았다. 아울러 총독부박물관의 주변에서 관변 고고학과는 별개로 운영되면서 고고학 지식을 소비하던 경성고고담화회에 대해 검토하였다.

이렇게 총독부박물관을 면밀하게 검토하는 작업은 국립중앙박물관의 전사로서뿐 아니라 제국의 식민지에 존재했던 식민지 박물관으로서 총독부박물관의 특성을 규명하는 작업으로서도 또 다른 의미가 있을 것이다.

제1부

설립

열패한 식민지 문화의 전파

1장

설립 과정

조선총독부박물관은 1915년 12월 1일 개관하였다. 조선총독부 고시 제296호(1915.11.19) "조선총독부박물관을 경성 구 경복궁 내에 설치하고, 다이쇼(大正) 4년 12월 1일부터 일반의 관람을 허한다"에 의거하여 설립되었다(⟨그림 1-1⟩ 참조).

이에 앞서 대한제국을 강제병합한 일본은 식민지배 5년간의 성과를 대내외에 과시하고 선전하기 위하여, 1915년 '시정(始政) 5주년 기념 조선물산공진회'를 경복궁 내에서 개최하였다. 2개월간의 물산공진회를 마친 후 물산공진회의 미술관 건물을 이용하여 총독부박물관을 개관하였다.

그림 1-1. 조선총독부박물관 전경
1915년 시정 5주년 기념 조선물산공진회 개최 당시 미술관으로 경복궁 안에 지어진
건물이었으나, 이후 조선총독부박물관이 되었다. 해방 이후 1954년까지 국립박물관으로
사용되다가, 경복궁 복원정비사업의 일환으로 1995년 철거되었다.
출처: 국립중앙박물관.

1. 데라우치 총독과 문화재

　　조선총독부 초대 총독이었던 데라우치 마사타케가 총독부박물
관을 설립하는 데 결정적인 역할을 하였다는 것은 주지의 사실이다.
무단정치를 단행한 총독으로 널리 알려진 데라우치는 1876년 일본
메이지유신을 성공시킨 조슈(長州)번 육군 군벌의 적통을 잇는 인물
이었다(〈그림 1-2〉 참조). 1852년 조슈번에서 하급 무사의 아들로 태
어나 군에 입대하여 1882년 천황의 동생인 간인노미야 고토히토(閑
院宮載仁親王, 1865~1945)와 함께 프랑스에서 유학하였으며, 1883~

그림 1-2. 데라우치 마사타케
데라우치는 1910년 5월 제3대
한국통감으로 부임하여 한국강제병합을
성사시켰으며, 강제병합 이후에는
조선총독부 초대 총독으로 임명되어
1916년까지 무단통치를 단행했다.
출처: 일본국회도서관.

1986년에는 프랑스 주재 일본공사관의 무관으로 근무하였다. 프랑
스와 그의 각별한 인연은 총독부박물관에서 발간한 『조선고적도보
(朝鮮古蹟圖譜)』가 1917년 프랑스 학사원에서 '스타니스라스 줄리앙
(Stanislas Julien, 1797~1873)상'을 수상하는 배경이 되기도 하였다.
1894년 청일전쟁에서는 운수체신장관, 1904년 러일전쟁에서는 육
군대신으로 참전하였으며, 1910년 육군대신 겸 한국통감으로 대한
제국의 강제병합을 추진하였다. 강제병합 후 1910년 10월 1일 초대
조선총독으로 취임하였으며, 1916년 7월 1일 일본 내각총리대신으
로 이임할 때까지 식민지 조선을 통치하였다.[1]

데라우치는 총독 재임 기간 중 식민지 조선에서 많은 문화재를
수집하였는데, 주요 유물은 1916년 총독부박물관에 기증되어 초기
소장품에서 중요한 부분을 차지하였다. 데라우치의 전기에 "도검,
서화, 골동에 큰 취미가 있어 조선의 골동품을 많이 수집했다. 그는

고려자기의 가격이 갑자기 많이 오르자 '조선 초기의 도자기도 완상하기에 충분하다. 나는 이것을 많이 수집하여 시가를 높이도록 하겠다'고 하며 많이 구입하였는데, 이후 시가가 크게 올랐다"고 기록되어 있듯이,[2] 그는 조선총독으로 재임하면서 조선의 문화재에 관심을 가지고 또 수집에도 심취하였다.

1910년을 전후한 시기에 조선에서는 사대부층을 중심으로 한 서화 수장과 감상 풍조가 쇠퇴하면서, 생활의 방편이자 매매 수단으로 골동품 매매업이 등장하기 시작하였다. 따라서 데라우치 같은 권좌의 일본인들이 특히 문화재를 손쉽게 취득할 수 있는 상황이었다.[3] 데라우치 주변에서 그의 수집 활동을 도운 인물로는 구도 쇼헤이(工藤壯平, 1880~1957)와 구로다 고시로(黑田甲子郎)가 거명된다. 구도 쇼헤이는 데라우치 총독의 신임을 얻어 막후에서 한국강제병합을 실무적으로 처리하였으며,[4] 조선총독부에 근무하면서 조선의 전적이나 서예, 문서 자료 등을 조사하였고, 데라우치의 도서 및 서화의 수집을 조언했던 것으로 보인다.[5] 『원수 데라우치 백작전(元帥寺內伯爵傳)』을 편찬한 구로다 고시로도 데라우치의 조언자 중 한 사람이었는데, 그는 조선사정조사사무(朝鮮事情調査事務) 촉탁으로서 조선의 전적과 문서를 조사하였으며 1916년에는 고적조사위원으로도 활동하였다. 이 밖에도 조선총독부 관방 참사관실과 중추원에는 서화에 감식안이 있었던 근대 대표적 서예가인 김돈희(金敦熙, 1871~1936), 현은(玄檃, 1860~1934), 정만조(鄭萬朝, 1858~1936), 정병조(鄭丙朝, 1863~1945) 등 조선인이 다수 포진해 있었다.[6]

데라우치의 수집품 중 수집 경위가 구체적으로 알려진 것은 드물다.[7] 데라우치의 유물 수집에 관해서는 약탈의 측면을 강조하는 입상과 보호를 강조하는 상반된 견해가 존재한다. 데라우치가 조선총독부와는 별개로 구입, 기증 등 여러 경로를 통해 유물을 수집했을 것이나, 총독 재임 시 조선인들로부터 청탁, 수뢰 등 그의 유물 수집 과정에 총독의 절대적 지위와 권한이 작용했을 가능성을 배제할 수 없다는 주장이 제기된 바 있다.[8] 이에 대해 데라우치가 '무위(武威)'를 배경으로 수집했다는 것은 근거가 박약한 억측이라는 반론도 있었다.[9]

최근 공개된 한일회담 관련 일본 측 외교문서에 이와 관련된 언급이 포함되어 있어 시선을 끈다.[10] 1953년 6월 23일 일본 외무성이 총독부박물관의 책임자였던 후지타 료사쿠(藤田亮策, 1892~1960)를 방문하여 한국 측의 「한국 국보 미술공예품 목록」을 제시하고 식민지 조선 문화재 일반에 대한 설명을 듣는 과정에서, 데라우치 총독의 문화재 수집에 대한 다음과 같은 언급이 있다. "식민지 조선의 초대 데라우치 총독은 조선의 고미술품, 골동품 등의 산실(散失)을 우려하여 기밀비를 써서 적극적으로 미술품을 수집했고, 총독부박물관을 설립하여 이곳에 보관했다"는 것이다.[11] 이는 데라우치 총독이 총독부의 공금인 '기밀비'를 사용해 조선의 문화재를 수집했다는 사실을 알려주고 있다.

기밀비와 관련해 1910년 데라우치가 한국통감으로 재임하던 당시 거액의 기밀비가 있었음을 알려주는 『도쿄니치니치신문(東京日日新聞)』의 기사가 있다.[12] 이토 히로부미의 통감부 시대 이후 외국 신문기자의 조정이나 기타 임무 수행을 위하여 22만 엔에 달하는 기밀비를 책정했는데, 이는 당시 일본 내각 기밀비의 두 배가 넘는 규모였다는 것이다. 이 기밀비는 1910년까지 계속 유지되었는데, 데라우치의 통감 임명과 강제병합 이후에도 그 규모는 일정 정도 지속되었던 것으로 보인다. 이러한 기밀비 중 일부가 유물 구입비로 흘러들어간 것으로 추정된다.

데라우치를 비롯한 일본인들의 문화재 수집 풍조는 식민지 조선에서 문화재의 도난과 도굴을 방조하는 결과를 가져왔다. 그 이전 주목받지 못했던 고분 출토품이나 청자 등은 도굴로 남획되었으며, 불교 미술품은 사찰로부터, 서화나 전적은 개인 문중으로부터 불법적으로 유출되는 사례가 늘어났다. 식민지 조선에서 새로운 근대적 문화재 유통 시장의 형성은 불법적인 도굴이나 도난을 배경으로 하였으며, 강제병합 전후 유력한 매입자 중 한 사람이 다름 아닌 식민지 권력의 최정점에서 무소불위의 권력을 행사하고 있었던 조선총독이었다는 점에 주목할 필요가 있다.

데라우치가 수집한 도서와 유물은 크게 두 갈래로 행방이 갈린다. 1916년 조선을 이임하면서 전적과 문서 등은 일본으로 유출되어, 데라우치 사후인 1922년 문을 연 오호데라우치문고(櫻圃寺內文庫)에 포함되었다. 문고의 전체 규모는 1만 5,500여 책인데, 그중 조선본은 46종 432책, 간독 및 법첩은 150종 191책이다.[13] 데라우치가 소장했던 불상, 도자기, 동경(銅鏡), 회화 등 809점의 유물은 1916년 두 차례, 그리고 1918년 한 차례, 모두 세 차례에 걸쳐 총무국장이자 사위였던 고다마 히데오(兒玉秀雄, 1876~1947)에 의해 조선총독부에 기증되었다. 이에 대해서는 2부에서 다시 다룰 것이다. 데라우치의 기증품은 총독부박물관의 개관 초기 주요 컬렉션으로 자리매김하였으며, 일제강점기 박물관과 문화재 관리를 총괄했던 후지타 료사쿠도 박물관의 초기 진열품의 대부분은 데라우치 총독의 '구입기증품'

이었다고 언급하고 있다.[14]

　데라우치는 총독부박물관의 개관을 주도하였다. 당시 박물관 건립과 관련된 서류를 보면 데라우치는 박물관의 규모, 진열품, 조직, 입장료에 이르기까지 세심하게 관여하고 의견을 남겼다고 전해진다.[15] 데라우치가 박물관의 설립을 추진하는 데 영향을 끼쳤던 인물로는 세 사람이 거명되고 있다. 미술사학자 오카쿠라 덴신(岡倉天心, 1863~1913), 역사학자 도쿄제대 구로이타 가쓰미(黑板勝美, 1874~1946), 건축사학자 도쿄제대 세키노 다다시(關野貞, 1868~1935)이다.

　도쿄미술학교를 세운 오카쿠라 덴신은 1912년 5~6월경 데라우치 총독을 만나 미술의 필요성과 미술사 속의 한일 관계, 박물관의 필요성, 고적조사·미술품 제작소·공업전습소 등의 중요성을 역설하였다. 공진회를 개최할 때 일본의 내국권업박람회처럼 미술관을 영구 건물로 지어 후에 박물관으로 사용할 것을 제안한 이도 오카쿠라 덴신이었다.[16] 조선총독부의 문화정책에 큰 영향을 끼친 구로이타 가쓰미는 국립박물관 건립의 필요성을 여러 차례 주장했는데, 박물관 업무와 고적조사사업 및 보존관리가 국립박물관으로 일원화되어야 함을 강조하였다.[17] 이와 함께 1902년부터 한반도의 건축 조사를 시작으로 초기 고적조사를 주도했던 세키노 다다시도 개성에서 왕릉과 청자 요지의 도굴을 접하고서는 보존을 건의함에 따라 이왕가박물관과 총독부박물관이 설립되는 배경이 되었다고 아들인 세키노 마사루(關野克)가 전하고 있다.[18] 세키노와 구로이타는 총독부박물관 운영위원과 총독부 고적조사위원으로서 박물관 운영과 고적조사사업에 큰 영향력을 행사하였다.

2. 박람회와 박물관

1915년 조선총독부는 '시정(始政) 5주년 기념 조선물산공진회'를 개최하였다. 1913년 데라우치 마사타케 총독의 발의로 기획된 물산공진회는 강제병합 5년째 되는 해에 일제의 조선 식민통치를 기념하기 위한 행사였다. 무질서하고 타락한 이전의 조선에 대비하여 일제의 식민지배가 가져다준 문명의 혜택을 드러내 보임으로써 식민지배를 정당화하고 선전하는 것을 목적으로 하였다.[19]

물산공진회는 1915년 9월 11일부터 10월 31일까지 경복궁에서 열렸다(〈그림 1-3〉 참조). 물산공진회 전시는 기본적으로 일제 식민지

그림 1-3. 시정 5주년 기념 조선물산공진회 전경
중앙 상단에 ○ 표시한 건물이 공진회 미술관으로, 원래 동궁 건물인 자선당과 비현각이 있던 자리에 기존 건물들을 허물고 세워졌다.
출처: 서울역사박물관.

배의 '성과'를 보여주기 위한 것으로, 제1부~제13부로 구성되었다. 바로 제13부에 미술과 고고자료가 배당되었는데, 동양화, 서양화, 조각 등 동시대 미술품은 강녕전과 연생전 등에, 고미술품과 고고자료는 신축한 미술관 건물에서 전시되었다. 심사부장은 이왕가박물관의 스에마쓰 구마히코(末松熊彦)이고, 심사관은 조선총독부의 오다 미키지로(小田幹治郎, 1875~1929)와 구도 쇼헤이, 그리고 아유가이 후사노신(鮎貝房之進, 1864~1946)이 맡았다. 그 아래 심사원으로 야기 소자부로(八木奘三郎, 1866~1942)가 있었는데, 야기는 일본인으로는 한반도에서 최초로 고고학 조사를 한 인물로, 1913년부터 1917년까지 이왕가박물관에서 근무한 경력이 있다.[20] 공진회의 심사관을 맡은 오다 미키지로와 구도 쇼헤이는 후일 고적조사위원으로 발령되었고, 또 총독부박물관의 건립에도 깊이 관여하였다. 물산공진회와 박물관, 그리고 고적조사사업은 인물 활용 면에서 연속성을 보이고 있다.[21]

공진회 미술관의 전시는 고미술 중심의 전시를 통해 조선의 역사를 과거의 미술 속에 탈맥락적으로 위치시키려는 의도가 있었다.[22] 하지만 박물관과 달리 공진회는 그 특성상 주요 전시품을 개인 출품과 조선총독부의 업무 관련 수집품에 의존하였기 때문에 충분한 전시품을 확보할 수 없었고, 해당 전시 주제와 전시품에 대해서도 충분한 연구가 축적되지 않아서 조선의 역사를 재현하는 데 근본적인 한계가 있었다. 물산공진회가 1915년 10월 31일 폐막된 후, 12월 1일 총독부박물관이 개관되었다. 총독부박물관 개관 전시는 일부 공진회 미술관 전시 체제를 따르고 있었지만, 전체적으로 전시 구성을 달리하고 있으며, 동일 주제의 전시실에서도 전시품의 내용이 상당 부분 바뀌어 있었다. 이로 미루어 총독부박물관의 개관 전시가 사전에 이미 기획 및 준비되었다는 것을 알 수 있다.

총독부박물관은 물산공진회 미술관 건물을 활용하여 개관했다. 물산공진회 미술관은 임시 건물로 지어진 물산공진회의 다른 전시관들과는 달리 벽돌로 지은 신고전주의 양식의 2층 건물이었다. 이는 미술관을 건축한 당초부터 물산공진회가 종료된 다음 다른 용도로 사용할 것을 계획하였던 것이다. 미술관의 건축비로 6만 8,911엔이 소요되었는데, 이 금액은 공진회 전체 건설공사비 24만 2,489엔 중 35%가 넘는 거금이었다.[23] 일본은 이미 영국의 사우스켄싱턴 박물관 사례를 참조하여 박람회에서 사용된 미술관을 박물관으로 전용하는 방식을 도입한 바 있다. 1881년 제2회 내국권업박람회에서 영구 건물로 미술관을 지어 나중에 박물관으로 사용하였던 것이다.[24] 물산공진회의 미술관 건물을 박물관으로 전용한 일본의 사례를 식민지 조선에 동일한 방식으로 적용하여 총독부박물관을 개관한 것으로 보이는데, 이는 앞서 언급한 바와 같이 오카쿠라 덴신이 데라우치 총독에게 건의한 방식이기도 하였다.[25]

경복궁은 조선 왕조 건국 이래 신성한 공간이자 왕권의 상징 공간이었다. 물산공진회에 의해 경복궁이 지닌 옛 왕궁으로서의 공간이 재구성되었고, 그곳에 담겨 있던 왕실의 권위는 사라지게 되었다. 더구나 총독부는 잔치 뒤에 남겨진 건물을 박물관으로 이용하여 역사적 유래가 명백한 유물을 전시함으로써, 시간과 공간의 관리자가 누구인가를 여실히 보여주는 상징적 공간으로 만들었으며, 성스러운 옛 궁궐을 완전히 다른 공간으로 변모시켰다.[26]

이처럼 피식민자의 상징적 공간에 새로운 근대 공간인 박물관을 세워 식민자 중심의 새로운 맥락을 창출해낸 것은 제국주의의 식민지 박물관에서 나타나는 특징 중 하나였다. 1909년 창경궁에서 개관한 제실박물관이 그러하였고, 경복궁의 총독부박물관도 마찬가지였다. 타이완(臺灣, 대만)총독부박물관도 타이완인이 전통적으로 신봉하던 마조(媽祖)를 제사 지내던 톈허우궁(天后宮)을 철거한 장소에 건립되었다.[27] 식민지 박물관은 식민자 중심의 새로운 공간 재편과 관련하여 상징적인 역할을 하며, 이 과정에서 전통의 부정을 통해 새로운 근대 공간의 창출이라는 맥락에서 건립되었는데, 조선총독부박물관 역시 마찬가지였다. 아울러 식민지 박물관은 식민지 통치기구와 인접한 지역에 설립된다는 특징이 있다. 조선총독부박물관은 경복궁 내 조선총독부와 함께 입지하였다. 이러한 점은 타이완총독부박물관의 사례에서도 확인되는데, 타이완총독부박물관도 권력기구인 타이완총독부와 인접한 지역에 건립되었다.

공진회 미술관 건물, 즉 총독부박물관 건물은 그리스·로마 건축을 충실하게 재현한 신고전주의 양식으로 지어졌는데, 좌우 대칭 구조에 정면 6개의 코린트식 열주와 엔타블러처(entablature) 등이 특징적이다. 이 건물의 설계자에 대해서는 아직 알려진 바가 없는데,[28] 이 책에서는 타이완총독부박물관을 설계한 노무라 이치로(野村一郎, 1868~1942)일 가능성을 살펴보았다. 그 근거는 다음과 같다.

첫째, 두 박물관 간 평면 구조의 유사성이다. 〈그림 1-4〉에서 왼쪽은 조선총독부박물관의 평면도이고, 오른쪽은 타이완총독부박물관의 평면도이다. 두 박물관은 모두 입구의 로비 공간을 중심으로, 좌우에 2층으로 전시실이 각각 배치되어 있다는 점이 공통적이다.

둘째, 1922년 조선총독부박물관 증축설계안이 확인되었는데, 타

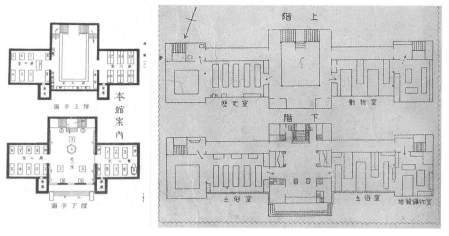

그림 1-4. 조선총독부박물관 평면도(왼쪽)와 타이완총독부박물관 평면도(오른쪽)
두 건축물의 유사성을 평면도를 통해 확인할 수 있다. 조선총독부박물관 평면도는
조선총독부박물관(『博物館報』 1-1, 1926)에서 발췌했으며, 타이완총독부박물관 평면도는
국립타이완박물관 홈페이지의 자료이다.

이완총독부박물관의 외관과 유사하다는 점이다. 국립중앙박물관 소
장 조선총독부박물관 유리원판사진에 조선총독부박물관의 증축설
계안이 현존하는데, 비록 건축으로 완성되지는 않았지만 타이완총
독부박물관과 거의 유사한 외관을 띠고 있다(〈그림 1-5〉, 〈그림 1-6〉 참
조). 건물의 중앙부에 돔 구조를 추가하였으며, 건물의 좌우측 부분
을 증축함으로써 전시실을 확장하고자 하였다.

셋째, 노무라 이치로와 식민지 조선과의 각별한 관계를 들 수 있
다. 노무라는 1895년 도쿄제대 조가학과(造家学科)를 졸업했는데, 조
선의 문화재 조사에 초기부터 깊이 관여한 세키노 다다시와는 대
학 동기이다. 또한 타이완총독부박물관 설계에 앞서 타이베이역, 타
이완은행 등 타이완 내 대표적인 식민지 건축물을 설계하였으며,[29]

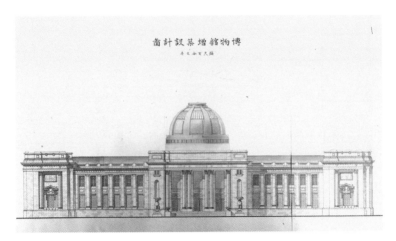

그림 1-5. 조선총독부박물관 증축설계안(1922)

1922년 계획한 조선총독부박물관의 증축설계안이다. 건물 중앙부에 돔 구조를 추가하였고, 건물 좌우측을 증축하여 전시실을 확장하고자 했는데, 타이완총독부박물관과 거의 유사한 구조를 보인다.

출처: 국립중앙박물관.

그림 1-6. 타이완총독부박물관 외관

1913년 건립된 타이완총독부박물관 건물로, 현재 국립타이완박물관(國立臺灣博物館)으로 사용 중이다.

출처: 국립타이완박물관.

1914년부터 조선총독부 청사의 설계에도 참여하는 등 식민지 조선의 건축과도 깊은 인연을 맺었다.

넷째, 타이완총독부에 근무하다가 1912년 4월 1일자로 조선총독부 토목국장으로 전임한 모치지 로쿠사부로(持地六三郎, 1867~1923)를 주목할 필요가 있다. 그는 타이완총독부의 사정에 누구보다도 밝았으며, 조선총독부의 여러 건축사업에 깊이 관여하였다. 특히 1915년 물산공진회의 건축을 총괄한 사무국 토목계장으로 임명되었는데, 타이완총독부에서 노무라 이치로와 함께 근무한 인연으로 타이완총독부박물관을 설계했던 노무라에게 조선총독부박물관의 설계 또한 발주했을 것으로 보인다.

1915년 건립된 공진회 미술관 건물, 즉 총독부박물관 건물의 설계자에 대해서는 향후 추가 자료의 조사가 필요하다. 몰락한 왕조의 쇠락한 전통 건축 속에 신고전주의 서양건축으로 우뚝 솟은 총독부박물관의 새로운 건축은 합리적 근대 문명의 상징이자 식민지배의 당위성을 웅변해주는 아이콘으로서 기능하였다. 박물관을 방문하는 근대적 경험은 식민지배의 황송한 혜택을 몸소 누리는 체험적 실천이었다.

2장

설립 목적

1. 조선 문화의 재현

총독부박물관은 데라우치 마사타케 총독의 주도로 설립되었음을 앞서 살펴보았다. 그렇다면 조선총독부는 어떤 성격의 박물관을 구상하였을까? 조선에는 1908년 설립된 제실박물관이 창덕궁에 존재하고 있었다. 이왕가(제실)박물관은 1911년 창경궁 내에 양식 본관을 신축하여 박물관으로서 상당한 위용을 갖추었다(〈그림 2-1〉 참조). '왕실' 박물관이기는 했지만, 설립 과정부터 일본의 불순한 의도가 강하게 개재되었던 이왕가박물관은 일본인들에게 골동 취미 충족과 유물 감상 기회를 제공하면서 근대화한 제국 일본의 업적을 과시하는 동시에 조선 왕실의 권위를 실추시키고 훼손하기 위한 목적을 지니고 있었다.[1]

그림 2-1. 이왕가박물관 본관 전경

1911년 11월에 준공된 이왕가박물관 본관 모습으로, 이 건물은 1938년 덕수궁에 새로 이왕가미술관으로 이전할 때까지 박물관으로 쓰이다가 이후 장서각으로 이용되었으며, 1992년에 철거되었다.

출처: 서울역사박물관.

식민지 조선에서 이왕가박물관이 운영되고 있음에도 불구하고, 조선총독부는 별도의 직영 박물관 신설을 추진하였다. 1915년 4월 23일 『매일신보』에 실린 다음의 기사는 조선총독부가 박물관 설립을 구상하던 초기 단계의 논의를 보여준다.

총독부에서는 금추(今秋)의 어대례(御大禮)를 기념하기 위하여 경성에 하등 영구적 조영물을 건(建)하야 사회교육의 일조(一助)에 자(資)코자 하는 의논이 유(有)하야 각종을 고려 중인데, 혹은 박물관 설(設)하야 일반 산업사상의 보급 향상을 조(助)하자 하며, 혹은 대일(一大)도서관을 건(建)하야 일반 지식의 확충을 기(期)코자 하는 등 제종(諸種)의 계획안이 출(出)하야 각각 조사(調査) 고연(考研) 중인 고(故)로, 조만간 확정됨을 견(見)하겟고 우(又) 지방에 재(在)하야는 일반에게 기념 식림을 행(行)하기로 결(決)하야 기(旣)히 준비에 착수하얏더라.[2]

조선총독부는 1915년 가을 요시히토(嘉仁, 1879~1926) 천황의 즉위를 기념하여 경성에 박물관이나 도서관을 건립한다는 계획을 세웠다. 그런데 여기서 구상 중인 박물관은 "일반 산업사상의 보급 향상을 돕고자" 하는 산업박물관의 성격을 띠며, 도서관과 마찬가지로 사회교육적 차원에서 접근되고 있다. 이러한 박물관의 맥락은 일본의 근대 박물관 성립의 초기 단계에 나타나는 식산흥업적 성격과 상통하는 것이었다. 즉 식산흥업을 목적으로 하는 내국권업박람회의 개최와 박물관 건설 작업을 연동시키는 것이었으며, 이는 영국 런던 사우스켄싱턴박물관이 박람회의 임시시설을 그대로 상설박물관으로 변화시킨 모델을 도입한 것이었다.[3] 농상무성 소속의 제국박물관은 식산흥업을 위한 권업의 차원에서 주목되었다가, 문화적 국수주의의 움직임이 활발해짐에 따라, 오카쿠라 덴신이나 어니스트 페놀로사(Ernest Francisco Fenollosa, 1853~1908) 등에 의해 일본 고유문화의 진흥이나 전통 미술의 보호 등을 내세우게 되었다. 동시에 문화재 행정이라는 측면에서 자료나 미술품 수집과 전시, 박물관 등을 국민통합과 연결시키려는 경향이 점차 강해지면서 제국박물관의 성격이 변하게 되었다.[4]

식산흥업을 위한 박물관은 제국의 식민지에서 자주 등장하는데, 대영제국의 식민지 인도와 일본제국의 식민지 타이완에서도 확인할

수 있다.[5] 식민지 조선에서도 조선총독부가 식산흥업을 목적으로 하
는 산업박물관을 논의하였다는 것이 흥미롭지만, 결과적으로는 이
러한 논의와는 별개의 성격을 띠는 박물관이 설립되었다.

다음은 총독부박물관의 임무나 역할에 대한 여러 언급들이다.

㉠ 이 박물관은 조선에서 제국의 특설 박물관 지위에 있어서, 진열품
은 조선을 주로 하고 또 조선이 동아 대륙에서 제국의 영토인 관계상
특히 수집이 필요한 지나 및 인도 상대의 참고품을 추가함으로써 총
독부박물관의 임무를 온전히 하였다. 그리고 박물관의 운영은 그 범
위가 지나치게 넓으면 명실상반의 폐단에 빠지기 쉬워 국민 일반교
육 또는 지식 개발에 이바지하는 특종(特種)의 물품을 진열하기 위
하는 것은 오히려 교육박물관 또는 통속박물관으로 따로 운영하거
나 또는 부속의 진열관으로 운영하는 것이 편리하므로, 진열의 범위
를 제도, 풍속, 문예, 종교, 미술, 공예 기타 역사의 증징(證徵) 및 참
고가 되는 물품 및 선사시대의 유물 등에 제한한다.(「조선총독부박물
관개요」, 1921년 3월 26일)
㉡ 조선에 있어서 고대문화를 세계에 소개하고, 일본과 반도와의 관
계를 문화사적으로 밝히며, 아울러 야마토(大和) 조정 이래 나라(奈
良) 헤이안(平安)조에 발달 향상되어 세계의 예술가들이 경탄하는
일본 예술의 원원(遠源)을 천명하는 것이다.(「朝鮮ニ於ケル博物館事業
ト古蹟調査事業史」, 1925년 4월)
㉢ 주로 반도 古來의 제도, 종교, 미술, 공예와 기타 역사의 증징 참
고가 되는 것을 모아서, 반도 민족의 근원을 찾아 그 민족성을 밝히
고, 이 지역에 발달해온 공예미술의 특질을 조사해 널리 세계에 소개

하고, 우수한 예술품을 진열해 새로운 공예미술 진흥에 이바지하려는 것이다. 이리하여 반도의 역사 및 미술공예 진열품으로서 존재를 주장하는 것은 지나 대륙 및 일본열도 사이에 개재한 특종의 상태였던 반도의 문화를 근본적으로 조사하고 밀접한 상호관계를 밝히는 것과 함께, 독특한 정신문화를 고양하여 그것의 보존과 장려에 노력하는 것은 가장 의의가 있는 것이라고 생각한다.(「朝鮮總督府博物館」, 『博物館報』 1-1, 1926)

먼저 총독부박물관이 대상으로 삼은 공간적 범위를 살펴보자. ㉠에서 밝히고 있듯이 총독부박물관은 조선을 위주로 하되 "조선이 동아 대륙에서 제국의 영토인 관계상 특히 수집이 필요한 지나 및 인도 상대의 참고품을 추가"하고 있다. 식민지 조선은 동아시아 대륙에서 일본제국의 교두보의 의미를 지녔으며, 그런 관점에서 중국과 인도 상대의 유물도 참고품으로 수집한다는 것이다. 여기서 말하는 중국 유물은 낙랑·대방군과 관련된 비교 유물을 의미하는 것이며,[6] 인도 유물은 불교의 동전(東傳)과 관련하여 구하라 후사노스케(久原房之助, 1869~1965)가 기증한 중앙아시아 유물로 이해할 수 있다.

총독부박물관이 대상으로 삼는 자료는 ㉠에서 "제도, 풍속, 문예, 종교, 미술, 공예 기타 역사의 증징 및 참고가 되는 물품 및 선사시대의 유물 등"을, ㉢에서는 "제도, 종교, 미술, 공예와 기타 역사의 징증(徵證) 참고가 되는 것"으로 적시하고 있다. 식민지 조선의 선사시대부터 역사시대에 이르는 문화를 중심으로 다루고 있는데, 특히 ㉢에서 보이듯이 '공예미술'이 강조되고 있다. 근대 국민국가에서 자국의 역사와 문화에 대한 조사와 연구는 자체 독자성, 유구성, 우수성의 규명이라는 방향으로 자연스럽게 귀결된다. 이를 통해 자국이나 자민족의 능력을 확신시킴으로써 국민들의 자긍심을 높이고 민족성을 고양시키게 된다. 하지만 식민지 박물관에서는 이러한 논리 구성은 결코 인정될 수 없으며 전환이 불가피하다. 역사성이 배제된 고고유물과 공예미술의 개념을 도입함으로써 구도의 전환을 꾀하였다. 역사와 문화를 공예미술로 대치함으로써, 조선의 역사적 유물을 공예미술품으로 격하시켰다. 우수성은 후진성으로 대체되고, 독자성 대신 중국 및 일본의 영향이나 일본과의 친연성이 강조되었으며, 한편으로 낙후된 식민지 조선의 동시대 공예미술 발전에 이바지한다는 현재적 의미가 제시되었다.

동시대 공예미술의 진흥을 표방하는 것은 19세기 말 영국의 사우스켄싱턴박물관이나 일본의 제국박물관에서도 확인되는데, 특히 제국 일본에서는 탈아입구정책의 연장선상에 있는 것이었다. 하지만 식민지 조선의 공예미술을 진흥하기 위한 총독부박물관의 적극적인 활동은 보이지 않는다. 다만 이와 관련하여 『조선미술모양집성(朝鮮美術模樣集成)』이란 책이 주목된다. 이것은 총독부박물관의 주요 문화재를 공예미술에서 활용할 수 있도록 '모양(模樣)'을 집성한 일종의 자료집이다.[7] 1932년 발간된 이 책의 판권에는 편집자가 '총독부박물관 내 조선미술연구회(朝鮮美術研究会)'로 되어 있다. 1집에서 12집까지 발간되었으며, 각각은 10매의 도판으로 이루어져 있다(〈그림 2-2〉 참조). 공예미술의 진흥을 위해 『조선미술모양집성』을 발간한 그해에 조선미전에서는 '서(書) 및 사군자부(四君子部)'가 퇴출되고 '공예부'가 신설되었다. 이는 1927년 일본 데이덴(帝展)에서 공예부가 신설된 것의 영향으로 보이는데, 공예를 강조한 일련의 맥락으

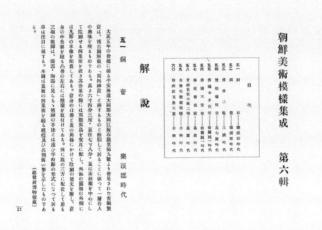

그림 2-2. 『조선미술모양집성』 제6집(부분)
조선총독부박물관의 문화재를 공예미술에 활용할 수 있도록 '모양(模樣)' 즉 디자인을 집성한
일종의 자료집이다. 1932년 조선총독부박물관 내 조선미술연구회에서 출간하였다.
출처: 국립중앙도서관.

로 이해된다.

　이와 함께 조선의 문화나 공예미술을 세계에 널리 알리는 것을
또 하나의 목적으로 하였다. 이는 제국 일본이 식민지에서 문화정치
를 실현하는 것을 과시함으로써 국제사회에 조선 통치의 정당성을
선전하는 동시에, 제국 일본이 쇠락하고 미개한 조선을 대신하여 그
역할을 한다는 의미를 지녔다. 일본은 자신들이 가장 발달된 문명을
지닌 선진국으로서 동양을 대표하는 위치에 있기 때문에 서양에 비
해 낙후한 동양을 부흥시켜야 하는 거대한 임무를 띤 관리자라고 확
고하게 믿었다.[8] 이러한 임무는 총독부박물관뿐 아니라 이왕가박물
관이나 고적조사사업을 통해 추진되었는데, 『이왕가박물관소장품사

진첩』(1912)과『조선고적도보』15권(1915~1935)의 발행과 배포 등을 통해 이루어졌다.『이왕가미술품소장품사진첩』의 총론과 영문 소개문에서 중국, 일본과는 다른 조선 양식의 고유성을 강조하고 있으며, 고적조사 및『조선고적도보』편집의 문화 전략을 수립한 데라우치 총독은『조선고적도보』를 비서관실에 보관하면서 국내외의 손님에게 서명하여 증정했고, 특히 각국의 영사를 비롯한 외국의 유명인에게는 '가능한 한 폭넓게 증정'하기도 했다.[9] 이러한 선전은 종국적으로 제국이 이성적이고 문화적으로 식민지를 통치하고 있다는 인식을 피식민지민과 함께 대내외적으로 인식시키고, 결과적으로 제국 일본의 국제적 위상을 높이려는 것이었다. 총독부박물관은 식민지 조선의 발전에 기여한 제국의 치적으로 적극 선전되었다.

총독부박물관의 역할은 궁극적으로 식민지 조선 문화의 특질을 규명하고 널리 알리는 것으로 귀결되었다. 그러나 이는 조선 문화의 독자성이나 주체성을 밝히는 것이 아니라, ⓒ에서 보듯이 "지나 대륙 및 일본열도 사이에 개재한 특종의 상태였던 반도의 문화를 근본적으로 조사하고, 밀접한 상호관계를 밝히는 것"으로, 중국 대륙과 일본열도 사이에 자리한 조선 문화의 '반도성론'을 규명하는 것이었다. 좀 더 직접적으로는 ⓛ에서 말하듯이 "일본과 반도와의 관계를 문화사적으로 밝히며, 아울러 야마토 조정 이래 나라 헤이안조에 발달 향상되어 세계의 예술가들이 경탄하는 일본 예술의 원원을 천명하는 것"[10]이었다. 문화사적으로 일본은 오카쿠라 덴신이 주장한 바와 같이, 고대 인도와 중국에서 전해진 불교, 유교, 예술을 소유하고 있으므로 일본이 '아시아 문명의 보고'라는 것이다. 그는 서양과 문명적 전통을 달리하는 '아시아'라는 지리적 범주를 일종의 공동체로 상상하게 만들었다. 일본 미술의 우월성을 강조함으로써 동양의 문명이 서양의 문명보다 우수하다는 주장을 하려는 데 목적이 있었다.[11] 서양을 의식하여 일본이 창안한 동양 속에서 일본의 위상을 제대로 확인하기 위해서는 동양 문화를 체계적으로 이해할 필요가 있었으며, 중국-조선-일본으로 이어지는 문화의 전승 관계를 제대로 파악해야 했다. 그러한 과정에서 조선 문화는 중국 문화를 일본에 전해주는 매개자로서 중요할 따름이었다. 식민지 조선의 총독부박물관은 궁극적으로 서구를 향해 동양 문화를 대표하는 제국 일본 문화의 우수성을 해명하기 위한 원류를 밝히는 데 중요한 의미를 지니게 되며, 아득한 옛날부터 내려오는 일본과 한반도의 긴밀한 연관은 일본과 한반도의 유서 깊은 친연성을 제시하는 중요한 근거가 된다.

이처럼 총독부박물관은 유물을 통해 조선 문화를 규명하고 공예미술의 특질을 세계에 소개하며 새로운 공예미술을 진흥하는 것을 표명하고 있다. 이를 통해 중국과 일본 사이 매개자로서 조선 문화를 강조하고 보존과 규명에 노력하는 것으로 임무를 설정하고 있다.

1922년 구로이타 가쓰미는 식민지 박물관으로서 총독부박물관의 정치성을 직접적으로 설파하고 있다. 주지하다시피 구로이타는 총독부의 고적조사, 조선사편수사업을 비롯하여 박물관, 문화재, 역사 편찬에 이르기까지 식민지 조선의 문화정책에 전방위적으로 영향력을 행사한 인물이다.[12]

(전략) 금반(今般) 조선에 박물관을 설치홈으로 취(就)하야는 예(豫)히 차등(此等) 각 방면을 고려하야 현재 총독 실행 중인 문화정치를 실제로 철저케 하고자 하야 정치교육 총방면(總方面)에 최(最)히 유

의(有義)로 개방하고져 사료하노라.

박물관을 서상(敍上)과 여히 유의미(有意義)하도록 흠에는 가성적(可成的) 다수히 고기물(古器物) 기타 예술품 참고품을 일소(一所)에 집중하야 차(此)를 연대적 전통적으로 배열하야 조선 문화의 적(跡)을 질서적으로 주지케 하는 동시에 일본(日本) 내지 급(及) 지나(支那) 기타(其他) 구미(歐美)의 그것과 비교하야 여하히 조선 문화가 타(他)에 열(劣)한가 혹은 조장(助長)홀 소(所)가 유(有)한가를 일목요연케 하고 동시에 각 신문 기타 공공단체가 주최자가 되어 누누(屢屢)이 강연회를 개(開)하야 기도(其道)의 선각자를 빙(聘)하야 박물관에 진열된 실물이 하(何)를 표목(標木)하는가를 설명케 하고 차(且) 진(眞)히 국민의 자각과 분기와를 촉(促)흠에 노(努)하야주기를 망(望)하노라. (중략) 조선인은 동첩(動輒) 조선은 가천년간(可千年間)에 역사를 유하얏다 과장하는 폐(弊)가 유하다 운하는바 역사는 장구흠에 가치가 유흠이 아니오 기(其) 내용에 가치가 유흔 것임으로 차변(此邊)은 호상(互相) 고려치 아니하면 아니되겟스며 현(現)에 조선 독립을 주장하는 인(人) 등도 도연(徒然)히 형식에 인(囚)하지 아니하도록 주의(注意)치 아니하면 아니될지니 진히 독립이라 흠은 국민에 진의 자각이 유흠이니 진의 자각이라 흠은 물론 과거에 감(鑑)하고 현재를 지(知)하야 차기단(且其短)을 기(棄)하고 장(長)을 취(就)하다 운하는 것인 고로 조선의 현재로는 단(單)히 정치적 형식에 인(囚)하지 말고 위선(爲先) 지적(知的) 재적(財的)으로 실력을 양(養)하는 사(事)가 대절(大切)하다 사(思)하니 여사(如斯)흔 자각을 촉하야 조선의 인(人)을 신(信)의 독립의 민(民)으로 흠에는 불가불 과거 조선 문화를 적실(適實)히 시(示)하야 내지(內地) 및 제외국(諸

外國)의 그것과 비교하고 차(且) 분발케 홀 사(事)가 간요(肝要)하니 차의미(此意味)로 현재의 문화정치를 파(頗)히 철저케 홈에는 불가불 완전한 박물관을 설치하여 적절홀 필요가 유(有)하다가 사(思)하는 바이다.[13]

구로이타 가쓰미는 문화정치에서 박물관의 현실적 중요성을 역설하고 있다. 총독부박물관은 식민지 조선의 문화를 연대 계통적으로 배열하고, 일본과 중국, 구미와 비교하여 조선 문화의 열등성과 낙후성을 재현함으로써 독립의 부당성을 자각하도록 하는 역할을 제시하고 있다. 특히 구로이타의 언급은 1919년 3·1운동 이후인 1922년에 나온 것이란 점에서 주목된다. 조선의 역사가 오래되었다고 가치 있는 것이 아니라 내용이 중요하며, 낙후된 과거 역사를 통해 현재의 문제점을 자각할 수 있어야 하고, 섣불리 독립을 주장할 것이 아니라 지적, 경제적 실력을 양성하는 게 우선임을 지적하고 있다. 이는 총독부박물관이 과거 조선 문화의 후진성과 정체성을 재현함으로써 현재 조선 독립의 부당성을 자각토록 만드는 '문화정치'의 도구임을 노골적으로 표방하고 있는 언설이라고 할 수 있다.

총독부박물관은 미술공예품과 발굴품을 발굴조사나 등록지정 사업의 성과를 바탕으로 낙랑·대방시대부터 조선시대까지 전시실별로 관람할 수 있도록 "문화사적 연구적으로" 진열을 하였다. 이에 반해 이왕가박물관은 고려와 조선의 미술공예품을 "미술적 감상적"으로 배열하는 방침을 세웠다. 이는 1925년 작성된 유아사 구라헤이(湯淺倉平, 1874~1940) 정무총감 열람 서류(종교과)에서 찾아볼 수 있다.[14] 후지타 료사쿠도 총독부박물관은 개관 당초부터 역사박물관으로서의 운영 방침을 견지하여, 석기시대부터 '이씨조선'에 이르는 각 시대의 확실한 발굴품 내지 사료를 진열하고, 미술공예품은 각 시대의 특질을 보여주는 대표적인 것만을 선정하였다고 언급하고 있다.[15] 이처럼 총독부박물관은 식민지 문화재정책에 부응하여 발굴품과 미술공예품을 통해 시대적 특질을 문화사적으로 조망하는 박물관을 지향했다고는 밝히고 있다. 하지만 이는 역사가 배제된 공예품의 전시를 위주로 한 식민지 박물관에 다름 아니었다. 민족의 역사가 내포된 박물관의 전시는 언제든 민족주의의 구심점으로 발화할 위험을 내재하고 있기 때문이다.

2. 식민지의 문화재 관리

총독부박물관은 단순한 박물관이 아니라 식민지 조선에서 문화재 행정 및 정책을 관장하는 유일한 총괄기관이었다. 식민지 박물관으로서 총독부박물관은 조선의 문화재 조사, 보호, 보존을 위한 행정 업무를 도맡고 있었다는 점이 중요한 특징 중 하나이다. 고고학 발굴 조사와 역사 유적의 보존, 그리고 고건축물의 수리와 보존, 희귀 동식물과 광물의 보호까지 담당하였다. 총독부는 1916년 7월 「고적 및 유물보존규칙(古蹟及遺物保存規則)」을 제정·발포하고, 유적과 유물의 "조사 및 보존에 관한 사항을 심의하기 위하여" 고적조사위원회를 설치하였다. 이 체제에 따라 총독부 5개년의 「고적조사계획」을 입안하고, 각 시대의 정치적 중심지를 주요 조사대상 지역으로 분할하였다. 제1차년도에는 한사군(漢四郡)과 고구려(황해도, 평안남북도, 경기도, 충청북도), 제2차년도에는 삼한·가야·백제(경기도, 충청남북도, 경상남북도, 전라남북도), 제3차년도에는 신라(경상남북도, 전라남북도), 제4차년도에는 예맥·옥저·발해·여진(강원도, 함경북도, 평안남북도), 제5차년도에는 고려(경기도)를 배정하여 조사하도록 하였다. 당시 조사는 정해진 계획에 따라 유적·유물의 소재를 파악하고 보존 여부를 결정하는 일반조사와 발굴 등 특별한 조사를 행하는 특별조사로 나뉘어 행해졌다. 각 시대의 정치적 중심지였던 지역을 중점적으로 조사대상으로 한 이러한 계획은, 순수한 유물·유적 조사라기보다는, 박물관에 진열할 유물의 확보와 함께 식민사관에 입각한 조선의 역사를 재구성하는 데 그 숨겨진 의도가 있었다. 고적조사사업은 근대 학문인 고고학을 이용하여 식민주의 역사관에 부합하는 새로운 역사체제를 수립하기 위한 작업의 성격을 띠었다.

박물관이 고적조사사업을 담당할 뿐만 아니라 문화재 행정을 총괄하는 시스템, 즉 박물관과 고적조사를 일원화하는 방안은 구로이타 가쓰미에 의해 구상되었다. 구로이타는 1912년 일본의 국립박물관에 대한 구상을 발표하였는데, "박물관이 잡동사니나 물품을 모아서 진열하는 시대가 아니며, 그런 진열에 만족하지 말고, 어떠하게 의미 있는 박물관을 만들 수 있을까를 연구해야 한다. 그리고 박물관과 더불어 사적 보존이 이루어지지 않으면 그 효과는 반 이상 잃게 되므로 유럽 여러 나라에서는 이를 병행하지 않는 곳이 없으며, 나아가 국립박물관이 그 사무를 감독해서 각지의 소(小) 박물관을 비롯해 사적 유물의 보관을 담당하는 곳이 필요하다"는 것이다.[16] 이러한 인식은 1918년 진전된 면모를 보인다. "고분 발굴이나 그 발굴품의 처리 또한 국립박물관의 관장에 속해야 한다. 따라서 국립박물관이

나서서 경주고분 등의 조사를 담당해야 한다"거나, "사적 보존 또한 국립박물관의 임무 중 하나"라고 주장하였다. 따라서 박물관 업무와 고적조사사업 및 보존관리가 박물관이라는 하나의 기관에서 이루어 져야 한다는 입장을 시종 견지하였다.[17]

총독부박물관의 개관에 따라, 종래 내무부 내무국 제1과에서 진 행하던 고적조사사업과 학무국 편집과에서 진행하던 사료조사사업 은 총독부박물관으로 이관되었다. 총독부박물관과 고적조사 및 보 존관리의 일원화는 1921년 10월 고적조사과의 설치에 따라 완결되 었다. 고적조사과는 종래 서무부 문서과에서 관할하던 박물관 및 고 적조사의 사무와, 학무국 종교과에서 관장하던 고사사(古社寺)와 고 적보존 보조에 관한 업무, 그리고 명승천연기념물 조사 보존의 사무 까지 일원적으로 통합하여 담당하였다. 식민지 조선에서 박물관과 문화재 관리 업무의 일원적 통합은 고적조사과의 신설을 통해 성사 되었지만, 총독부의 재정 긴축정책에 의해 1924년 고적조사과가 폐 지되었다. 이후 총독부박물관은 박물관뿐 아니라 고적조사 및 고건 축 보존 업무를 해방 이전까지 일원적으로 수행하였다. 이러한 틀은 1915년 총독부박물관 개관 시점에 1차로 만들어지고, 1921년 10월 고적조사과의 개설로 2차로 만들어진 것이다. 식민지 조선에서는 고 적조사 및 보존관리가 박물관에서 이루어짐으로써 조사 결과를 기 반으로 보존 방안이 강구되었고 발굴조사에서 얻은 확실한 자료를 박물관에 진열하여 이상적인 연구가 이루어진바, 이는 일본 최초의 통일적 문화행정의 경험이라는 자찬이 나오게 되었다.[18]

박물관과 고적조사 및 보존의 일원화라는 당초의 구상에 따라 『다이쇼 5년도 고적조사보고』에 제시된 고적조사 계획에서는 고적조사와 함께 유물 수집이 명시되었다. 고적조사는 고적조사위원회의 위원 자격을 띤 제국대학 교수에 의해 주도되었으며, 총독부박물관 직원은 측량·제도·촬영 등의 보조적 기능을 수행하는 데 그쳤다. 고적조사 과정에서 수집되거나 발굴된 유물은 총독부박물관으로 옮겨지는 것이 원칙이었으며, 전시를 위한 진열품으로 활용되었다. 이처럼 고적조사의 부산물이 총독부박물관의 진열품이 되는 동시에, 총독부박물관은 진열품을 체계적으로 확보하는 차원에서 보다 적극적으로 고적조사에 임하였다.

총독부박물관은 식민지 문화의 재현과 식민지 문화재의 관리라는 두 축으로 설립되고 운영되었다. 두 가지 미션의 경중을 따지기는 힘들지만, 소장품을 기반으로 전시, 교육 기능을 중심으로 하는 일반적인 근대 박물관의 성격보다는 식민지의 문화재 관리와 보존사업의 기능을 지닌 식민권력의 말단 행정기구로서의 비중이 결코 작지 않았다. 박물관 관람이 일상화되지 않은 식민지 조선에서 일반 대중을 대상으로 하는 문화기관으로서의 역할에 비해 어쩌면 초기에는 후자가 식민지 박물관으로서 총독부박물관에게 부과된 우선적 책무였는지도 모른다.

제2부

운영

식민지 박물관의 토대

3장

조직

1. 직제

총독부박물관은 1915년 출범 당시 독립적인 행정기관이 아니라 조선총독부의 과 단위에 소속된 하부 기구였다. 총독부박물관의 관장직은 처음부터 존재하지 않았고 박물관 운영의 책임을 맡은 직위는 과장 아래에 위치한 주임급 정도였다.

총독부박물관은 처음에는 총독관방 총무국 총무과 소속이었으나 1919년 8월 20일 총독관방 서무부 문서과 소속으로 바뀌게 된다. 그해 8월 19일 하라 다카시(原敬, 1856~1921) 내각은 조선총독부 관제를 개정하였다(칙령 제386호). 3·1운동의 영향으로 헌병경찰제도를 폐지하면서 경무총감부와 각도 경무부를 없애고 도지사가 경찰권을 행사하도록 했다. 총독부의 조직도 종래 내무부, 탁지부, 농상공부,

사법부를 내무국, 재무국, 식산국, 법무국으로 바꾸고, 종래 내무부에 속한 학무국을 총독 직속의 국으로 승격시켜 6국 3부제로 재편하였다. 관방 총무국 총무과는 서무부 문서과로 개편되었는데, 이 과정에서 박물관의 소속도 바뀌었지만 박물관 자체에 큰 변화가 수반되었던 것은 아니었다.

1921년 10월 1일 조선총독부 훈령 제53호(1921.10.1.)에 의거하여 학무국 산하에 고적조사과가 신설되면서 총독부박물관은 이제 고적조사과의 소관이 되었다. 고적조사과 시기는 총독부박물관의 업무가 단독 과에 의해 독립적으로 수행되던 유일한 기간이었다. 그러다가 1924년 조선총독부의 재정 축소에 따라 고적조사과가 폐지되고, 관련 업무는 학무국 종교과로 이관되었다. 총독부의 직제 개편에 따라 1932년 2월 13일부터는 학무국 사회과, 1926년 10월 16일부터는 학무국 사회교육과, 1942년 11월 1일부터는 학무국 연성과, 1943년 12월 1일부터는 학무국 학무과, 그리고 1944년 11월 22일부터는 학무국 교무과에 소속되었다. 이를 정리하면 〈표 3-1〉과 같다.

2. 관방 소속의 박물관

개관 당시 총독부박물관 소속은 관방 총무국 총무과였다.[1] 그런데 조선총독부 내에서 박물관 관련 업무를 담당하던 부서로 내무부 소속 내무국의 내무1과와 학무국의 편집과, 종교과 등이 있었다. 내무1과는 세키노 다다시의 고적조사사업을 추진하고 있었고, 학무국 편집과는 도리이 류조(鳥居龍藏, 1870~1953), 구로이타 가쓰미, 이마

표 3-1. 총독부박물관 소속 직제의 변천

조직	시기	업무	관련법령
관방 총무국 총무과	1915.12.1.~	1. 문서의 접수, 발송, 사열, 편찬 및 　보존에 관한 사항 2. 관인(官印)의 관수(管守)에 관한 사항 3. 관보 및 인쇄물에 관한 사항 4. 통계 및 보고에 관한 사항 5. 도서에 관한 사항 6. 박물관에 관한 사항 7. 다른 부국과(部局課)의 주관에 속하지 　않는 사항	조선총독부 훈령 제26호 (1915.5.1.)
관방 서무부 문서과	1919.8.20.~	1. 문서의 접수, 발송, 사열, 편찬 및 　보존에 관한 사항 2. 관인의 관수에 관한 사항 3. 관보 및 인쇄물에 관한 사항 4. 통계 및 보고에 관한 사항 5. 도서에 관한 사항 6. 박물관에 관한 사항 7. 다른 부국과의 주관에 속하지 않는 사항	조선총독부 훈령 제30호 (1919.8.20.)
학무국 고적조사과	1921.10.1.~	1. 고적, 고사사(古社寺), 명승 및 　천연기념물 등의 조사 및 보존에 관한 　사항 2. 박물관에 관한 사항	조선총독부 훈령 제53호 (1921.10.1.)
학무국 종교과	1924.12.25.~	1. 신사 및 사원에 관한 사항 2. 종교 및 향사(享祀)에 관한 사항 3. 고적, 고사사, 명승, 천연기념물 등의 　조사 및 보존에 관한 사항 4. 박물관에 관한 사항	조선총독부 훈령 제34호 (1924.12.25.)
학무국 사회과	1932.2.13.~	1. 사회사업에 관한 사항 2. 제생원 및 감화원에 관한 사항 3. 사회교육에 관한 사항 4. 청소년단 및 청년훈련소에 관한 사항 5. 도서관 및 박물관에 관한 사항 6. 경학원 및 명륜학원에 관한 사항 7. 향교재산의 관리에 관한 사항 8. 종교 및 향사에 관한 사항 9. 사원에 관한 사항 10. 보물, 고적, 명승, 천연기념물 등의 　　조사 및 보존에 관한 사항	조선총독부 훈령 제13호 (1932.2.13.)

조직	시기	업무	관련법령
학무국 사회교육과	1936.10.16.~	1. 사회교육 및 사회교화에 관한 사항 2. 청소년단 및 청년훈련소에 관한 사항 3. 도서관 및 박물관에 관한 사항 4. 경학원 및 명륜학원(明倫學院)에 관한 사항 5. 향교재산에 관한 사항 6. 종교 및 향사에 관한 사항 7. 사원에 관한 사항 8. 보물, 고적, 명승, 천연기념물 등의 조사 및 보존에 관한 사항	조선총독부 훈령 제31호 (1936.10.16.)
학무국 연성과	1942.11.1.~	1. 청소년의 훈련에 관한 사항 2. 육군병지원자 훈련에 관한 사항 3. 청년특별연성에 관한 사항 4. 체위향상에 관한 사항 5. 사회교육 및 사회교화에 관한 사항 6. 보물, 고적, 명승, 천연기념물 등의 조사 및 보존에 관한 사항 7. 경학(經學)에 관한 사항 8. 종교에 관한 사항	조선총독부 훈령 제54호 (1942.11.1.)
학무국 학무과	1943.12.1.~	1. 교육, 학예에 관한 사항 2. 교원에 관한 사항 3. 학교 및 유치원에 관한 사항 4. 기상대에 관한 사항 5. 교직원 공제조합에 관한 사항 6. 보물, 고적, 명승, 천연기념물 등의 조사 및 보존에 관한 사항 7. 국(局) 내 다른 과의 주관에 속하지 않는 사항	조선총독부 훈령 제88호 (1943.12.1.)
학무국 교무과	1944.11.22.~ 1945.8.15.	1. 사회교화 및 사회교육에 관한 사항 2. 경학원 및 유림에 관한 사항 3. 종교에 관한 사항 4. 향사에 관한 사항 5. 보물, 고적, 명승, 천연기념물 등의 조사 및 보존에 관한 사항 6. 도서관, 박물관, 기타 관람시설에 관한 사항	조선총독부 훈령 제96호 (1944.11.22.)

니시 류(今西龍, 1875~1932) 등의 사료조사사업을 진행하고 있었다. 그리고 종교과는 고건축에 대한 수리 보존 등의 업무를 수행하였다. 이처럼 조선총독부 내에서 박물관을 설립·운영하는 업무는 학무국이 속해 있던 내무부가 주관하는 것이 순리임에도 불구하고, 고적조사나 박물관 업무와는 직접적인 관련이 없어 보이는 관방 총무국 총무과가 직접 관여하였다.

조선총독부에서 총무과는 총독관방에 속해 있으면서 행정문서의 수발·편찬·보존, 관보를 비롯한 총독부 편찬물의 발행, 통계 및 보고의 수집·편찬을 주로 담당하는 부서였다.[2] 여기서 주목해야 하는 것은 총독부박물관이 '관방' 소속이라는 점이다. 이 같은 관방 제도는 독일 프로이센의 관료제 모델을 메이지 시기 일본이 도입한 것으로, 내각제 하에서 총리대신 직속에 기밀을 다루는 부서와 서무 및 회계 부서 등을 통합하여 설치한 조직이다. 이러한 관방조직은 일본의 식민지배에 따라 조선에도 도입되었다. 조선총독부의 총독관방은 비서, 인사, 회계, 행정의 종합 조정 기능 등을 담당하였는데, 총독관방에는 인사, 회계, 문서의 관방 3과 이외에도 외사, 참사관실, 조사, 통계, 국세조사, 무관실 등 다른 성청에 비해 다양한 부서들을 포함하고 있었다.[3]

데라우치 총독은 1912년 관제 개정과 함께 총독관방에 심복들을 배치했다. 신설된 총무국은 문서(총무과), 회계, 인사를 장악하고 총독부 권력의 중심기관으로 부상하였는데, 총무국장에는 고다마 히데오가 취임했다. 고다마는 데라우치의 맏사위이자 같은 조슈 군벌인 타이완총독 고다마 겐타로(児玉源太郎, 1852~1906)의 아들이었다. 그는 각종 요직을 도맡아 총독부 내에서 '작은 데라우치[小寺內]'라고 불릴 정도였다. 고다마 총무국장과 함께 총독부박물관의 설립을 주도한 것은 총무과장 오기타 에쓰조(荻田悅造)였다. 통감부 서기관 시절인 1910년 영일박람회 사무총장으로 있으면서 일찍이 영일박람회의 식민지 전시관인 동양관에 조선관을 설치하고 운영을 총괄한 경험이 있었다. 1915년 물산공진회를 통해 식민지배의 성과를 선전하는 박람회도 주도하였다.

오기타와 함께 등장하는 또 하나의 인물은 구도 쇼헤이이다. 앞서 언급하였듯이 그는 데라우치 총독의 문화재 수집에도 깊이 관여하였다. 총무국장으로 승진한 오기타 에쓰조의 후임 총무과장이 바로 구도 쇼헤이였다. 고다마(총무국장 재임 1912.4.~1916.10.) - 오기타(총무과장 재임 1912.4.~1917.7.) 라인이 오기타(총무국장 재임 1917.7.~1919.8.) - 구도(총무과장 재임 1917.10.~1919.8., 문서과장 1919.8.~1919.12.) 라인으로 변경되었다. 총독부박물관의 설립과 운영은 데라우치 총독의 최측근에 의해 주도되었으며, 이들이 모두 총독관방 총무과 소속이었던 것이다.

한편 총독부박물관 설립을 실무적으로 진행한 사람은 참사관실 소속의 사무관(事務官) 오다 미키지로와 속(屬) 바바 제이치로(馬場是一郎, 1870~1930)였다. 총무과 내에는 박물관과 관련된 전문 인력이 없었기 때문에 참사관실 소속의 구관(舊慣)조사 전문가들이 동원되었던 것으로 보인다. 이들이 소속된 참사관실 또한 데라우치 총독과 각별한 관계가 있는 부서였다. 대한제국의 법전조사국을 계승한 참사관실(병합 직후는 취조국)은 원래 데라우치 총독이 육군이나 외무성에 배치되었던 국제법 담당의 참사관 제도를 조선총독부에 도입한 것으로, 법령 심의 등을 담당하는 조직이었다.[4] 참사관이었던 국제법학자 아키야마 마사노스케(秋山雅之介, 1866~1937)는 데라우치 총독의 전폭적 신뢰를 받던 인물이었다.[5] 관방 소속의 참사관실은 각 부국에서 입안한 법령안의 심의 외에도 중요한 행정 처분까지 심의하는 등 강력한 권한을 가지고 있었다.[6] 데라우치의 특별한 신임을 받는 아키야마 마사노스케, 그리고 그의 참사관실에서 근무한 오다 미키지로는 공진회 개최와 박물관 개관 업무를 도맡았다. 데라우치 총독은 『조선반도사(朝鮮半島史)』나 『조선인명휘고(朝鮮人名彙考)』의 편찬, 해인사 「고려판대장경(高麗版大藏経)」의 인출(印出)도 참사관실을 통해 진행하였다.

이러한 총무국의 독주에 대한 조선총독부 내의 불협화음이 감지된다. 교과서 편찬을 명목으로 유사(有史) 이전 역사 조사를 했던 학무국 편집과와, 고건축 및 고적조사를 했던 내무부 제1과를 관장했던 내무부 장관 우사미 가쓰오(宇佐美勝夫, 1869~1942)가 데라우치 총독에게 항명성 편지를 보낸 것은 잘 알려진 사실이다. 우사미는 반대 의견을 표하면서 다음 세 가지 근거를 제시하고 있다. 첫째, 고적조사는 사찰을 중심으로 능묘 또는 역사상의 고적 등을 대상으로 하므로, 사찰을 주관하는 내무부 제1과에서 해당 사무에 종사하는 것이 편리할 뿐 아니라 종래 관련 사무를 계속해오고 있었는데 특별한 이유도 없이 돌연 분장(分掌)을 변경하는 것은 하등의 이익이 없다. 둘째, 유사 이전의 조사는 언어 및 역사 조사와 함께 학무에 속하고, 서로 도와 조선 연구를 완전하게 하고자 하는 것이 종래 학무국에서 주관한 까닭인데, 하등의 이유도 없이 유사 이전의 조사만 박물관에서 하는 것은 하등의 이익이 없으며, 하물며 이런 연구에 종사하는 비교적 지식이 있는 자는 학무국에 있고 총무국에는 없다. 셋째, 분장 업무는 좌와 같이 하더라도 조사상 얻은 재료 물건 등은 모두 박물관에 인도하고 통일적으로 보관하는 것은 실로 당연하다. 결론적으로 박물관은 성격상 학예에 속하므로 총무국보다는 학무국에 소속하는 것이 계통상 및 관계자의 지식상 마땅하므로, 박물관을 학무국에 분장하는 것으로 변경해달라는 요청을 하고 있다. 우사미 내부무 장관이 종래 내무부 제1과에서 주관하던 고적조사 업무와 학무국의 유사 이전의 조사 등을 총무국 소관으로 변경하는 데 대해 반대 의견을 강력하게 표명하였지만, 박물관은 총무국의 업무로 분장되었다.[7]

데라우치 총독은 원활한 식민지 통치를 위한 방안으로 문화 침탈의 중요성을 인식하였으며, 그 과정에서 식민지 조선의 문화재와 박물관에 대해 적극적인 관심을 가졌다. 총독부박물관이 관방의 총무국 총무과에 소속되면서 참사관실 직원에 의해 설립이 실무적으로 추진된 것은 데라우치 총독의 개인적 관심과 직접적인 하명, 그리고 행정 체계를 뛰어넘은 측근 중심의 운영에서 비롯된 것으로 볼 수 있다. 이러한 기형적인 운영 체계는 이후 데라우치 총독의 이임에 따라 변동이 불가피하였다. 1916년 데라우치 총독이 이임하자, 아키야마 마사노스케도 조선을 떠나 1917년 칭다오(靑島)수비대 민정장관으로 부임하였다. 1918년 참사관실은 단순 법령 심의 업무로 회귀하였고, 그간 참사관실에서 맡아오던 구관조사와 역사편찬사업은 중추원으로 이관되었다.[8]

총독부박물관의 소관도 조선총독부 내 고적조사과의 신설로 중요한 전환의 계기가 마련되었다. 1921년 10월 1일 학무국 내에 설치된 고적조사과의 초대 과장은 학무국 편집과장이었던 오다 쇼고(小

田省吾, 1871~1953)가 맡았다. 고적조사과의 신설에 따른 전문인력 부족 문제를 해결하기 위하여 1922년 3월 도쿄제대 출신의 후지타 료사쿠가 영입되었다. 이제 총독부 내에서 박물관 운영은 학무국 계통의 오다 쇼고와 후지타 료사쿠로 이어지는 라인이 주도하게 되었다. 1925년 경성제대의 설립에 따라 오다 쇼고가 자리를 옮기고 연이어 후지타 료사쿠도 경성제대로 자리를 옮기지만, 후지타는 1941년까지 박물관 주임의 역할을 계속 맡게 되면서 식민지 박물관으로서 총독부박물관의 기틀을 마련하였다.

3. 고적조사과의 신설

데라우치 총독과 측근을 중심으로 설립됨으로써, 개관 초기 관방 총무과 및 문서과와 참사관 라인을 중심으로 파행적으로 운영되던 총독부박물관은 고적조사과의 신설을 계기로 학무국으로 이관되었다. 1945년까지 여러 과들을 전전하지만 학무국 소속에는 변함이 없었다.

고적조사과의 신설은 3·1운동 이후 식민지배의 변화를 배경으로 한다. 무단통치로 식민지 지배와 동화가 가능하다고 생각했던 일제는 3·1운동을 계기로 조선의 제반 문제에 대한 조사·연구가 부족했음을 통감하였다. 1920년대 초 조선총독부는 조선의 전통과 관습, 역사의 독자성을 인정하면서 그 보존 혹은 규명을 위해 '객관적' 근거를 확보한다는 명목으로 자료 수집과 이를 바탕으로 한 연구를 진행하였다. 3·1운동 이후 고조된 조선인들의 민족적 자각과 반일

의식에 대해 '문화'를 내세우며 조선에 대한 존중감을 부각시킬 수 있었고, 각종 자료의 수집과 정리, 이를 바탕으로 한 '객관적'이고 '실증적'인 연구를 통해 학문적 권위를 인정받고자 하였다. 사료 수집을 통해 편년체 사료집인 『조선사』의 간행을 추진하게 되었고, '구관 및 제도조사위원회규정'의 공포, 총독부 관방을 중심으로 조선의 풍습과 관습에 대한 조사 활동 강화, 고종·순종실록의 편찬, 도쿄제대의 조선사 강좌 개설, 각종 학회의 창설이 이루어지게 되었다.[9] 1916년 조선반도사 편찬사업과 조선총독부박물관 설치가 하나의 획기가 된다면, 조선총독부는 1921년 고적조사과를 설치하고 1922년 조선사 편찬위원회를 구성하여 식민지 통사 편찬의 새로운 전환을 모색하는데, 이 시기가 식민지 문화정책의 전환점 중 하나로 이해할 수 있다. 이처럼 박물관과 고적조사사업, 조선사 편찬사업을 전체적인 시각에서 조망할 필요가 있다. 아울러 1921년 경주에서 금관총이 발견되어 유적에 대한 사회적 관심이 크게 환기된 측면도 있었다.[10]

1921년 10월 서무부 문서과에 속해 있던 박물관 및 고적조사사업과 종래 학무국 종교과 소관이었던 '고사사 및 고건축 보존 보조(古社寺及古建築保存補助)'에 관한 업무를 고적조사과에서 통할하도록 하였다. 고적조사과의 소관 업무는 ① 고적, 고사사(古社寺), 명승 및 천연기념물 등의 조사 및 보존에 관한 사항, ② 박물관에 관한 사항, 두 가지로 규정되어 있는데 박물관에 앞서 별도로 '고적, 고사사, 명승 및 천연기념물 등의 조사 및 보존에 관한 사항'이 규정되어 있다.

고적조사과의 신설에 따라, 종래 박물관 업무와는 별개로 학무국 종교과에 있던 고적, 고사사, 명승 및 천연기념물 업무가 하나로 합쳐지게 되었다. 아울러 고적조사위원회의 업무도 고적조사과로 넘어오게 되었다. 제1회부터 1920년 2월 제16회 고적조사위원회까지는 오다 미키지로가 간사를 맡고 바바 제이치로가 기안을 하며 실무적인 운영을 맡고 있었다. 하지만 1922년 3월에 열린 제17회 고적조사위원회 간사는 오다 쇼고 고적조사과장이 맡았다. 고적조사과의 설립에 따라 개관 초기부터 참사관 라인의 '오다 미키지로-바바 제이치로'에서 학무국의 오다 쇼고 측으로 완전히 넘어오게 되었다. 한편 오다 미키지로는 1921년 중추원에 전임하였고, 1923년 일본으로 돌아갔다. 바바 제이치로는 1920년 오가와 게이키치(小川敬吉, 1882~1950)와 함께 양산 부부총 발굴에도 참여하고 고적조사위원으로도 잠깐 활동하지만, 이후 총독부박물관과 고적조사사업에 깊이 관여하지는 못하였다.

고적조사과의 전문인력 부족 문제를 해결하기 위하여 1922년 3월 도쿄제대 출신의 후지타 료사쿠가 영입되었다. 이제 총독부 내에서 박물관 운영은 학무국 계통의 '오다 쇼고-후지타 료사쿠'로 이어지는 라인이 틀을 잡게 되었다. 1925년 경성제대 설립에 따라 오다가 자리를 옮기고 연이어 후지타도 경성제대로 자리를 옮기지만, 후지타는 1941년까지 박물관 주임의 역할을 계속 맡게 되면서 식민지 박물관으로서 총독부박물관의 기틀을 마련하였다.

4. 소관의 부유

하지만 국내외 정세 변화로 고적조사과의 역사는 길지 못했다. 1918년 제1차 세계대전의 종결 여파로 세계적인 불황이 극심했으며, 1923년 9월 간토대지진이 발생한 이후 총독부는 경제 불황으로 인한 재정적 위기로 구조조정을 단행하는 등 대대적인 긴축정책을 실시했다. 1925년 총독부는 직원 규모를 20% 감축하기 위해 판임관 대우 이상 3,200명을 정리해고하였고, 고원(雇員, 임시직원)의 수도 약 25% 감축했다.[11]

1923년 재정적 어려움을 타개하기 위한 총독부의 직제 축소에 따라 1924년 12월 문화재와 박물관 업무는 종교과로 넘어가게 된다. 이 업무는 1932년 사회과로 넘어갔다가 1936년 다시 사회교육과로 이관되는데, 박물관 업무는 도서관과 함께 묶여서 '도서관 및 박물관에 관한 사항'으로 규정되었다. 1942년에는 연성과로, 1943년에는 다시 학무과로 넘어가는데, 이 단계에서는 박물관에 대한 업무 규정은 없어지고 '보물, 고적, 명승, 천연기념물 등의 조사 및 보존에 관한 사항'만 규정에 남게 되었다. 그러다가 1944년 11월 22일 교무과에 소속되면서 '보물, 고적, 명승, 천연기념물 등의 조사 및 보존에 관한 사항'과 별도로 '6 도서관, 박물관, 기타 관람시설에 관한 사항'으로 규정되었다.

조선총독부는 왜 박물관을 독립 기관으로 운영하지 않고 학무국의 한 과 또는 한 계 단위로 운영한 것일까. 이는 총독부의 식민지정책에서 박물관을 포함한 문화 분야가 지니는 위상과도 관련이 있을 것이며, 아울러 총독부박물관이 수집, 보관, 전시, 교육 등의 박물관 기능만을 지닌 것이 아니라 식민지 조선의 문화재 행정을 담당하였다는 점도 하나의 배경이 된다. 총독부박물관이 모델로 삼은 것은 일본 도쿄제실박물관이었다. 하지만 식민지 조선에는 이미 제실박물관에 해당하는 이왕가박물관이 존재하고 있었다. 따라서 조선총독부에서 황실의 보물관인 제실박물관을 그대로 조선에 도입할 수는 없는 상태였다. 이는 일본의 제국대학을 모범으로 하여 식민지 조선에 경성제대를 설립한 것과는 상황이 달랐기 때문이다. 어쩌면 식민지에서 이미 존재하고 있던 '제실'박물관인 이왕가박물관의 한계를 극복하기 위해 만든 것이 총독부박물관이었을지 모른다. 식민지 조선에서 총독부박물관은 단순한 박물관이 아니라 문화재 행정을 담당하는 부서의 기능을 겸하고 있었다는 점이 특징이다. 1915년 12월 총독부박물관이 설립된 직후인 1916년 「고적 및 유물보존규칙」이 반포되었고 고적조사위원회가 설립되었으며 이에 따라 고적조사계획이 수립되었다. 이 모든 것이 총독부박물관을 중심으로 계획되고 실행되었다.

후지타 료사쿠가 지적했듯이, 총독부는 식민지 조선에서 고적의 조사연구, 발굴, 유물 수집, 고건축물의 보존 수리, 매장물의 처리 등 행정사무를 모두 총독부박물관이 담당하는 이른바 '통일적 문화행정'을 지향하였다. 총독부는 식민지 조선에서 발굴조사를 직접 수행하거나 제국대학 교수에게 위촉하였으며, 발굴을 통해 취득된 확실한 자료를 박물관에 전시하여, 조선 고문화의 특색과 대륙 및 일본과의 관계를 학술적으로 규명하는 정책을 실시하였다. 아울러 고적의 보존 공사의 실시도 박물관에서 통일적으로 관리하도록 하였으며, 고문화재의 조사와 보존에 관련되는 비용도 모두 국고로 충당하도록 하였다.[12] 총독부박물관은 식민지 조선에서 공공 박물관인 동시에 문화재 관리를 위한 행정기관으로서, 조선총독부의 통치기구 중 하나로 기능하였다.

4장
인력

1. 시기별 변천

1) 총무과 · 문서과 단계

총독부박물관은 개관하면서 기본 업무인 전시와 소장품 관리 외에 다른 부서에서 시행하던 조사 관련 업무들을 이관받게 되었다. 내무부 지방국 제1과의 고적조사, 내무부 학무국 편집과의 유사전(有史前) 유적조사(사료조사), 참사관 분실의 활자 보관 및 금석문과 고문서 조사 등이 그것이다.

이러한 임무를 수행하기 위한 총독부박물관의 조직과 인력 구성은 어떠했는지 살펴보자.[1] 총독부박물관에는 박물관 주임, 박물관 서무 주임, 고적조사 주임이 있었는데, 박물관 주임 아래에 박물관 서무 주임과 고적조사 주임이 있는 구조로 보인다. 박물관 주임은 참사관실 사무관인 오다 미키지로였고, 박물관 서무 주임은 촉탁인 바바 제이치로이며, 고적조사 주임은 촉탁인 야쓰이 세이이치(谷井濟一, 1889~1950)였다.

총독부박물관 개관 준비는 오다 미키지로가 주무를 맡았다. 그는 화불(和佛)법률학교[현 호세이(法政)대학]에서 법학을 전공하고 일본에서 3년간 지방재판소 판사로 재임하다가, 이토 히로부미(伊藤博文, 1841~1909)가 대한제국의 사법권을 일본에 복속시키기 위하여 치외법권 철폐와 사법제도 개편을 추진하면서, 1907년에 대한제국의 법무보좌관으로 조선에 발을 디뎠다. 오다는 총독부 내에서 식민지 조선의 관습을 조사하는 핵심 직위에 있었던 자타가 공인하는 '조선 관습의 권위자'였다. 그는 취조국과 참사관실에서 조선의 친족, 가족, 교육, 지방행정, 생활수준, 농가경제, 농사에 참고할 사항 등을 조사하였는데, 이는 식민지 통치와 직결되는 사안과 관련된 조선의 풍습과 관습이었다. 이러한 구관조사는 역사의 서술이나 연구를 위한 것이 아니라 법령의 개폐와 효율적인 시행을 목적으로 하였으나,[2] 그 과정에서 자연스레 식민지 조선의 역사와 문화에 대한 관심을 수반하게 되었다. 그는 관습조사사업 외에도 고적조사(古蹟調査)위원, 조선사서(朝鮮辭書) 심사위원, 조선어사전 심사위원, 조선사편찬위원회 위원, 조선총독부 월보편찬위원, 조선휘보 편찬위원 등을 두루 거쳐 법제 분야뿐 아니라 고적조사, 구관조사, 조선어조사 등의 업무가 그의 취향과 잘 맞았던 것으로 알려졌다.[3] 오다 미키지로는 총독부박물관 개관에 앞서 물산공진회를 입안하였으며, 물산공진회의 종료와 더불어 총독부박물관의 개관과 운영을 담당하였다. 그는 박물관 설립 시부터 1921년 10월 고적조사과가 설립될 때까지 초기 박물관의 개관과 운영을 책임졌다.

서무 주임은 1922년 3월까지 바바 제이치로가 맡았다.[4] 1909년 도쿄제대 법학과를 졸업하고 1910년 4월 조선으로 건너와 여러 군청에서 근무하다가 1914년 참사관분실에서 도서 해제 작업을 하였다. 바바는 1913년부터 참사관실에서 근무하면서 오다와 인연을 맺었던 것으로 보이며, 앞서 언급한 바와 같이 1915년 12월 총무과 소속의 총독부박물관에서는 '오다-바바'가 운영을 주도하였다.

「조선에서의 박물관 사업과 고적조사 사업사(朝鮮ニ於ケル博物館事業ト古蹟調査事業史)」(조선총독부박물관, 1925)에 의하면, 박물관 주임과 박물관 서무 주임은 1915년 11월 임명되었지만, 고적조사 주임은 이듬해인 1916년 9월 임명이 이루어져 약간의 시차가 확인된다. 박물관의 개관이 먼저 이루어진 후, 1916년 7월 4일 시점에「고적 및 유물보존규칙」(조선총독부 부령 제52호),「고적 및 유물에 관한 건」(조선총독부 훈령 제30호) 등 고적조사와 관련된 법령이 정비되면서 고적조사 주임이 임명되었던 것으로 보인다. 고적조사 주임으로는 야쓰이 세이이치가 임명되었다. 그는 도쿄제대 사학과를 졸업하고 1909년부터 촉탁 신분으로 도쿄제대 건축학과 세키노 다다시 교수와 함께 대한제국 궁내부 및 탁지부의 고건축 및 고적조사에 참여한 인물이다. 도쿄제대 스마키 요리나카(妻木賴黃, 1859~1916)의 추천으로 당초 한국 고건축 조사를 맡게 된 세키노는 고분의 조사도 허락받았는데, 이때 고건축 조사에는 도쿄제대 건축학과 졸업생인 구리야마 슌이치(栗山俊一, 1882~?)를 조수로 하고, 고분 분야에는 당초 이마니시 류를 조수로 내정하였다. 그런데 도쿄제대 문과대학 하기노

요시유키(萩野由之, 1860~1924)가 1909년 11월 한반도를 조사하면서 이마니시 류를 조수로 대동하는 바람에 갑자기 공백이 생기자, 당시 교토제대 대학원에 재학 중이던 야쓰이 세이이치가 사진도 잘 찍고 건각(健脚)이라면서 조수가 될 것을 자청하였다고 한다.[5] 야쓰이는 세키노 다다시 팀에서 대동강면 동분·서분, 진주 수정봉 2호분·옥봉 7호분(1910), 한왕묘, 장무이묘(1912), 낙랑토성(1913) 등을 조사하였고, 당시 고적조사의 성과를 집성한 『조선고적도보』의 편집도 맡았다. 1915년에는 부여 능산리 중상총, 경주 황남리 검총을 발굴하는 등 한반도 고적조사에 주도적으로 참여하였다. 아마 세키노 다다시의 적극적인 천거로 신설된 총독부박물관에서 고적조사 업무를 맡았던 것으로 보인다. 야쓰이는 1917~1921년에는 나주 반남고분군, 창녕 교동고분군 등을 발굴하는 등 활발한 조사 활동을 벌였으나, 1921년 부친의 질환으로 와카야마(和歌山)의 야쓰이(谷井)가를 계승하기 위하여 모든 직을 사임하고 조선을 떠났다. 그러나 『조선총독부 및 소속관서직원록(朝鮮總督府及所屬官署職員錄)』에 의하면 1922년부터 1933년까지 고적조사위원회의 촉탁 지위를 계속 유지한 것으로 되어 있다.

야쓰이 세이이치가 채용되던 1916년 9월에는 고적조사의 실측, 제도 및 유물 조사, 모사 등의 기술적인 작업을 위한 실무자들이 채용되었다. 오바 쓰네키치(小場恒吉, 1878~1958), 오가와 게이키치, 노모리 겐(野守健, 1887~1970) 등 3명과, 사진 기술원으로 1916년 사와 슌이치(澤俊一)가 고원으로 채용되었다. 도쿄미술학교의 오바 쓰네키치는 1924년 10월까지 촉탁으로 근무하였고, 오가와 게이키치는 1944년 퇴임하였고, 노모리 겐과 사와 슌이치는 1945년까지 근무하였다. 이 밖에도 1918년 지형 측량 및 지도 작성을 위하여 오키시마 도시로(沖島壽郎)와 임한소(林漢韶)를 촉탁하고, 1919년 오키시마가 사임하자 다나카 주조(田中十藏), 양세환(梁世煥)을 촉탁하기도 하였다.[6]

촉탁 형식으로 복무하던 인물들도 확인된다. 우메하라 스에지(梅原末治, 1893~1983)는 1918년 9월 고적조사 촉탁으로 임명되었는데, 교토제대 하마다 고사쿠(濱田耕作, 1881~1938)와 함께 1918년 김해 패총을 발굴하면서 식민지 조선과의 긴 인연이 시작되었다.[7] 그는 총독부박물관의 책임을 맡은 도쿄제대 국사학과 출신의 후지타 료사쿠를 고고학 측면에서 보완하는 역할을 하였다. 1922년 이후 총독부의 발굴조사 멤버로서 춘추 2회 각각 2개월씩 한반도에서 조사를 하였으며, 후지타 료사쿠와 우메하라 스에지가 짝을 이루어 고고학 조사와 정리를 주도하게 되었다. 이들은 식민지 조선 고고학의 성과를 집성하여 해방 이후 『조선고문화종감(朝鮮古文化綜鑑)』 총 4권을 발간하였다.[8] 한편 사진을 담당하던 사와 슌이치는 고원 신분으로 편집과에 소속되어 있으면서 고적조사 업무를 겸임하였다. 모로가 히데오(諸鹿央雄)는 대서업에 종사하면서 경주고적보존회의 운영에 주도적 역할을 하였는데, 후일 총독부박물관 경주분관 주임을 맡게 된다.[9] 모로가 히데오는 1933년 발굴품 도난사건에 연루되어 불명예스럽게 퇴진하지만, 나머지 인물들은 1945년까지 한반도의 고적조사 업무에 관여하였다.

이상을 통해 볼 때, 개관 당시 총무과와 문서과 소속의 총독부박물관 직원들은 다음 몇 가지 유형으로 분류가 가능하다.

첫째 부류는 박물관 주임, 박물관 서무 주임, 고적조사 주임 등의 주임급 인원이다. 오다 미키지로, 바바 제이치로, 야쓰이 세이이치 등이 이에 해당된다. 제국대학 출신의 엘리트들로 박물관에서 관리자의 역할을 맡았다. 이들의 계보는 1922년 후지타 료사쿠를 거쳐 아리미쓰 교이치(有光敎一, 1907~2011)까지 이어진다. 둘째 부류는 고적조사를 위한 기술 전문직원으로 1916년 9월 이후 고적조사의 실측, 제도 및 유물 조사, 모사 등을 위해 들어온 오바 쓰네키치, 오가와 게이키치, 노모리 겐 등이다. 일본에서 건너와 총독부박물관에 주로 근무하게 되는 일종의 '학예기술원'이다. 셋째 부류는 총독부 내 타 부서에서 전임한 인원들이다. 1918년 지형 측량 및 지도 작성을 위해 합류한 오키시마 도시로, 임한소, 다나카 주조, 양세환 등이 있었고, 기타 인력 중에 신메이 데이이치로(新明貞一郎), 나가네 시게루(長根葆), 야마우치 히로에(山內廣衛), 나카무라 게이타로(中村經太郎) 등이 여기에 해당된다. 이들은 총독부박물관에만 장기간 근무한 것은 아니고 일시적으로 근무하다가 총독부 내 다른 부서로 옮겨갔다. 마지막으로 겸직이나 지방 근무 등 특별한 근무 형태를 띠면서 장기간 인연을 맺은 인원들이다. 교토제대 고고학연구실 우메하라 스에지, 편집과 사와 슌이치, 경주고적보존회의 모로가 히데오 등이 해당된다.

2) 고적조사과 단계

1921년 학무국 산하에 고적조사과가 신설되면서, 총독부박물관은 서무부 문서과에서 고적조사과로 소속이 바뀌었다. 조선총독부 훈령 제53호(1921.10.1.)에 의하면 고적조사과의 소관 업무는 "1. 고적, 고사사(古社寺), 명승 및 천연기념물 등의 조사 및 보존에 관한 사항, 2. 박물관에 관한 사항"으로 명기되어 있다. 이는 기존 서무부 문서과에 소속된 총독부박물관의 박물관 및 고적조사의 사무에 더하여, 학무국 종교과에서 고사사(古社寺) · 고적보존 보조에 관한 건을 이관받았고, 여기에 명승천연기념물 조사 보존 업무가 추가된 것이다.

총무과와 문서과 단계에서는 일개 과에 소속된 위상이었다면, 고적조사과 단계에서는 총독부박물관이 곧 고적조사과로서 과 단위의 위상으로 승격된 것이라 할 수 있다. 고적조사과가 설치된 1921년 10월부터 1924년 12월 시기는 박물관과 문화재 행정의 통일적 일원화의 견지에서 가장 '이상적인' 조직 형태를 띤 것이라 할 수 있으며, 문화재 행정을 포괄한 총독부박물관의 위상이 상대적으로 가장 높았던 시기라 할 수 있다. 고적조사과 내부의 업무 분장이나 인원구성은 「조선에서의 박물관 사업과 고적조사 사업사」(조선총독부박물관, 1925)에서 비교적 상세히 전해준다.

고적조사과의 정원은 과장 외에 감사관(鑑査官) 1명, 전임 속(屬) 1명, 기수 2명, 촉탁으로 구성되었다. 과장인 오다 쇼고가 학무국 편집과장을 겸임하였다. 감사관에는 1922년 일본 궁내성 제릉료(諸陵寮)에 있던 후지타 료사쿠가 부임하여 박물관계와 고적조사계를 맡아 관련 업무를 실질적으로 총괄하였다. 학무과에 있던 속 나가시마 기이치로(中島喜一郞)가 자리를 옮겨 서무 주임을 맡았으며, 가노 젠사부로(狩野善三郞)는 편집과의 직무를 겸임하였다. 기수에는 지형 측량과 제도를 담당하는 다나카 주조와 고건축 수리를 맡은 오가와 게이키치를 두었다.

촉탁에는 고적조사와 관련하여 오바 쓰네키치, 노모리 겐, 고이즈미 아키오(小泉顕夫, 1897~1993), 지형 측량과 지도 제작을 위한 임한소, 양세환, 그리고 사진 작업에 다노 시치노스케(田野七之助)가 있었다. 한편 촉탁 중 다수는 겸임으로 임명되었다. 사진 촬영을 맡은 사와 슌이치는 편집과 소속이었고, 사찰령을 입안했던 와타나베 아키라(渡邊彰)는 종교과에 있으면서 고적조사과의 고사사 업무를 관장하였다. 고고학자인 우메하라 스에지는 교토제대 소속이었고, 동물학자인 모리 다메조(森爲三, 1884~1940)는 경성고등보통학교 교유(敎諭)이면서 고적조사과의 촉탁을 겸임하였다.

고적조사과는 업무의 내용에 따라 서무계, 박물관계, 고적계, 고사사계, 명승천연기념물계 등 5개의 계로 구분되었으며, 1923년 기술계가 추가되어 모두 6개의 계가 있었다. 이 밖에도 사진계와 경주분관이 부가되어 있었다. 각 계에서 담당하던 업무와 인력을 정리하면 〈표 4-1〉과 같다. 직원 한 명이 하나의 계에 소속되는 것이 원칙이지만, 경우에 따라서는 한 명이 두 개 또는 세 개의 계에 중복 소속되어 업무를 수행하기도 하였다.

고적조사과 단계는 박물관 업무와 고적 관련 업무가 전형적인 형식을 갖춘 시기라고 할 수 있다. 박물관, 고적, 고사사, 명승천연기념물 등 주제별로 업무가 분장되었는데, 이후 식민지 조선에서 박물관과 문화재 행정의 틀이 잡히는 시기라고 할 수 있다. 주요 업무는 박물관 운영과 고적조사였다. 종교과에서 새로 넘어온 고사사 업무는 종교과 소속의 와타나베 아키라와 함께 고건축 수리를 맡은 오가와 게이키치가 수행하였고, 명승천연기념물 관련 업무는 도쿄제대 이학과를 졸업하고 경성고등보통학교 교유로 있던 모리 다메조가 전

표 4-1. 고적조사과의 업무와 직원

구분	업무	직원
과장		사무관 오다 쇼고(小田省吾)
박물관계	- 소장품의 진열, 보관, 수리 - 진열품의 구입, 기증, 기탁, 교환 - 진열품의 평가, 해설, 안내 - 박물관 안내기, 도감, 그림엽서 등 출판 - 박물관 협의회에 관한 건	감사관 후지타 료사쿠(藤田亮策, 주임) 기수 오가와 게이키치(小川敬吉) 촉탁 후지타 세이스케(藤田整助) 촉탁 고이즈미 아키오(小泉顯夫) 고원 간다 소조(神田惣藏)
고적계	- 고적의 조사, 발굴, 유물 수집, 실측, 모사 등 - 고적의 보존, 수리, 울타리 설치 - 고적의 등록, 등록 사무 - 고적도보, 고적조사보고의 편찬, 간행 - 기타 고적 유물의 보존사업	감사관 후지타 료사쿠(주임) 기수 다나카 주조(田中十藏) 기수 오가와 게이키치 촉탁 노모리 겐(野守健) 촉탁 후지타 세이스케 촉탁 고이즈미 아키오 촉탁 임한소(林漢韶) 촉탁 양세환(梁世煥) 촉탁 우메하라 스에지(梅原末治) 촉탁 모로가 히데오(諸鹿央雄) 촉탁 가토 간카쿠(加藤灌覺)
고사사계	- 고사사 및 특별 보호 건조물의 조사 - 동 보존공사	촉탁 와타나베 아키라(渡邊彰, 주임) 기수 오가와 게이키치
명승천연 기념물계	- 명승의 조사 및 보존 - 천연기념물의 조사 및 보존 - 명승천연기념물의 안내기 편찬	촉탁 모리 다메조(森爲三)
서무계	- 인사 - 예산 경리 - 물품 회계 - 문서, 기록, 도서의 취급 - 비품, 소모품의 수불, 보관 - 기타 일반 서무 사항	속 나가시마 기이치로(中島喜一郎, 주임) 속 가노 젠사부로(狩野善三郎) 촉탁 야마우치 히로에(山內廣衛) 간다 이노조(神田猪造)
기술계		촉탁 오바 쓰네키치(小場恒吉, 주임) 기수 다나카 주조 촉탁 노모리 겐
사진계		촉탁 사와 슌이치(澤俊一) 촉탁 다노 시치노스케(田野七之助)
경주분관		고원 와타리 후미야(渡理文哉) 촉탁 박광렬(朴光烈, 경주군수) 촉탁 요시바 게이치로(吉羽慶一郎, 同 서무과장)

담하였다. 인력 면에서도 식민지 시기 조선의 박물관과 문화재 행정을 통할하는 위치에 있던 후지타 료사쿠가 감사관으로 임용되어 이후 주도적인 역할을 하였으며, 앞서 오가와 게이키치, 노모리 겐, 사와 슌이치 등의 기술원과 함께, 후일 평양부립박물관장이 된 고이즈미 아키오도 1922년 등장하였다.

3) 종교과 단계

1923년도의 행정정리에 따라 전임 속 1명과 촉탁 2명이 감원되었고, 1924년 12월 고적조사과가 폐지되어 과장, 감사관, 촉탁 4명이 감원되면서 종교과로 편입되었다. 1925년 4월 시점에 종교과 소속 총독부박물관('종교과 경복궁분실'이라고 부르기도 했다) 직원의 현황은 〈표 4-2〉와 같다.[10]

종래 독립적인 과 단위 직제에서 종교과 소속으로 들어가게 되면서 위축되었지만, 박물관과 고적조사의 기본적인 기능을 수행할 최소한의 인력이 유지되었다. 일단 서무계와 전임 속은 폐지되었고, 다수가 줄어든 촉탁 중 지형 측량과 지도 제작 인원 정도는 유지되었다. 고적조사과로 되면서 고사사와 천연기념물 관련 업무와 인원이 추가되었다가, 종교과 소속으로 들어가면서는 촉탁 중 일부 인원을 줄이는 감원을 했던 것으로 보인다. 이 단계에서는 박물관과 고적조사 및 보존에 필요한 핵심 인력만 남게 되었으며, 이후 1940년대까지 이 인력들을 중심으로 관련 업무를 진행하게 된다.

표 4-2. 종교과 소속 총독부박물관의 직원

직급	성명
편사관	후지타 료사쿠(藤田亮策)
기수	다나카 주조(田中十藏) 오가와 게이키치(小川敬吉)
촉탁	노모리 겐(野守健) 사와 슌이치(澤俊一) 고이즈미 아키오(小泉顯夫) 우메하라 스에지(梅原末治, 교토제대) 모리 다메조(森爲三, 경성고보) 모로가 히데오(諸鹿央雄, 경주분관)
고원	간다 소조(神田惣藏)

4) 사회과 단계(1930년대 후반)

고적조사과 이후 총독부박물관의 내부 인력 구성이나 업무 분장을 자세히 알려주는 자료는 많지 않다. 1930년대 내부 사정을 알려주는 중요한 자료 중 하나가 교토대학 소장『오가와 게이키치 자료』12006 책자11에「학무국 사회과 내 조선총독부박물관 사무 분담표」(이하 '총독부박물관 사무 분담표'라 칭함)이다.[11] 이 자료는 총독부박물관에서 1916년부터 1944년까지 근무했던 오가와 게이키치의 사후에 가족들이 교토대학 우메하라 스에지 교수에게 전달한 자료 중 일부로 알려져 있다.

「총독부박물관 사무 분담표」의 작성 시기를 알려주는 단서가 몇 가지 있는데, 우선 사회과에서 작성한 것으로 보아 총독부박물관이 사회과에 속해 있던 시기인 1932년 2월 13일에서 1936년 10월 15일까지로 좁혀진다. 그리고 이 표에서는 아리미쓰 교이치가 촉탁으로 등장하고 있다. 아리미쓰는 조선고적연구회 경주연구소에 근무하다가 1933년 3월부터 경주를 떠나 경성에서 근무하며, 1937년 10월에는 기수가 된다. 따라서 이 표에서는 아리미쓰가 총독부박물관 촉탁으로 명기되어 있기 때문에, 표의 작성 시기는 아리미쓰가 경성에서 촉탁으로 근무하던 1933년 3월에서 1936년 10월 사이로 좁혀진다.

「총독부박물관 사무 분담표」에 의거하여 총독부박물관의 업무와 인력을 정리하면 〈표 4-3〉과 같다.

1930년대 중후반 총독부박물관의 인력 구성과 업무에 대해 살펴보자. 먼저 업무는 고적조사과 이래 큰 변화가 보이지는 않는다. 박물관과 고적조사, 고사사, 명승천연기념물 업무가 주를 이룬다.

전문인력의 경우에는 1920년대에 비해 기본적인 기조는 그대로 유지되고 있는데, 특히 박물관과 고적조사에 종사하던 중심 인물들의 면면은 크게 바뀌지 않았다. 후지타 료사쿠가 경성제대 교수이면서 총독부박물관 주임을 겸임하고 있었다. 기존 오가와 게이키치, 노모리 겐, 사와 슌이치 등의 기술원들은 그대로 유지되었으며, 고이즈미 아키오는 1934년 평양부립박물관장으로 자리를 옮기지만 평양 일대에 대한 고고학 발굴조사와 관련해서 총독부박물관과 긴밀한 협조 관계를 유지하였다.

새로운 신규 인력의 진입이 눈에 띈다. 고건축 분야에서는 오가와 게이키치의 뒤를 이어 스기야마 노부조(杉山信三, 1906~1997)와 요네다 미요지(米田美代治, 1909?~1942)가 등장하며, 고적조사 분야에서는 교토제대 출신의 아리미쓰 교이치와 사이토 다다시(齋藤忠, 1908~2013)가 등장한다.

표 4-3. 시흥과 소속 총독부박물관의 직원

구분	업무	인원	겸임	촉탁
서무계	인사, 회계, 문서기록, 물품회계, 서무일반, 지정사무, 보존령에 관한 사항, 매장물, 진열품 구입	주임 촉탁 후지타 료사쿠(藤田亮策) 계주임 촉탁 사세 나오에(佐瀬直衛)(박물관 관계 사무 일반, 서무) 속 최화석(崔華石) 속 최세현(崔世賢)(보물고적연기념물 보존사무) 고인 최세현(崔世賢)(보물고적연기념물 사무 물품보관) 고인 김문현(金文顯)(박물관문서 수부발송)	부주임 속(겸) 가쓰라기 스에지(葛城末治) 속(겸) 다나카 도지로(田中藤次郎)	촉탁 무스미 주타로(六角注多良) 촉탁 우메하라 스에지(梅原末治) 촉탁 오바 쓰네기치(小場恒吉) 촉탁 오사카 긴타로(大坂金太郎) 촉탁 가토 간가쿠(加藤灌覺)
보물고적계	보물고적조사, 지정원안 작성, 보고서 작성 출판, 보물고적대장, 카드정리, 사진 촬영 및 원판 보존	계주임 촉탁 후지타 료사쿠 속 가쓰라기 스에지(葛城末治) 촉탁 노모리 겐(野守健) 촉탁 사와 순이치(澤俊一)	기수 오가와 게이키치(보물, 고적, 특2건축물) 촉탁 아리미쓰 교이치(有光敎一, 보물고적) 촉탁 가이모토 가메지로(보물고적)	

구분	업무	인원	겸임	촉탁
기술계	보물고적보존 수리공사, 제도·실측, 기타 기술일반	제주임 기수 오가와 게이키치(小川敬吉) 촉탁 스기야마 노부조(杉山信三) 촉탁 요네다 미요지(米田美代治)	촉탁 노모리 겐	
명승천연 기념물계		제주임 촉탁 모리 다메조(森爲三, 동물·식물) 촉탁 우에키 호미기(植木秀幹, 식물) 촉탁 다테이와 이와오(立岩巖, 광물) 촉탁 가쓰라기 스에지(명승)		
진열계	진열품 보관, 정리, 진열 사무, 대장, 카드 정리	제주임 촉탁 아리미쓰 교이치 촉탁 가야모토 가메지로(榧本龜次郎)	기수 오가와 게이키치(진열관건축, 정원) 진열장, 탐피, 정원 촉탁 노모리 겐(도자기) 촉탁 후지타 료사쿠(석기. 와전) 속 가쓰라기 스에지(금석서화문서)	

요네다 미요지는 1932년 3월 일본대학 건축과를 졸업하고 1933년 8월부터 총독부박물관 촉탁으로 근무했다. 1938년 출간된『불국사와 석굴암(佛國寺と石窟庵)』에 실린 각종 실측도를 작성하면서 고대 사찰 연구를 시작한 것으로 보인다. 1942년 경성에서 병으로 사망하자 당시 교토제대 공학부 건축학 연구실의 무라타 지로(村田次郎) 교수가 그의 연구 성과를 모아 단행본『조선상대건축의 연구(朝鮮上代建築の硏究)』를 출판했다. 사이토 다다시는 1932년 도쿄제대 국사학과를 졸업한 후 구로이타의 소개로 하마다 고사쿠의 문하에서 고고학을 공부했다. 1933년 12월 조선고적연구회 연구원으로 경주에 와서, 1934년 조선총독부 고적조사 및 박물관 촉탁으로서 경주박물관 진열주임이 되었다. 경주에서 황오리 109호분, 14호분 등을 조사했고, 도쿄제실박물관 이시다 모사쿠(石田茂作, 1894~1977)와 함께 부여 군수리사지도 조사했다. 1937년 12월 경성의 총독부박물관에 근무하면서 군수리사지와 평양 상오리사지를 조사했고, 1940년 일본 문부성 사적조사 촉탁이 되어 일본으로 돌아갔다. 아리미쓰 교이치는 1931년부터 조선고적연구회 경주연구소에서 활약하다가 총독부박물관으로 진출한다. 아리미쓰는 1941년 후지타 료사쿠를 이어 총독부박물관 주임이 된다. 이와 함께 가야모토 가메지로(榧本龜次郎, 1901~1970)도 기술원으로 합류한다.

　　명승천연기념물의 보존관리 업무를 위해 다양한 분야의 전문가들이 촉탁으로 위촉된다. 고적조사과 단계에서는 경성고보 교유였다가 경성제대로 자리를 옮긴 모리 다메조(森爲三, 1884~1962)가 계속 업무를 맡았으며, 식물 분야의 수원농림전문학교 우에키 호미키(植木秀幹, 1882~1976), 광물 분야의 총독부 식산국 지질조사소 다테

이와 이와오(立岩巖, 1894~?) 등이 위촉되었다. 명승의 지정 분야는 조선사편수회의 가쓰라기 스에지(葛城末治)가 담당하는 등 전문인력의 보완이 이루어졌다.

1940년대에는 구마가이 노부오(熊谷宣夫, 1900~1972)와 나카기리 이사오(中吉功, 1908~1987) 같은 제국대학 출신의 촉탁 연구원들도 등장한다. 구마가이 노부오는 도쿄제대 미학미술사학과를 졸업한 후 1940년 1월 총독부박물관 촉탁으로 건너와 1944년 3월까지 오타니 컬렉션인 서역(西域) 미술품을 정리했으며 후일 「서역의 미술(西域の美術)」이라는 논문으로 도호쿠(東北)대학에서 박사학위를 받았다. 나카기리 이사오는 경성제대에서 미술사를 전공한 후 총독부박물관에서 촉탁으로 근무했으며, 주로 불교미술을 연구했다.

1941년 이후 총독부박물관의 주임을 맡았던 아리미쓰 교이치는 총독부박물관의 업무를 네 가지, 즉 박물관의 운영, 조선 각지에서 발견된 매장문화재의 처리, 고적 및 고건축의 수리 보존, 조선보물고적명승천연기념물보존령에 의한 지정 등으로 일목요연하게 정리하고 있다(〈표 4-4〉 참조).[12] 1930년대 중후반의 업무에서 큰 변화 없이 1940년대까지 지속되었던 것으로 보인다.

표 4-4. 박물관의 계별 업무 분장

구분	계	박물관 업무
1	박물관계	박물관의 운영
2	고적계	조선 각지에서 발견된 매장문화재의 처리
3	고적계, 고사사계	고적 및 고건축의 수리 보존
4	명승천연기념물계	조선보물고적명승천연기념물보존령에 의한 지정

2. 인력의 성격

　총독부박물관의 인력 구성이 틀을 갖추게 된 것은 고적조사과 설립 이후인 1920년대 중반이다. 총독부박물관 인력의 구성과 운용은 크게 제국대학 출신의 학자와 전문 기술을 지닌 학예기술원(엑스퍼트)으로 이루어진 이원적 구조를 띠는 특징을 보인다. 전자는 후지타 료사쿠와 아리미쓰 교이치로 이어진다. 후지타 료사쿠는 도쿄제대 사학과를 졸업하고 궁내청 제릉료에 근무하다가 1922년 3월 13일 조선총독부 고적조사 사무 촉탁으로 임명받고 3월 21일 고적조사과에 부임해온다. 1923년 6월 박물관 주임으로 임명되어 박물관 운영에 대한 실질적인 책임을 맡게 된다. 1926년 6월 경성제대 법문학부 조교수로 임명되었지만 촉탁의 신분으로 박물관 주임의 직은 그대로 유지하였다. 1932년 오다 쇼고가 퇴직하고 바로 이어 이마니시 류가 사망함에 따라, 후지타는 경성제대에서 조선사학 제1강좌를 1945년까지 담당한다. 1941년 후지타는 경성제대 법문학부장에 취임하면서, 박물관 주임을 아리미쓰 교이치에게 넘기게 된다.

　1941년 박물관 주임이 된 아리미쓰 교이치는 1931년 교토제대 고고학과를 졸업한 후, 그해 8월 하마다 고사쿠의 추천으로 조선고적연구회 경주연구소에 근무하게 되었다. 1937년 조선총독부 기수로 경성 총독부박물관에 근무하게 되었으며, 1941년 후지타의 뒤를 이어 학무국 사회과 고적계 주임 및 박물관 주임을 맡는다. 박물관의 책임자라 할 수 있는 박물관 주임은 도쿄제대 출신인 후지타 료사쿠와 교토제대 출신인 아리미쓰 교이치에 의해 독점적으로 이어지는 구조였다.

총독부박물관의 하부에는 건축, 사진, 실측 등 전문 기능을 숙지한 학예기술원들이 있었다. 고건축 분야의 오가와 게이키치, 스기야마 노부조, 고적조사 분야의 노모리 겐, 사와 슌이치, 가야모토 가메지로 등을 들 수 있다. 고건축 분야의 경우 업무의 특수성과 전문성으로 인해 독립된 성격이 강했던 반면, 고적조사 분야의 인력은 박물관 운영과 서로 중복되어 운용되었다. 먼저 고건축 분야의 오가와 게이키치는 공수학교(工手學校)에서 건축을 배우고 내무성 종교국에서 근무하였으며 일본에서 신사(神社) 재건축의 현장 감독을 맡기도 하였다. 1916년부터 조선총독부에 근무하였는데, 토목부, 회계과, 철도국 공영과 등에 소속되었지만 박물관의 업무를 수행하였다. 1916년 세키노 다다시의 평양 낙랑고분 조사에 참여한 이래, 1920년에 실시된 양산 부부총의 발굴조사에서는 조사와 보고서 편찬을 주도하였다. 1930년대에는 주로 고건축 수리에 주력하였는데, 수덕사 대웅전의 수리, 화엄사 각황전과 장안사 사성전의 수리공사를 감독하는 업무를 맡았다. 1944년에 퇴직하였다.[13] 스기야마 노부조는 1929년 교토고등공예학교(京都高等工芸学校) 도안과(図案科)를 졸업하고 조선총독부 기수로 들어와 고건축 보존사업의 실무를 담당하였다.[14]

고적조사 분야의 직원들과 박물관 직원들은 비교적 구분 없이 업무를 수행하였던 것 같다. 1916년 개관 시부터 근무한 인물로는 노모리 겐, 사와 슌이치가 있고, 1922년 들어온 고이즈미 아키오, 1930년 합류한 가야모토 가메지로 등이 있다.

노모리 겐은 세키노 다다시의 친동생이었는데 노모리(野守) 가(家)에 양자로 입양되어 성이 바뀐 인물이다. 원래 서양화가의 길을 걷고 있었는데 취직난으로 어려움을 겪고 있던 동생의 처지를 안타

깝게 여긴 형 세키노의 권유로 1916년부터 조선총독부 고적조사 촉탁이 되어 총독부박물관에서 근무하게 되었다고 한다. 세키노의 낙랑고분 발굴조사를 비롯하여 대구 달성고분군, 계룡산 도요지 등 다수의 발굴조사에 참여했으며, 그림에 조예가 있었던지라 각종 도면의 작성에서 능력을 발휘하였다.

사진 촬영을 전담한 사와 슌이치는 고등소학교를 졸업한 후 사진관에서 일하다가 1908년 경성에서 개업한 무라카미(村上) 사진관으로 이직한다. 1912년부터 1913년에는 도리이 류조의 제2차 사료조사에 화가 사토 준키치(佐藤醇吉, 1876~1958)와 함께 참여하는데, 1916년부터 해방까지 총독부박물관에서 근무하였다.[15] 현재 국립중앙박물관에 소장되어 있는 3만 8,000여 매의 유리건판사진 중 다수가 사와에 의해 촬영된 것이다.

이들보다 한 단계 늦은 1922년 고적조사과의 설치에 따라 합류한 이가 고이즈미 아키오이다. 고이즈미는 중학교를 마치고 교토대학 고고학연구실을 출입하고 있었는데, 하마다 고사쿠의 추천으로 부임하였다. 1921년 금관총 발견에 따라 1922년 고적조사과가 설치되면서 건너와 경주 금관총 발굴 유물의 정리에서 시작하여, 1920년대 이후 낙랑고분과 신라고분을 비롯한 다수의 고고학 유적의 발굴조사에 종사하였다. 1934년 6월 평양부립박물관 관장으로 자리를 옮겨 해방까지 근무하였다.[16]

1930년대 합류한 인물로는 가야모토 가메지로가 있다. 가야모토는 1919년 나라여자고등학교 도서관에서 근무하였고, 도쿄제실박물관 역사과, 도쿄미술학교 등에서도 근무한 경력이 있다. 1927년 도쿄YMCA 영어학교 3학년을 졸업하고 도요(東洋)대학의 국어한문과에 입학했다가 1학년 때 중퇴했다. 1930년부터 조선총독부 촉탁으로 근무하였다. 가야모토는 나라(奈良) 출신으로 고이즈미 아키오와 동향인 데다 비슷한 시기에 같은 나라여고사(奈良女高師)에서 근무한 경력이 있는 것으로 보아,[17] 두 사람 간의 친분이 있었던 것으로 보인다.

이들에게는 몇 가지 특징이 있는데 먼저 제국대학 출신이 아니라는 점이다. 제국대학의 아카데미즘과는 약간의 거리를 둔 실무 중심적인 성격을 띠어 학자 내지 큐레이터로 규정하기는 어려운 인물들이다. 총독부박물관에는 정식 큐레이터가 거의 존재하지 않았다는 점에서 일본의 제실박물관과는 차이가 있었다. 박물관 본연의 기능보다는 고적조사 및 관리행정 업무 수행에 보다 최적화된 시스템이 갖추어져 있었다. 이 실무 인력들은 대부분 해방 때까지 장기간 근무하게 되는데, 고적 보존과 조사에 장기간 종사함에 따라 나름의 전문성이 갖추어져 연구보고서의 집필 등에 참여하고 자료 소개를 중심으로 한 연구 성과를 제한적으로 산출하기도 하였다. 노모리 겐의 경우 1927년 계룡산 도요지 조사를 주도하고 일제시기 유일한 도요지 종합 보고서를 집필하면서 체득한 식견을 바탕으로『고려도자의 연구(高麗陶瓷の研究)』를 출간하였다. 고이즈미 아키오나 가야모토 가메지로도 고고학 발굴에 참여하여 보고서 집필에 참여하고 관련 논문이나 저서를 출간하였다. 가야모토는 1980년 유고로『조선의 고고학(朝鮮の考古學)』을 간행하였다.

해방 이후 일본으로 돌아간 총독부박물관 직원들은 식민지에서의 조사 경험을 바탕으로 주로 일본 내 국립박물관이나 발굴조사 기관에 종사한다. 고이즈미 아키오는 1957년 나라국립박물관 학예과장에 이어 1962~1972년 도쿄의 덴리(天理)갤러리 관장을 역임하였다. 가야모토 가메지로는 1947년 국립박물관 나라분관에 취직하여 1949년에는 문부기관(文部技官)이 되었고, 1951년에는 학예과 고고실장이 되었다. 1953년에는 도쿄국립박물관 학예부 고고과 유사실장(有史室長)을 역임하고 1964년에는 헤이세이교(平城宮) 발굴부장이 되었다가 1966년 정년퇴임하였다. 스기야마 노부조는 1964년 나라국립문화재연구소 역사실장과 헤이세이(平城)궁적 발굴조사부장을 역임한다.

이처럼 총독부박물관에서 식민지 조선의 박물관 운영과 고적조사의 실무 경험을 다년간 축적한 직원들은 해방 이후 일본으로 돌아가 국립박물관이나 발굴조사 기관에서 일익을 담당하였다. 이러한 측면은 제국대학 출신이면서 박물관 주임을 맡았던 후지타 료사쿠나 아리미쓰 교이치가 도쿄예술대학과 교토대학 등 주류 아카데미아의 교수직에 자리를 잡는 것과 대조적이다. 기술직원 그룹은 여전히 제국대학 출신을 중심으로 한 주류 아카데미아와는 일정한 거리를 두고 있었던 것을 부인할 수 없다. 총독부박물관의 실질적인 책임자였던 후지타 료사쿠는 "총독부박물관에는 오바 쓰네키치, 오가와 게이키치, 노모리 겐, 고이즈미 아키오, 가야모토 가메지로 등 다수의 조사 엑스퍼트가 있었고, 조선고적연구회 또한 아리미쓰 교이치, 사이토 다다시, 다쿠보 신고(田窪眞吾), 요네다 미요지 이하 기술이 뛰어난 많은 학자를 양산하였다"고 언급하고 있다.[18] 이처럼 후지타가 조사 엑스퍼트와 학자를 명확히 구분하고 있다는 점은 주목된다.

총독부박물관의 인력 구조가 조선인이 배제된 채 시종 일본인만으로 구성된 민족적 배타성을 지적하지 않을 수 없다. 박물관의 관리 운영이나 고적조사와 보존사업은 조선인들의 참여가 배제되고, 전적으로 제국대학의 일본인 교수나 일본에서 온 인력들에 의해 독점되었다. 아울러 식민지에서 행한 발굴조사 등 고고학적 연구도 오로지 일본인들에 의해 진행되었으며 일본의 관계 미디어에 일본어로 발표되었다.[19] 이처럼 박물관 운영과 고고학 조사 등을 일본인이 독점하게 된 배경에는 박물관을 둘러싼 새로운 근대 학문인 고고학의 제국주의적 속성에서 기인한 측면이 있다. 제국 일본의 고고학은 식민지 침략정책에 부응하여 연구 대상을 확대해나갔는데, 식민지 조선에서도 청일전쟁과 러일전쟁의 개전을 앞두고 전장 및 보급지에 대한 정보를 수집하는 차원에서 조사가 개시되었다.[20] 강제병합 이후에는 조선총독부하에서 일본인 제국대학 교수들에게 독점되었던 것이다.

일본인에 의해 독점된 근대 학문은 박물관이라는 장을 통해 식민지정책에 적극 부응하였다. 전통적인 학문의 자료인 문헌이나 문자 자료가 아닌, 유적과 유물이라는 새로운 실물 자료를 대상으로 한 고고학이나 미술사학은 일본인의 전유물이었다. 새로운 자료의 취득을 위해서는 총독부의 허가나 지원이 있어야 했으며, 해석을 위해서는 별도의 수학과 훈련 과정을 거쳐야 하였다. 일본인이 자료의 획득과 지식의 생산 및 유통을 독점하였으며, 한국인의 접근은 원천적으로 봉쇄되었다. 고고학, 미술사학 등 새로운 근대 학문에서 조선인을 배제함으로써 연구의 주체와 대상을 분리시켰다. 고적조사를 통해 확보된 유적과 유물로 재구성되는 근대 학문의 지식은 마치 자연과학처럼 객관적이고 가치중립적인 것으로 신비화되었다. 총독부박물관을 독점한 일본인들은 새롭게 획득된 고고학, 미술사학 자료로 선택과 배제, 해석과 재현을 통해 그들만의 식민주의 역사관을 생산해낼 수 있었다. 조선인들은 생경한 이방인의 위치에 있었으며, 논의 구도 자체에 참여할 수 없었다.

이러한 민족적 배타성과 일본인의 독점으로 인해 해방이 되자 박물관을 인수하여 운영할 만한 경험과 전문성을 지닌 조선인은 찾아보기 힘든 상태였다. 불가피하게 남한에서는 총독부박물관의 아리미쓰 교이치가, 북한에서는 평양부립박물관의 고이즈미 아키오가 일본으로 돌아가지 못하고 1년여 동안 억류된 채 각기 미군정과 소련군정에 박물관을 인계하고 지도하는 곤궁한 상황이 발생하게 되었다.[21]

3. 박물관협의원

1916년 4월 7일 조선총독부는 "박물관 진열품의 고증, 감정, 평가 및 진열 방법에 지식이 있는 자"의 의견을 구하고 운영의 자문을 맡을 박물관협의원을 구성하였다. 일종의 자문위원단에 해당하는 총 9명의 명단은 다음과 같다.

조선총독부 총무국장 고다마 히데오(兒玉秀雄), 동(同) 사무관 오기타 에쓰조(荻田悅造), 동 오다 미키지로(小田幹治郎), 고적조사사무 촉탁 세키노 다다시(關野貞), 조선반도사편찬사무 촉탁 구로이타 가쓰미(黑板勝美), 고적조사사무 촉탁 이마니시 류(今西龍), 사료조사사무 촉탁 도리이 류조(鳥居龍藏)를 박물관협의원에 임명하고 이왕직 사

무관 스에마쓰 구마히코(末松熊彦), 아유가이 후사노신(鮎貝房之進)에 박물관협의원을 촉탁(囑託)하다.[22]

이들은 세 부류로 나뉜다. 먼저 총독부박물관이 소속된 주무국장과 과장 그리고 사무관들이다. 총독부박물관이 관방 총무국 총무과에 소속하게 된 경위는 앞서 설명한 바와 같으며, 주무 라인에 해당되는 총무국장 고다마 히데오, 총무과장 오기타 에쓰조, 총무과 사무관 오다 미키지로가 그들이다.

다음으로는 총독부박물관 설립 이전부터 촉탁으로 고적조사에 참여한 제국대학 교수들이다. 도쿄제대 건축학과 세키노 다다시는 내무부 제1과의 고적조사에, 도쿄제대 국사학과 구로이타 가쓰미, 교토제대 이마니시 류, 도쿄제대 인류학과 도리이 류조 등은 학무국 편집과의 사료조사사업에 참여하였다. 이들은 총독부박물관의 학술 부문을 지원할 수 있는 학자들이었다.

세 번째는 "사계의 경험 유식자"로 이왕직 사무관 스에마쓰 구마히코, 아유가이 후사노신 등 2명이다. 스에마쓰 구마히코는 도요에이와(東洋英和)학교와 미국 시카고상업학교에서 수학하였으며, 1904년 인천미두취인소(仁川米豆取引所) 지배인으로 근무하다가 1908년 궁내부 촉탁으로 들어왔다. 그 후 궁내부 사무관을 거쳐 이왕직에서 줄곧 근무하면서 회계과장과 서무과장을 겸하였다. 1907년 창경궁 내 후일 이왕가박물관의 설립을 주도하였으며 이후 유물 구입을 비롯한 실제 운영의 책임을 맡았다. 식민지 조선에서는 박물관 운영의 경험이 가장 풍부한 이였기 때문에 협의원에 위촉된 것으로 보인다. 아유가이 후사노신은 1884년 도쿄외국어학교(東京外国語学校) 조선어학과에 입학하였으며, 1894년 경성으로 건너와 5개의 사립 소학교를 설립하였다. 을미사변에 관여하였으며 러일전쟁에 참전한 이력도 있다. 서화와 도자기 등에 대한 감식안을 바탕으로 많은 유물을 수집하였는데, 1926년 미쓰이(三井)물산주식회사에 유물을 매도하였고 1931년 총독부박물관이 이를 기증받았다.[23] 아유가이의 수집품은 이후 주로 개성부립박물관에서 전시가 이루어졌다. 1933년에는 조선총독부 보물고적명승천연기념물보존회 위원이 되었다. 이들은 주로 유물의 구입 과정에서 가격을 평가하는 일을 하였다.

박물관협의원에게는 소정의 수당을 지급하였는데, 총독부 소속 직원에게는 연간 특별수당 30엔을, 대학교수나 외부 전문가에게는 연간 사례금 100엔을 지급하였다.[24]

1921년 고적조사과가 설립되면서 1922년 교토제대 하마다 고사쿠와 함께 도쿄미술학교 강사였던 오바 쓰네키치가 박물관협의원에 추가되었고, 1923년에는 후지타 료사쿠가 추가되었다. 사실상 세키노 다다시, 구로이타 가쓰미, 이마니시 류, 도리이 류조, 하마다 고사쿠, 오바 쓰네키치 등은 모두 고적조사위원들이므로 실제 박물관협의원과 인적으로는 거의 중복된다고 하겠다.

박물관협의원의 주요 역할 중 하나는 박물관에서 소장품을 구입하는 경우 구입 대상 물건의 가격을 평가하는 일이었다. 조선총독부박물관 문서에 의하면, 고고품의 경우에는 주로 후지타 료사쿠가 가격을 평가하는 경우가 많았으며, 미술품은 스에마쓰 구마히코와 아유가이 후사노신이 가격 평가위원으로 참여하는 경우가 많았다고 한다.

5장

소장품

1. 초기 소장품

1) 현황

　총독부박물관은 어떤 유물을 기반으로 소장품을 형성하면서 출발하였을까. 소장품은 박물관의 성격을 가장 잘 보여준다는 점에서, 초기 소장품을 살펴보면 박물관의 성격을 이해하는 데 큰 도움이 될 수 있다. 총독부박물관은 출범 당시 조선주차군사령부(朝鮮駐箚軍司令部)와 조선총독부 내 여러 부서에서 이관받은 유물과 기증품을 토대로 개관하였다. 1916년 상반기까지는 개관 전후 타 기관이나 부서에서 받은 이관품이 중심이었던 반면, 1916년 하반기부터 구입과 기증을 통한 입수 방식이 체계적으로 마련되었으며 고적조사사업을 통해 고고품이 대량으로 유입되어 등록되기 시작하였다. 소장품의 입수 경위에서 나타나는 이러한 차이에 주목하여, 개관 전후 입수되어 1916년 8월 이전 등록된 유물을 '초기 소장품'으로 별도 구분하고자 한다.

1915년 12월 개관부터 1916년 7월까지 총독부박물관에서 등록한 유물의 현황은 〈표 5-1〉과 같다. 이는 국립중앙박물관 소장 조선총독부박물관 「진열물품 납부서(陳列物品 納付書)」와 「진열물품 청구서(陳列物品 請求書)」[1]에 의거하여 작성되었다.

총독부박물관 초기 소장품은 조선총독부 내 여러 부서와 조선주차군사령부에서 보관하고 있던 물품과 기증 유물 등이 중심이 되었음을 알 수 있다. 이는 크게 네 부류로 나누어볼 수 있다. 먼저, 박물관 소장품으로서의 가치가 인정되어 외부 기관으로부터 인수한 유물이다. 대표적으로 조선주차군사령부와 병기지창(兵器支廠)에서 인계받은 고병기류이다. 두 번째는 조선총독부 내 여러 부서에서 자체 소장하고 있던 유물을 총독부박물관으로 인계한 경우이다. 회계과 보관 유물, 산림과 보관 유물, 참사관실의 고활자와 금석문 탁본 등이 해당된다. 세 번째는 조선총독부의 고적조사 관련 업무의 수행 과정에서 취득된 유물이 총독부박물관의 설립에 따라 소관 업무와 함께 이관된 경우이다. 내무부 지방국 제1과에서 수행하던 고적조사 업무와 유실물법에 따른 매장물 처리 업무, 학무국 편집과의 유사전(有史前) 유적조사의 경우이다. 위의 세 부류는 조선총독부의 여러 부서와 조선주차군사령부에서 보관하고 있던 '물건'이 나름의 가치를 부여받아 '유물'로 전환된 것이다. 마지막으로 박물관 개관 이후 개인에게 받은 기증품이 있다. 이들을 차례로 살펴보자.

표 5-1. 조선총독부박물관 초기 소장품의 현황

유물번호	품목	수량(점)	구분	입수처	수령 및 등기일자	특기사항
1~194	삼혈포횡형 (三穴砲橫形) 외 193건	1,224	인수	조선주차 군사령부, 병기지창	1916.4.1.	조선주차군사령부와 병기창에서 인수한 수량을 구분하여 표시
195~254	청자화병 외 59건	87	인수	총무국 회계과	1915.12.1.	도자기, 금속공예
255~295	이암 필 구자도 (狗子圖) 외 40건	47	인수	총무국 회계과	1915.12.1.	서화
296~313	고와(古瓦) 외 17건	81	인수	학무국 편집과	1916.1.13.	* 1913년 2월 5일(만주 지안), 1914년 6월 2일 (경북) * 사료조사용 구입품 도리이 류조(鳥居龍藏)
314~377	금동미륵 외 63건	64	인수	총무국 회계과	1916.3.24.	불상
378~1335	탁본 동해비명 외 957건	1,395	인수	참사관실	1916.3.31.	탁본
1336~1956	사본 성운묘갈명 외 620건	737	인수	참사관실		
1957~1980	석탑, 석불 등	24	수집			석조품
1981~2789	데라우치 마사타케 (寺內正毅) 기증품	809	기증			총독 데라우치 마사타케 기증
2790~3114	학무국 편집과 인계품		인수	학무국 편집과	1916.4.30.	제1회~제5회 사료조사 채집품(도리이 류조)
3115~3358	유리건판		인수	학무국 편집과	1916.4.30.	제1회~제5회 사료조사 사진 중 일부 등록
3359~3393	고활자	884,644	인수	참사관실	1916.4.30.	
3761~3773, 3776	도토류 파편		인수	산림과	1916.5.4.	
3786~3812	한와(漢瓦) 파편	27	기증		1916.7.4.	아사미 린타로(淺見倫太郎) 기증
3813~4179	오타니(大谷) 컬렉션	367건 1,500여	기증		1916.4.	구하라 후사노스케 (久原房之助) 기증

2) 성격

(1) 조선주차군사령부와 병기지창 인계품

총독부박물관의 첫 등록유물은 대한제국 군대에서 사용하던 병기와 군수물자로, 1915년 조선주차군사령부와 동(同) 병기지창에서 '보관 전환'된 것이다. 서류상 1915년 12월 1일 인계된 것으로 되어 있지만, 이는 행정적으로 박물관의 개관 시점에 맞춘 날짜일 뿐, 인계 시점은 그 이전이었을 가능성이 높다. 대한제국 군대에서 사용하던 검(劍), 도(刀) 등 구식 무기, 총포류 등 신식 무기, 군인명부(軍人名簿)가 포함된 군안궤(軍案櫃), 전보기(電報機) 등 다양한 군수품으로 이루어져 있다. 「진열물품 청구서」에 의하면, 유물 등록은 세 시점에 나누어 이루어졌다. 1916년 4월 1일 194건 1,223점이 1~194번으로 등록되었고, 1918년 5월 21일 추가로 5333~5372번으로 573점이 등록되었다(〈그림 5-1〉 참조). 그리고 1918년 9월 10일 6515번에 430점이 1건으로 일괄 등록되었다. 하지만 조선주차군사령부 등에서 인계된 병기의 전량이 아닌 일부만 등록이 이루어졌다.

그림 5-1. 삼혈포
삼혈포는 조선 후기에 세 개의 포신을 겹쳐 만든 작은 포를 말한다. 사진은 현재 국립중앙박물관 '본관 1'로 등록된 유물로, '본관'은 예전 총독부박물관 소장품을 일컫는다.
출처: 국립중앙박물관.

그림 5-2. 조선주차군사령부 전경
용산에 위치한 조선주차군사령부는 일제강점기 일본의 병참기지 역할을 했으며 해방 이후에는
미군에 의해 용산기지로 사용되었다.
출처: 서울역사박물관.

1904년 「한일의정서」에 의거하여 일제 병탄의 첨병 역할을 위해
'한국주차군사령부'가 설치되었으며, 1910년 강제병합 이후 '조선주
차군사령부'로 이름을 바꾸었다(〈그림 5-2〉 참조). 병기지창은 주차
군의 예하부대 중 하나로, 인천에 본창(本廠)을, 안동현과 원산에 지
창(支廠)을 두었다.[2] 1907년 대한제국의 군대를 해산한 후 병기와 군
수품을 압류하여 총독부박물관으로 인계한 것으로 추정되며, 구체
적인 경위는 파악되지 않는다.[3] 일제가 조선을 침략하면서 대한제국
군대를 무력으로 제압하고 병기를 비롯한 군수품을 압류한 기록은
일찍이 확인된다. 1908년 『황성신문』에 의하면 용산 병기창에 있던
1,965건의 군수를 일본 육군 운수부로 가지고 갔다는 기사도 보이
고, 1909년에는 군대에 제공한 건축물이나 전답을 재무감독국장에
게 인계하라는 기사도 보인다.[4]

이 병기류는 경복궁의 사정전과 근정전 회랑 등에서 전시가 이루어졌다. 총독부박물관에서 보관 전시되던 등록 및 미등록된 병기 중 일부는 1944년에 큰 변화를 맞는다. 금속제 병기 중 166점이 1944년 5월 북선과학박물관, 295점은 은사기념과학관으로 이관되었으며, 1,610점은 금속회수라는 이름하에 공출이 이루어져 멸실되었다.[5] 이에 대해서는 본서 4부에서 별도로 다루었다.

총독부박물관에서 무기는 각별한 정치적 의미를 지니고 있었다. 일본 근대 초기 「고기구물보존방(古器旧物保存方)」(1871)에서 고기구물의 품목 중 하나로 무기를 특정하고 있으며, 이후 일본 제실박물관에서도 소장품 중 '고병기(古兵器)'를 중시하였다. 제실박물관이 내무성으로 이관된 후, 1875년 11월 개정된 진열품 분류는 천산부(天産部), 농업산림부, 공예부, 예술부, 사전부(史傳部), 교육부, 법교부(法敎部), 육해군부(陸海軍部) 등이었다. 여기서 육해군부는 갑주류, 궁총류, 정치류(幀幟類), 군복, 마구, 잡구류(雜具類) 등을 다루었다. 1874년 사가(佐賀)의 난을 시작으로 아키즈키(秋月)의 난, 하기(荻)의 난 등 불평 무사의 반란과, 1877년에는 세이난(西南)전쟁 등을 겪으면서 무사의 상징인 갑주는 근대무기와 대비되어 전시되었다. 이를 통해 갑주가 패배의 이미지로서 민중에게 전달되도록 하였다.[6] 청일전쟁과 러일전쟁 이후 제국박물관은 육군성으로부터 전리품을 수증받았다. 제국박물관은 궁내청 소관으로 황실과 관계된 박물관의 성격을 지녔으며, 이러한 전리품은 "역사를 살펴보는 데 도움이 될 만한 것"이라고 하면서, 이를 박물관에 수장함으로써 부국강병의 내셔널리즘을 적극 표방하였다. 그리고 박물관에서 전리품을 수장, 전시 공개하는 것은 국위발양(國威發揚)을 목적으로 하고, 국책(國策)에 합치하는 것으로 보았다.[7] 이러한 전통이 이어져 농상무성 시대의 박물관(1881~1886)에 병기과(兵器課)가 설치되었다. 병기과는 육해군의 병기를 수집하고 관장하는 업무를 담당하였다.

일본 제국박물관의 영향을 받아, 조선총독부박물관도 조선주차군사령부에서 고병기를 인수하였으며 첫 등록유물로 삼았다. 조선주차군사령부에서 인계받은 고병기는 제국 일본이 조선을 식민지화하면서 조선의 군대를 해산하는 과정에서 확보된 전리품이었다. 총독부박물관에서 대한제국 군대의 무기를 압류하여 전시함으로써 도검과 구식 총포 같은 조선 군대의 재래 무기의 낙후한 이미지를 통해 조선의 쇠락성과 무기력함을 전달하고자 하였고, 동시에 일본제국의 군사적 승리와 무력적 제압을 상징적으로 보여주고자 하였다. 전시 공간도 박물관 본관이 아닌 경복궁의 전각(殿閣) 건물이었는데, 이는 서양식의 본관 건물로 상징되는 진보적인 근대 문명과의 대비를 극대화하고자 한 것이었다.

1908년 개관한 타이완총독부박물관에서도 일본의 지배에 저항한 타이완의 토착 원주민을 제압하고 이들의 무기를 전시하였는데, 이와 같은 맥락이라고 할 수 있다.[8] 무기의 후진성을 시각적으로 제시함으로써 군사력의 격차를 보여주고, 이를 통해 무력 제압의 당위성과 미래 저항의 단초를 제거하고자 하였다. 이는 식민주의적 상징성을 재현한 고도의 정치적 행위라고 할 수 있다. 이처럼 식민지 침탈 과정에서 압류한 대한제국 군대의 병기가 총독부박물관 첫 등록유물이라는 점은 식민지 박물관의 단면을 상징적으로 보여주고 있다 하겠다.

(2) 조선총독부 식민지 조사의 부산물

초기 소장품의 두 번째 범주는 식민지 조사사업의 과정에서 확보된 자료이다. 일제는 구미 제국주의 국가와 마찬가지로 식민지를 원활하게 지배하고 효과적으로 통치하기 위해 식민지의 정치·경제·사회·문화 등 모든 영역에 대한 치밀한 조사를 추진하여 식민통치에 필요한 지식과 정보를 축적하였다. 통치 제도의 마련에 필요한 조사가 이루어졌을 뿐 아니라, 이데올로기 지배를 위한 역사와 문화 및 일상에 대한 이해와 통제까지 조사가 확대되었다. 이러한 식민지 조사 활동 과정에서 다양한 종류의 유물들이 의도적으로 그리고 의도치 않게 확보되었다.

① 총무국 회계과 인계품

총독부박물관은 개관과 동시에 총무국 회계과에서 청자화병(靑磁花瓶) 외 59건(195~254번)과 이암(李巖) 필(筆) 〈모견도(母犬圖)〉 외 40건(255~295번)을, 1916년 3월에 금동미륵 외 63점(314~377번)을 인수하였다(〈그림 5-3〉 참조). 전자에는 고려청자와 조선백자 중 수작뿐 아니라, 고려시대 동경과 범종 등이 포함되었으며, 이암, 김식(金埴), 신위(申緯), 이정(李霆) 등 조선시대를 대표하는 화가들의 작품도 들어 있다. 후자는 주로 금동 불상들로 구성되어 있다.

조선총독부박물관 문서 D026 「다이쇼(大正) 4년 12월 조선총독부박물관 소장품 목록」에 의하면, 회계과에서 총독부박물관으로 인계된 유물 중에는 상기 유물과 함께, 후일 데라우치 총독 기증품이 포함되어 있다. 총독부 회계과에서는 일련별 관리번호를 부여하여 미술품들을 체계적으로 관리하고 있었다. 회계과 보관 유물의 당초

그림 5-3. 이암 필 〈모견도〉

이암(1499~?)은 짐승 그림에 뛰어난 조선시대 화가로 한국적인 정취를 풍기는 독자적인 화풍을
보여준다. 〈모견도〉(163×55.5cm)는 본관 255번으로 등록되었다.

출처: 국립중앙박물관.

입수 경위와, 총독 개인 유물과 회계과 소유 유물이 어떻게 구분되었
는지는 명확치 않다.

② 참사관실 인계품

일제는 취조국(1910.10.~1912.3.), 참사관실(1912.4.~1915.4.), 중
추원(1915.5~1938) 등을 통해 식민지 조선의 관습과 제도를 조사하

는 구관(舊慣)조사사업을 실시하였다. 이 구관조사는 효율적인 식민 지배를 위한 법령의 개폐와 시행을 목적으로 한 것이었지만,[9] 한편 으로는 식민지 조선의 역사와 문화에 대한 이해를 높이는 데 일조하 였다. 식민통치에 필요한 기초자료로 조선의 고서(古書) 및 금석문(金 石文), 탁본, 읍지, 재래 활자 및 판목 등이 수집되었는데, 1913년 2월 조선총독부 정무총감은 「조선 고서 및 금석문 탁본 수집에 관한 건」 으로 통첩을 발동함으로써[10] 각 도 장관과 도 경무부장에게 민간보 유도서, 금석문, 판문 등을 조사 수집하게 하였다. 자료의 수집 과정 에는 조선총독부의 식민권력이 기민하게 동원되었다. 금석문의 탁 본, 활자 등은 총독부박물관으로 이관되었고, 읍지 등 도서들은 경성 제국대학을 거쳐 현재 서울대학교 규장각 한국학연구원에 소장되어 있다.[11]

금석문의 경우, 1913년 말까지 ① 신라 29종(탁본 28종, 사본 1종), ② 고려 87종(탁본 58종, 사본 29종), ③ 조선 932종(탁본 491종, 사본 441종)이 수집되었다.[12] 이 중 사료적 가치가 높은 545종과 각종 서 적에 나타나는 금석문 107종은 1919년 3월 가쓰라기 스에지가 편찬 한 『조선금석총람(朝鮮金石總覽)』에 수록되었다. 1915년 참사관실의 구관조사 업무가 중추원으로 이관되면서 당시 수집품 중 일부가 총 독부박물관으로 인계되었다. 1916년 3월 31일자로 총독부박물관에 인계된 탁본 중 958건 1,395점은 378~1335번으로 등록되었고, 사 본(寫本) 621건 737점은 1336~1956번으로 등록되었다.

총독부박물관은 1916년 4월 30일 참사관실에서 88만 4,644점 의 활자를 인수하였다.[13] 서류상 인수인계 일자는 1916년 4월 30일 로 되어 있지만, 1915년 10월 개최된 물산공진회 미술관의 전시에서도 고활자가 진열되었던 것으로 보아, 그 이전에 이미 인계되었을 가능성이 높다. 원래 대한제국 궁내부 소속 규장각에서 도서와 함께 관리되다가 이왕가를 거쳐 1911년 6월 15일 취조국으로 인계된 것으로 보인다.[14] 취조국 사업을 뒤이은 참사관실은 도서 정리사업과 함께 활자도 정리하였다. 1913년 8~10월에는 수량 조사와 함께 종류별로 구분하여 용기에 넣었다.[15] 이와 함께 대한제국 시기에 학부 편집국 등 의정부나 궁내부 소속 각 인쇄처에서 사용하던 활자도 여기에 포함되어 있다.[16] 이렇듯 방대한 분량의 활자들은 그중에서도 극히 일부 유물만 선별되어 35건만 3359~3393번으로 등록 관리되었다(〈그림 5-4〉 참조).

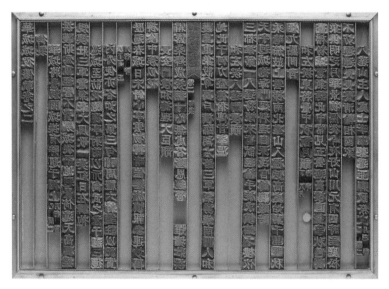

그림 5-4. 정리자대자(整理字大字)
정리자(整理字)는 1795년(정조 19) 『정리의궤통편(整理儀軌通編)』, 『원행을묘정리의궤(園幸乙卯整理儀軌)』 등을 출판하기 위해 만든 금속활자로, 조선총독부박물관에서는 방대한 분량의 활자 유물 중 일부만 선별해 등록했다. 사진은 3364번 유물로 등록된 정리자대자이다.
출처: 국립중앙박물관.

③ 산림과 인계품

1911년부터 1924년까지 총독부 농상공부 산림과에서는 '국유림 구분조사(國有林 區分調査)'를 실시하였다. 토지조사사업의 일환으로 광대한 면적의 국유림을 조사하여, 국유지로서 보존할 요존예정임야(要存豫定林野)와 불요존임야(不要存林野)로 분류하였다. 요존예정임야는 중요도에 따라 갑종(甲種)과 을종(乙種)의 두 종류로 분류하였으며, 불요존임야도 다시 제1종과 제2종으로 나누었다.[17] 총독부 산림과 소속의 기수들이 현지 조사를 하고 도면을 작성하는 과정에서 다수의 유물을 채집하였으며, 이러한 유물이 당시 산림과에 보관되었던 것으로 보인다. 전국 각지에서 수집된 토기 편, 기와 편 등이 대부분을 차지한다. 1916년 5월 4일부터 7월 1일까지 7차에 걸쳐 인수하여 3761~3773번, 3776번으로 등록하였다. 산림과에서 채집한 유물을 총독부박물관으로 인계하는 데 토지조사국 사무관이었던 구도 쇼헤이가 관여한 것으로 추정된다. 앞서 언급한 바와 같이 구도는 데라우치 총독의 최측근일 뿐 아니라 데라우치의 문화재 수집과 총독부박물관의 설립 및 운영에도 개입한 인물이다.

④ 폐사지 수집품

1957~1980번의 석탑과 불상 등은 전국에 산재된 폐사지(廢寺址)에서 조선총독부로 반입된 유물이다. 특히 1915년 물산공진회를 계기로 경기도와 강원의 폐사지에서 반입된 것이 많은데, 미술관 1층과 남측 구역에 전시되었다.[18] 당시 세키노 다다시의 조사로 석조문화재의 존재가 널리 알려지게 되었다.

1908년 1월 산림법이 시행되고, 1910년 8월 23일 토지조사법 시행규칙 등이 시행되면서, 미처 신고하지 않은 사유지, 국유지에 있던 폐사지의 탑비, 불상 등은 모두 국유화되어 조선총독부의 소유가 되었다. 1911년 11월 29일 조선총독부 정무총감은 각도 장관, 부윤, 군수 등에게 공문을 보내어 폐사지와 고비(古碑), 석탑, 석불 등은 모두 국유라는 지침을 내린다.[19] 이에 따라 폐사지에 있던 석조물과 철불 등이 조선총독부로 옮겨지게 된다. 경주 남산 석조여래좌상(1957번), 감산사 석조미륵보살입상(1958번), 감산사 석조아미타불입상(1959번), 정토사 홍법국사탑비(1960번), 지광국사 현묘탑(1962번), 남계원 칠층석탑(1966번), 홍각선사비(1979번), 홍법사 진공선사탑(1980번) 등이 당시 입수된 대형 석조 유물이다(〈그림 5-5〉 참조).

그림 5-5. 총독부박물관 정원에 전시된 폐사지 석탑들
조선총독부박물관은 정원(경복궁 내)에 강원도 원주 영전사터의 보제존자사리탑과 원주 법천사터의 지광국사현묘탑 등 전국 각지에서 옮겨온 탑과 부도를 전시하였다.
출처: 국립중앙박물관.

폐사지에 소재한 유물의 소유권에 대한 논란이 빈발하자, 1917년 5월 18일 총무국장 명의로 중추원에 "조선의 관습 법규상 궁성, 사찰, 고분 등 폐지에 소재하는 탑, 불상, 석물 등 문화재의 소유권은 어디에 있는지" 질의 공문을 보냈다. 이에 중추원은 1917년 5월 29일 "조선은 동산과 부동산을 구별하지 않으며, 궁성, 사찰, 고분 등 폐지에 소재하는 탑, 불상, 석물 등 문화재의 소유권은 국가에 있으며, 선점에 의한 취득은 인정하지 않는다"고 회신한다.[20] 이러한 방침에 따라 일제시기 폐사지에 있던 많은 유물들이 총독부박물관으로 옮겨지게 되었다.

(3) 고적조사 수집품

식민지 조선에서 문화재 조사사업, 이른바 고적조사는 조선총독부의 통제하에 이루어졌다. 본격적인 고적조사는 1916년 고적조사위원회의 출범 이후에 시행되었지만, 그 이전에도 조선총독부 내 여러 부서에서 산발적으로 이루어졌다. 1915년 총독부박물관 출범 당시에는 내무부 제1과의 세키노 다다시 팀의 조사와 학무국 편집과의 사료조사사업이 대표적이었으며, 그 과정에서 취득되어 보관되어 있던 유물과 유리원판이 총독부박물관으로 일부 인계되었다.

① 내무국 제1과 인계품

한반도에서 고적조사는 1902년부터 세키노 다다시의 고건축 조사에서 비롯되었다. 이후 세키노는 탁지부 차관 아리이 겐타로(荒井賢太郞)의 의뢰로 1909~1914년까지 한반도 전역의 고건축과 고적을 집중적으로 조사하였는데, 관련 업무는 탁지부 건축소에서 내무부 내무국 사사과(社寺課) 등을 거쳐, 내무국 제1과의 소관이 되었다. 세키노는 야쓰이 세이이치, 구리야마 슌이치와 함께 고건축과 고적 조사를 실시하면서 다수의 고분을 발굴하고 유물을 취득하였다. 초기에 취득된 대부분의 유물은 도쿄제대로 유출되어 현재 도쿄대학 건축사연구실에 보관되어 있다.[21]

　　총독부박물관이 설립되기 이전 고적조사와 관련된 업무는 주로 내무국 제1과의 소관이었다. 하지만 총독부박물관의 설립에 따라 고적조사와 관련된 유물뿐 아니라 모든 업무는 관방 총무과 소속의 총독부박물관으로 이관되었다. 이 과정에 내무부 장관 우사미 가쓰오가 데라우치 총독에게 항명(抗命) 서한까지 보낸 것은 앞서 살펴본 바 있다. 우여곡절을 거쳐 그간 내무부에서 보관하고 있던 고적조사 과정의 수집품과 유실물법에 의한 매장물 등의 유물은 총독부박물관으로 이관되었다. 아울러 고적조사 시 촬영한 유리원판사진의 목록도 인계되었다.[22]

　② 학무국 편집과 인계품

　　학무국 편집과도 다량의 유물과 유리건판을 총독부박물관에 인계하였다. 학무국 편집과 오다 쇼고 과장은 도리이 류조, 이마니시 류, 구로이타 가쓰미에게 교과서 편찬을 위한 기초 자료의 조사를 의뢰하였다. 이마니시 류는 1913~1914년 세키노 다다시의 조사팀에 합류하여 한반도 북부와 만주를 조사하였으며, 구로이타 가쓰미는 1915년 '일본 상대사(上代史) 규명을 위한 반도 상대사의 유구학적 연구'를 실시하였다. 한편 인류학자 도리이 류조는 1910~1916년 모두 6차례의 '반도 유사(有史) 이전의 인종과 문화 조사'를 실시하였다. 교과서 편찬을 위한 자료 수집을 명목으로 하였지만 실제로는 세키노 다다시의 조사에서 누락된 조선의 인종적, 민족적 및 석기시대 조사를 보완하는 의미가 있었다.[23]

도리이는 사료조사사업에서 입수한 유물과 유리건판을 학무국 편집과에 남겼고, 편집과는 1916년 4월 30일 총독부박물관으로 이를 인계하였다. 제1회~제5회 사료조사사업의 채집품은 2790~3114번으로 등록되었는데, 주로 선사시대 석기류가 많다. 조사 과정에서 촬영된 3,054점의 유리건판 중 221건만 3138~3358번으로 등록되었다.[24] 이 밖에도 1913년 2월 5일(만주 지안), 1914년 6월 2일(경북) 수집된 고와(古瓦) 외 18건 82점도 296~313번으로 등록되었다. 1916년 1월 13일 인계되었는데, '사료조사용 구입품'이라고 기록되어 있다.

제1회 조사에서는 이노우에 다쓰조(井上達三)가 사진을 촬영하였고, 제2회~제5회 조사에서는 사와 슌이치가 촬영을 맡았다. 조선총독부박물관 문서에는 도리이 류조의 조사에서 촬영된 유리건판사진의 목록이 연도별로 존재하고 있어 세부 내역을 상세히 파악할 수 있다.[25] 당시 촬영된 유리건판사진은 현재 국립중앙박물관 홈페이지의 「국립중앙박물관 소장 조선총독부박물관 유리건판」에서 확인할 수 있다(museum.go.kr/dryplate).

(4) 기증품

조선주차군사령부나 조선총독부 내의 타 부서에 이관된 유물 이외에, 다량의 우수한 기증품이 들어왔다. 기증자는 초대 조선총독 데라우치 마사타케, 판사 아사미 린타로(淺見倫太郎, 1868~1943), 정상

(政商) 구하라 후사노스케 등 식민권력의 최정점에 있거나 그와 밀접히 결부된 인물이라는 공통점이 있다. 이처럼 수준 높은 다량의 기증품이 한꺼번에 들어온 것은 총독부박물관 전 시기를 걸쳐 개관 직후에만 확인된다.

① 데라우치 마사타케 기증품

총독 데라우치 마사타케는 세 차례에 걸쳐 총 809점의 유물을 기증하였다. 1916년 4월 15일 이루어진 1차 기증 유물 중, 청자 모란문 대병 외 590점은 1981~2573번으로 등록되었으며, 고경(古鏡) 215점은 2574~2788번으로, 금동반가사유상 1점은 2789번으로 등록되었다(〈그림 5-6〉 참조). 1916년 6월 23일 2차 기증 유물은 정선(鄭敾)의 〈산수도(山水圖)〉(3774번)와 김홍도(金弘道)의 〈삼선도(三仙圖)〉(3775번)이다. 1918년 5월 25일 기증된 권이재(權彛齋) 필적은 6350번으로 등록되었다.

데라우치의 1차 기증 유물은 590점의 도자기와 회화, 215점의 동경, 그리고 금동반가사유상이다. 이 중 금동반가사유상을 제외한 나머지 유물들은 늦어도 1913년에는 완결된 상태로 일련번호가 부여되어 회계과에서 관리되고 있었다.[26] 「유물수입명령서」에 의하면 동경은, 1906년 조선에 건너와 변호사로 활동하던 미야케 조사쿠(三宅長策)의 소장품이었다가 데라우치에게 일괄로 넘겨진 것으로 확인된다. 그런데 현재 국보 제78호로 지정된 금동반가사유상(2789번)은 1912년 후지카미 사다스케(淵上貞助)가 총독부에 기증한 것으로,[27] 엄밀한 의미로는 데라우치의 개인 소장품이 아니었을 가능성도 있다. 이 불상은 회계과의 관리하에 총독 관저에 보관되었으며,[28] 데라

그림 5-6. 금동 반가사유상(국보 제78호)

삼국시대 제작된 전체 높이 81.5cm의 불상으로, 미야케 조사쿠의 수중에 있다가 초대
총독이었던 데라우치가 넘겨받았으며, 이후 1916년 총독부박물관에 기증하였다. 현재
국립중앙박물관에 '본관 2789' 유물로 등록되어 있다.

출처: 국립중앙박물관.

우치가 1차로 유물을 기증하는 시점에 기증의 형식으로 총독부박물
관으로 넘겨진 것으로 보인다.

　데라우치 소장 유물은 총무국장이자 그의 사위였던 고다마 히데
오에 의해 1916년 조선총독부에 기증되어, 총독부박물관의 주요 컬

렉션으로 자리매김하였다. 박물관의 초기 진열품의 대부분은 데라우치 총독의 '구입기증품'이었다고 할 만큼 수준이 높은 유물이 다수 포함되어 있었다.[29] 조선총독이었던 데라우치가 본인에게 기증하는 형식을 취할 수 없었기 때문에, 행정적으로 "백작 데라우치 마사타케 대리 백작 고다마 히데오"가 "조선총독 백작 데라우치 마사타케"에게 기증한 것으로 되어 있다.

데라우치의 유물 수집에 관해서는 종래 약탈의 측면을 강조하는 입장과 보호를 강조하는 상치된 견해가 존재하며, 최근 공개된 일본의 한일회담 관련 외교문서를 통해 조선총독부의 공금인 '기밀비'와의 관련성에 대해서는 1부에서 살펴보았다. 식민지 권력의 정점에 있었던 데라우치 총독의 시혜적 기증에 의해 총독부박물관 소장품의 근간이 형성되었다는 점은 박물관의 성격을 이해하는 데 중요한 부면임에는 틀림없다.

② 아사미 린타로 기증품

아사미 린타로는 1892년 도쿄제대 법과대학을 졸업하고 도쿄지방재판소 검사 등을 지내다가, 1906년 6월 통감부 법무원(法務院) 평정관(評定官)으로 조선에 건너왔다. 1918년까지 조선총독부 판사로 활동하였다. 그는 1916년 7월 5일 한와(漢瓦) 파편 등 27건을 기증하였으며, 이것들은 3786~3812번으로 등록되었다. 기증 유물은 대부분 고고품으로 한대(漢代) 와전(瓦塼), 신라 와전과 토기, 고려 석관, 청자, 석제 불상 등이다. 1916~1917년에는 고적조사위원으로도 위촉된 바 있다.[30]

③ 구하라 후사노스케 기증품

1916년 총독부박물관에 기증되어 등록된 중앙아시아 출토 유물이다. 흔히 '오타니(大谷) 컬렉션'이라고 불리는데, 1902~1914년 오타니 고즈이(大谷光瑞, 1876~1948)가 중앙아시아를 조사하면서 수집한 유물이다. 런던에 유학 중이던 일본 교토 조도신슈(淨土眞宗) 니시혼간지(西本願寺)의 제22대 문주 오타니 고즈이는 스웨덴의 스벤 헤딘(Sven Anders Hedin, 1865~1952), 영국의 오렐 스타인(Aurel Stein, 1862~1943) 등 서양인들의 서역 탐험에 자극을 받아 중앙아시아 지역을 탐험하였다. 불교 승려였던 그는 특히 불교 동점의 중요 경로라는 점에서 중앙아시아에 주목하였는데, 모두 세 차례에 걸쳐 탐험을 하였다.[31]

막대한 비용이 소모된 중앙아시아 탐험으로 인해 니시혼간지는 사세(寺勢)가 기울어질 정도로 큰 타격을 입었다. 이에 대한 책임을 지고 오타니는 은퇴하였고 수집품들도 흩어지게 되었다. 다수의 석굴사원 벽화를 포함한 서역 유물은 중국 뤼순(旅順)박물관, 조선총독부박물관, 도쿄제실박물관으로 나뉘게 되었으며, 문서류는 교토의 료코쿠(龍谷)대학에 보관되어 있다. 오타니의 별장 니라쿠소(二樂莊)와 거기에 있던 유물은 구하라 후사노스케에게 매도되었으며, 구하라가 그것을 총독부박물관에 기증하였다.

1916년 5월 3일 유물 373점 33상자가 총독부박물관에 도착하여 경복궁 사정전(思政殿)에 격납되었으며,[32] 1916년 9월 10일부터 수정전(修政殿)에 전시되어 일반 공개가 이루어졌다(〈그림 5-7〉 참조). 전체 유물의 규모는 367건 1,500여 점에 달하며, 3813~4179번으로 등록되었다. 쿠차 키질 석굴사원의 본생도(本生圖) 벽화 조각(7세기

그림 5-7. 오타니 컬렉션의 수정전 전시 풍경
오타니 탐험대가 중앙아시아에서 수집한 유물은 1916년 4월 조선총독부박물관에 기증되었으며,
그해 9월부터 경복궁 수정전에서 전시, 공개되었다.
출처: 국립중앙박물관.

경)과 투루판 베제클릭 석굴사원의 서원화(誓願畵) 벽화 조각(10~12
세기), 투루판 아르호 석굴의 천불도(千佛圖) 벽화 조각(9세기) 등 중
앙아시아 석굴의 벽화 조각, 당대(唐代) 아스타나 고분군 출토품 등
이 있다.[33]

　오타니 컬렉션은 총독부박물관이 소장한 첫 번째 외국 유물이며,
이후에도 유례를 찾아보기 힘든 대규모 외국 컬렉션이다. 구하라 후
사노스케가 오타니의 중앙아시아 수집품들을 총독부박물관에 기증
하게 된 배경에 대해 구하라가 야마구치(山口) 하기(荻) 출신으로 데
라우치 총독과 동향이기 때문이라거나, 식민지 조선의 광산 채굴권
에 대한 대가라는 추측도 있으나 구체적인 근거는 제시되지 않은

상태이다.[34] 구하라의 기증 시점은 1916년 4월경이지만, 기증에 대한 논의는 1913년경에 이미 진행되고 있었음을 보여주는 자료가 있다.『매일신보』1913년 9월 6일자 기사에 의하면, "9월 4일 밤 교토(京都) 오쓰야(大津室)에 투숙한 데라우치 총독은 9월 5일 오전 11시 54분 오사카(大阪)를 통과하여 스미요시(住吉)에서 구하라 후사노스케를, 롯코산(六甲山) 니라쿠소(二樂莊)에서 오타니 고즈이 백작을 방(訪)하고, 오후 10시 48분 고베(神戶) 발(發) 시모노세키(下關)로 향하엿더라"고 되어 있다. 1913년 9월은 아직 총독부박물관이 개관하기 이전 시점이다. 박물관이 개관되지 않은 시점에, 데라우치 총독이 오타니 컬렉션의 주요 관계자인 구하라와 오타니를 만난 사실을 『매일신보』에서 보도하고 있다. 혹시 이들 간에 유물 기증에 대한 협의가 당시 진행되었을지도 모른다는 추측을 낳게 한다. 1913년 구하라 후사노스케는 조선의 광업에 적극적인 관심을 표명하고 있었으며,[35] 1915년 구하라(久原)광업회사는 미국인 소유의 갑산광산을 인수하고 진남포에 제련소를 건설하는 등 식민지 조선 진출을 적극 도모하였다.[36] 이런 사실들로 미루어 구하라의 중앙아시아 유물 기증이 조선에서의 이권과 관련되었을 가능성을 완전히 배제하기는 어려울 것으로 보인다.

식민지 권력이 조선에 설립한 박물관이라면 조선을 중심으로 하면서 주변 지역과 관련된 물건을 수집하여 전시하는 것이 상례이다. 구하라가 기증한 중앙아시아 컬렉션은 식민지 조선의 역사나 문화와 직접적인 연관성이 없는 자료들임에도 불구하고 총독부박물관의 전시에서 중요한 위치를 차지하였다. 총독부박물관이 중앙아시아 컬렉션을 기증받아서 전시한 의도는 무엇이었을까? 제국의 일원으로서 조선에 설치된 식민지 박물관이라는 점과, 중앙아시아라는 이문화(異文化)의 상징성, 두 가지를 주목할 필요가 있다. 총독부박물관이 스스로 밝히고 있는 바와 같이, 총독부박물관은 조선을 위주로 하되 "조선이 동아 대륙에서 제국의 영토인 관계상 특히 수집이 필요한 支那 및 印度 上代의 참고품을 추가"하고 있다.[37] 식민지 조선은 동아시아 대륙에서 일본제국의 교두보 의미를 지녔으며, 그런 관점에서 중국과 인도 상대의 유물도 참고품으로 수집하였다. 여기서 말하는 중국 유물은 낙랑군과 관련된 비교 유물을 의미하는 것이었으며,[38] 인도 유물은 불교의 동전(東傳)과 관련된 중앙아시아 유물로 이해할 수 있다.

한편 식민지 박물관에서 이국적인 중앙아시아 유물이 표상하는 상징적인 의미에 주목할 필요가 있다. 중앙아시아 유물은 조선의 역사와 문화와는 이채롭고 생경한 문화였다. 재래의 조선 문화와 타자적인 중앙아시아 문화를 대비시켜 전시함으로써, 식민지 조선에서 일본제국의 정치적인 그리고 문화적인 역량, 즉 제국의 힘을 조선민들에게 과시하고자 하였던 것은 아닐까. 중앙아시아까지 호령하는 제국 일본의 정치적 문화적 역량을 과시함과 동시에, 제국의 일 구성원으로서 식민지 조선의 박물관을 구축하기 위함이었던 것으로 읽힌다.

3) 초기 소장품의 입수 기준

총독부박물관의 초기 소장품은 1번부터 4179번까지 등록되었는데, 하나의 번호에 다수의 유물이 등록된 경우와 입수 후 미등록된 유물까지 감안한다면 총독부박물관이 보관하고 있던 유물의 실제 수량은 1만여 점을 상회할 것이다. 그렇다면 총독부박물관은 개관 전후 어떤 물건을 박물관의 소장품으로 가치를 인정하고 수집·등록 하였을까. 총독부박물관이 설립되기 이전 조선에는 1909년부터 개관 운영되던 제실(이왕가)박물관이 있었다. 먼저 이왕가박물관의 가치 부여 및 선별 기준을 주목하지 않을 수 없다.

『이왕가박물관소장품사진첩(李王家博物館所藏品寫眞帖)』에 의하면, 1912년 12월 당시 이왕가박물관의 소장품은 총 1만 2,230점이었으며, 불상, 금공, 석공, 목조, 칠기, 자수 및 직물, 도기, 기와, 유리, 회화 등이었다. 이러한 소장품을 기반으로, 명정전에는 석각류, 명정전 행각에는 조선시대의 토속품, 삼국과 신라시대의 석검, 석촉, 토기류, 석기시대의 석기류를 진열하였고, 함인전에는 일본과 중국에서 제작된 것들을 참고품 명목으로 전시하였고, 환경전에는 조선시대의 금속기 및 토속품류, 경춘전에는 조선시대의 도기, 목죽류, 옥석기류, 통명전에는 회화류, 양화당에는 평안남도 강서군의 고구려 고분벽화 모사도를 전시하였으며, 본관에는 가장 중요하게 여겨진 불상, 고려시대 토기, 금속기, 목죽류, 옥석기, 신라시대의 금속, 옥석류를 진열하였다.[39] 이왕가박물관의 소장품과 전시품은 선사시대 석기, 삼국 및 통일신라시대 불상, 고려시대 도자기 및 공예품, 조선의 회화 및 공예품을 중심으로 구성되었으며, 이러한 전통은 1915년 물산공진회 미술관으로도 이어졌던 것으로 보인다.

물산공진회에서 미술과 고고자료가 배당된 제13부의 심사부장이 이왕가박물관의 스에마쓰 구마히코였고, 심사원이 이왕가박물관에 근무하고 있던 야기 소자부로였다. 이왕가박물관 관계자가 물산공진회 미술관의 전시품을 선정하는 데 직접 관여한 사실에서 알 수 있듯이, 이왕가박물관의 선별 기준이 물산공진회 미술관 전시에도 유사하게 관철되었던 것으로 보인다.

물산공진회 미술관은 전체 2층으로 이루어져 있었다. 전시 구성을 살펴보면, 1층의 중앙홀에는 대형 불교조각을 전시하였고, 주로 토도 유물을 전시한 제1실은 신라의 토기 및 금속기, 고려 도자기로 구성되었다. 제2실에는 고려 금속기, 조선 금속기 및 도자기, 조선 목죽기, 나전칠기 등이 전시되었다. 제3실에는 사경, 불상, 대장경 등의 불교 관련 유물과 고활자가 전시되었으며, 제4실에는 주로 조선시대 화가들의 회화들이 전시되었다. 이로 미루어 보아 공진회 미술관의 전시 유물은 이왕가박물관과 마찬가지로 토도, 금속, 목죽 등 재질과 종류에 따른 '미술'품을 중심으로 가치 부여가 이루어졌던 것으로 보인다.[40]

이왕가박물관과 물산공진회 미술관에 반영된 소장품이나 전시품의 범주는 기본적으로 재질별 분류이기는 하지만, 그 근저에는 식민지 본국인 일본의 제실박물관에서 이루어진 열품 분류를 참고하였던 것으로 보인다. 1872년 문부성 박람회에서는 천조물(天造物)과 인조물(人造物)로 분류하였다. 천조물은 식물, 동물, 광물, 화석으로 세분하였다. 인조물은 1871년 다이죠칸(太政官)의 「고기구물보존방(古器旧物保存方)」에서 제시한 31개 품목을 대부분 채용하였다.

본격적인 박물관이 설립되기 이전 문화재 보존 차원에서 '고기구물(古器旧物)'의 개념이 먼저 정립되어 있었다. 고기구물의 품목은 제기, 고옥보석(古玉寶石), 석노뢰부(石砮雷斧), 고경고령(古鏡古鈴), 동기(銅器), 고와(古瓦), 무기, 고서화, 고서적 및 고경문(古經文), 편액(扁

額), 악기, 종명비명묵본(鍾銘碑銘墨本), 인장, 문방구, 농구, 공장기, 거여(車輿), 옥내제구(屋內諸具), 포백(布帛), 의복장식, 피혁, 화폐, 제금제조기(諸金製造器), 도자기, 칠기, 도량권형(度量權衡), 다기향구화기(茶器香具花器), 유희구, 추치등우인(雛幟等偶人) 및 아완(兒玩), 고불상(古佛像) 및 불구(佛具), 화석(化石) 등이다.

이러한 분류는 이후 변화를 거듭하였는데, 1886년 황실의 강화 차원에서 박물관이 궁내성으로 이관되고 1889년 제국박물관이 되면서 큰 변화를 맞이하였다. 박물관은 고기물의 보존과 미술의 보존이라는 두 축을 표방하였는데, 이는 내셔널리즘을 형성하는 장치로 주목받았으며 역사미술박물관의 성격을 적극적으로 추구하게 되었다. 열품은 천산, 역사, 공예, 미술, 미술공예로 정리되었다.

1900년 제실박물관이 되면서 박람회 시대 식산흥업 차원의 산업과 관련된 공예(工藝)가 정리되었고, 천산(天産) 컬렉션은 문부성으로 이관하는 문제가 지속적으로 논의되고 있었다. 1915년 총독부박물관의 건립을 준비하던 당시 도쿄제실박물관은 역사, 미술, 미술공예의 세 부로 이루어진 역사미술박물관의 성격을 띠고 있었다.[41]

열품의 세부적인 분류와 기준은 일본의 근대 초기 문화재 분류인 고기구물의 구분을 근간으로 하고 있다. 이러한 기준과 분류 방식이 식민지 조선에서는 이왕가박물관과 공진회 미술관을 거쳐 총독부박물관 초기 소장품의 수집과 분류에 영향을 끼친 것으로 보인다. 고기구물의 구분은 조선총독부의 1916년 고적조사계획에도 반영되어 있는데, '금석, 기타 고고물'에 불상·향로·경(鏡)·제기(祭器)·악기(樂器)·회화·현액(懸額)·도자기·칠기 등이 제시되어 있다.

2. 소장품의 확대

총독부박물관 초기 컬렉션은 식민지 조사사업의 부산물과 조선주차군사령부에서 인계한 조선의 재래 병기, 데라우치 총독의 기증품 등에서 출발하였다. 1916년 하반기 이후 총독부박물관이 체제를 갖추어나가면서 어떻게 소장품의 취득 경로를 다양화하면서 확장하였는지 살펴보자.

1) 취득 방식

총독부박물관의 컬렉션 수집 경로는 기증, 구입과 함께 발굴이나 발견 등을 통한 국가귀속품을 기본으로 하였다. 기증과 구입은 대부분 박물관에서 채택하고 있는 일반적인 컬렉션 수집 방식이다. 조선총독부의 문화재 관리정책을 담당하게 된 총독부박물관은 총독부에서 독점적으로 관리하던 발굴조사와 발견 신고품의 보관 관리 기능을 부여받게 되었던 것이다.

(1) 구입

구입은 박물관에서 유상으로 유물을 매입하는 방식이다. 총독부박물관 문서에 의하면, 유물 구입 절차는 다음과 같다. 매도자가 견적서를 제출하면, 박물관에서는 구입에 대한 내부 결재를 한 후, 박물관협의원에게 가격평가를 의뢰한다. 박물관협의원의 가격평가서가 도착하면, 박물관에서는 구입의결서를 기안하게 된다. 매도자가 유물 대금 청구서를 제출하면, 회계부서에서는 지출결의서를 작성한다. 이러한 절차는 현재 국립중앙박물관의 유물 구입 방식과 기본적인 골격 면에서는 큰 차이가 없다.

실제 유물 구입 과정에서는 사전 조율을 거쳐 구입 여부와 가격을 조정한 후, 행정 절차는 형식적으로 이루어지는 경우가 많았던 것 같다. 이 점은 구입 분야 문서에 함께 들어 있는 「쇼와 5~19년도 구입품 견적서」를 통해 알 수 있는데, 이 문서철에 있는 견적서들은 구입 협의의 최초 단계에 제출된 것이다.[42]

매도자가 제출한 견적서상의 유물 중 일부분만 박물관에서 구입하였으며, 가격도 상당부분 조정되었던 흔적들이 문서상에 남아 있다. 견적 문서의 기안일이 보통 평가서 작성일과 일치하는 것으로 보아, 평가서를 받은 후 바로 구입의결서를 기안한 것으로 보인다. 반면 결재까지는 1주일 내외 또는 그 이상의 시일이 소요되는 것이 일반적이다. 그리고 동일한 날짜에 여러 건의 기안이 이루어지더라도 평가서는 매도자별로 작성되었다.

유물 구입에서 가격을 결정하는 가격평가서는 총독부박물관 박물관협의원에 의해 작성되었는데, 앞서 언급한 바와 같이 고고유물의 경우 후지타 료사쿠, 미술품은 이왕가박물관의 스에마쓰 구마히코와 아유가이 후사노신이 관여하는 경우가 많았다.

(2) 기부

기부는 박물관에서 무상으로 유물을 수증받는 방식이다. 총독부박물관 문서에 의하면, 유물의 기부와 관련해서는 '기부원→평가서→기부원에 대한 회답→기부품 송부→포상' 등의 순서로 행정 절차가 이루어졌다. 즉 기부자가 우선 조선총독 앞으로 기부 의사를 밝히면, 박물관에서는 기부 유물에 대한 가격을 평가한다. 기부 유물의 가격 평가는 박물관협의원에 의해 이루어졌다. 기부 유물이 가치가 있다고 판단되면, 이를 기부자에게 통보하게 된다. 박물관의 회신을 받은 기부자는 조선총독 또는 학무국 앞으로 기부 유물을 보내게 되며, 박물관에서는 기증 유물을 수납한 이후 기부자에게 소정의 포상을 실시한다. 이러한 기부 절차는 오늘날 박물관에서 유물을 기증받을 때도 거의 유사한 방식으로 진행된다.

조선총독부박물관 문서 「진열물품 청구서」(D001~011)와 「다이쇼 13년도~쇼와 4년도 진열품 기부 문서철」(E004), 「다이쇼 4년도 ~쇼와 8년도 진열품 기부 문서철」(E005), 「쇼와 8~13년도 진열품 기부 문서철」(E006) 등에서 확인되는 유물 기부 사례는 〈표 5-2〉와 같다.

총독부박물관의 경우, 앞서 살펴본 1916년 데라우치 마사타케나 구하라 후사노스케처럼 수준 높은 다량의 소장품을 한꺼번에 기증받은 사례는 찾아보기 힘들다.

개별 기부자의 면면을 살펴보면 몇 가지 유형으로 분류가 가능하다. 가장 많은 비중을 차지하는 것은 식민지 관료들인데, 총독부 총무과장 구도 쇼헤이, 총독부 판사 아사미 린타로(淺見倫太郎), 평양 공소원 서기 야마다 세이지로(山田針次郎), 지질조사소 기사 다테이와 이와오 등이 있으며, 그 외 군인[스에마쓰 요시쓰구(末松吉次), 헌병 중위], 교장[오사카 긴타로(大坂金太郎), 경주보통학교장; 야마노우에 조우지로(山野上長次郎), 마산고등여학교장] 등으로 식민지 통치기관에서 활동한 사람들이었다. 이들의 수집품 중 일부가 기부의 형태를 통해 총독부박물관으로 들어간 것이다.

표 5-2. 총독부박물관 문서에 나타난 유물 기부 사례

연도	기부자	기부 유물	등록번호
1916	데라우치 마사타케 (寺內正毅, 조선총독)		1981~2573, 2574~2788, 2789, 3774~ 3775, 6350
1916	아사미 린타로(淺見倫太郎)	한와 파편 등 27점	3786~3812
1916	구하라 후사노스케 (久原房之助)	중앙아시아 유물 5,000여 점	3813~4179
1917	강진해(姜震海)	부석사 발견 철제 탄환 73점	
1916 ~17	야마다 세이지로 (山田釮次郎)	토성동 발견 낙랑시대 와(瓦) 외 1,013점	
1916	스에마쓰 요시쓰구 (末松吉次)	삼차창(三叉鎗) 등 163점	6352~6377
1916	아사미 린타로	전(塼) 외	
1919	구도 쇼헤이(工藤壯平)	이정(李霆) 금니묵죽도(金泥墨竹圖) 등 2점	6530~6531
1919	와타나베 요모기타로 (渡邊蓬太郎)	불상 1점	6532
1919	오사카 긴타로(大坂金太郎)	석부(石斧) 등 31점	6533~6563
1919	고이케 오쿠요시(小池奧吉)	숫돌(砥石) 등 3점	6564~6566
1919	세키노 다다시(關野貞)	동제오고(銅製五鈷) 1점	6849
1919	황철(黃鐵)	도금동인 등 4점	6898~6901
1922	요코야마 고마지로 (橫山駒次郎, 평양 거주)	도제호(陶製壺) 1점, 동기 파편 6점	8431~8432
1924	오사카 긴타로	고성 출토 석부 편 1점, 토기 편 1상자	9596~9597
1924	하시모토 시게루(橋本繁, 평양 거주)	고동종(古銅鍾) 1점	9770
1924	모리키요 우에몬 (森淸右衛門, 도쿄 거주)	동정(銅鼎) 1점	9804

연도	기부자	기부 유물	등록번호
1924 ~25	다카하시 로쿠자에몬 (高橋六左衛門, 청주 거주)	고부(古釜) 1점	
1925	우메하라 스에지(梅原末治)	방경(方鏡) 1점	9895
1928	이마니시 류(今西龍)	환저미생식감(丸底彌生式坩) 1점	10584
1928	야마나카 사다지로 (山中定次郎)	금동수정입칠기합식 (金銅水晶入漆器盒飾) 1점	10621
1928	아마이케 시게타로 (天池茂太郎)	백자향로 1점	10856
1930	야마노우에 조우지로 (山野上長次郎)	석기(石器) 등 126점	11470~11595
1930	다테이와 이와오(立岩巖)	소소적색소감(素燒赤色小坩) 등 5점	11617~11621
1931	미쓰이(三井) 합명회사	청자과형화병 등 169점	12415~12583
1932	스웨덴 국립박물관	마제석부 등 67점	12737~12803
1932	스나가 하지메(須永元, 회목현 거주)	김옥균(金玉均) 서폭(書幅) 1점	13188
1933	우치다 신고(內田眞吾, 오사카 거주)	오키 도료히라(大木豊平) 작 축전상광(祝典祥光) 1점	
1937	이토 마키오(伊東槇雄)	고려 임충공(任忠恭) 묘지 등 2점	13812~13813
1939	이토 마키오 외	백자문자입합자(白磁文字入合子) 등 8점	14167~14174
1941	이토 마키오	진사병 등 1점	14658
1941	이토 마키오	은제환두대도 등 1점	14684
1942	모리 고이치(森悟一)	가노 단엔(狩野探圓) 필 우치천선진도(宇治川先陣圖) 등 8점	14744~14748
1943	다카하시 노보루(高橋昇) 외	문자전 등 3점	14822~14824
1941	닛타 도메지로(新田留次郎)	백자투조모란문호(白磁透彫牡丹文壺)	
1944	야마구치 겐코(山口源固)	토기 등 793점	

제국대학 교수였던 세키노 다다시, 우메하라 스에지, 이마니시 류 등 고적조사위원도 소량의 유물을 기증한 사례가 있다. 세키노 다다시는 1919년 동제오고(銅製五鈷) 1점을, 우메하라 스에지는 1925년 방경(方鏡) 1점을, 이마니시 류는 1928년 야요이식 토기 1점을 기증한 것으로 되어 있다. 재조 일본인으로는 저축은행(제일은행의 전신) 두취(頭取, 은행장)를 지낸 모리 고이치(森悟一), 이토 마키오(伊東槇雄) 등 은행가도 눈에 띈다.

기부자 중에는 총독부박물관에 유물을 매도하는 자도 많았은데, 매도를 전후해 유물을 기부하여 박물관과 원만한 관계를 맺었던 것으로 보인다. 야마다 세이지로와 고이케 오쿠요시(小池奥吉)처럼 유물 소장가인 경우도 있고 아마이케상회(天池商會)의 아마이케 시게타로(天池茂太郎), 야마나카상회(山中商會)의 야마나카 사다지로(山中定次郎)처럼 전문 골동상인 경우도 있었다. 특히 평양의 야마다 세이지로는 평양에서 출토된 봉니, 와당, 토기 등의 고고유물을 1922년과 1923년에 3,049.5엔과 1,950.5엔의 거액을 받고 두 차례에 걸쳐 매도하였다.

주목을 끄는 기부로는 1936년 미쓰이 합명회사에서 아유가이 후사노신의 수집품을 구입하여 기증한 사례가 있다. 이는 개성부립박물관에 대여되었다. 한편 1932년 스웨덴 국립박물관에서 마제석부 등 67점을 기증하였다. 1926년 스웨덴 구스타프 6세 아돌프(Gustav VI Adolf, 1882~1973) 왕세자가 경주를 방문하여 서봉총 발굴을 참관한 인연이 있었는데,[43] 이러한 식민지 조선과의 인연으로 스웨덴 국립박물관에서 총독부박물관에 유물을 기증한 것으로 추정된다(〈그림 5-8〉 참조).

그림 5-8. 경주 서봉총을 방문한 스웨덴 왕세자 구스타프 6세

1926년 경주시 노서동에 있는 대형 고분에 스웨덴의 왕세자가 방문하여 일본인 고고학자들과
함께 봉황 장식의 금관을 발굴하였다. 이를 기념하기 위해 스웨덴의 한자 표현인 서전(瑞典)의
'서'자와 봉황의 '봉'자를 합쳐 '서봉총'이라 이름 붙였다. 사진 왼쪽에서 무릎을 꿇고 있는 이가
구스타프 왕세자이다.

출처: 국립중앙박물관.

    조선인 기증자는 거의 확인되지 않는다. 1917년 강진해(姜震海)가
부석사 발견 철제 탄환 73점을 기증한 사례가 확인되는데, 강진해는
당시 부석사 주지였다. 이 사례는 엄밀히 기부라기보다 발견 매장문
화재와 유사한 성격을 띠는 것으로 보인다. 이는 식민지 박물관으로
서 총독부박물관이 피식민지민인 조선인들의 적극적인 협력과 관여
속에서 운영되지 못했던 단면을 보여주는 것일지 모른다. 반면에 일
본인들이 총독부박물관에 유물을 기부한 경우는 다수 확인된다.

(3) 발견·압수

식민지 조선에서 매장물이 우연히 발견될 경우 소정의 신고 절차를 거쳐 국유 재산으로 귀속되어 총독부박물관으로 들어간다. 이는 제국 일본의 법령이 식민지 조선에 이식된 제도이다. 조선총독부박물관 문서에 의하면, '매장물 발견→매장물 송부→평가서→청구서 및 지출결의서' 등 일련의 행정 문서가 확인되는데, 이러한 절차는 강제병합 전후부터 확립되어 시행되었다.

유물을 발견한 사람은 그 지역의 경찰서장에게 신고하도록 되어 있다. 식민지 시기 전 과정에 걸쳐 경찰기구가 비대했을 뿐 아니라 행정경찰의 영역 또한 넓었다. 경찰은 범죄 예방과 치안 유지에 그치지 않고 국민 생활과 밀접한 관계를 맺고 있는 위생·공장건축·사회·보건·영업 등 행정 사무에 대한 단속 및 인허가도 맡고 있었다. 대륙 침략 이후에는 경제통제·노무동원·수송 등도 맡아 식민지의 생활 전반을 통제하는 역할을 하였다.[44] 이에 경찰서장은 사진이나 도면을 첨부하여 도지사와 학무국장에게 보고를 하며, 이때 매장물도 함께 총독부박물관으로 송부한다.

총독부박물관에서는 매장물의 가격을 평가하게 되며, 발견자와 토지 소유자가 일치할 경우 발견자가 전액을 수령하며, 상이할 경우 발견자와 토지 소유자가 반분을 하게 된다. 발견 유물은 모두 총독부박물관에서 보관 관리하였다. 이러한 제도는 1945년까지 일관되게 시행되었으며, 오늘날까지 발견매장문화재 제도로서 그 골격이 그대로 유지되고 있다.

한편 도굴, 도난 등 범죄에 연루된 유물은 법원의 최종 판결을 거쳐 국유 재산으로 귀속되었다. 이러한 유물을 '압수' 유물이라 칭하는데, 발견 유물과 마찬가지로 총독부박물관으로 이관되어 관리되었다. 이러한 발견과 압수 유물은 식민지 문화재 관리와 관련하여 총독부박물관 컬렉션의 주요한 입수 경로 중 하나였다.

(4) 발굴·수집

후지타 료사쿠가 천명한 바와 같이 식민지 조선에서 "조사연구, 특히 고분 발굴은 국비(國費)를 들여 실시했고, 채집유물은 모두 국유로 하여 각지의 박물관에 진열하는 원칙을 엄수하였다. 조선고적연구회는 유일한 예외이지만, 조사에 앞서 반드시 매번 총독부의 허가를 받았다."[45] 1916년 7월 반포된 조선총독부 부령 제52호 「고적 및 유물보존규칙(古蹟及遺物保存規則)」[46]과 조선총독부 훈령 제30호 「고적 및 유물에 관한 건(古蹟及遺物ニ關スル件)」[47]에 의하면, 만일 발굴조사처럼 현상을 변경할 경우에는 조선총독의 허가를 받도록 되어 있다. 결국 조선총독부의 허가 없이는 일체의 발굴조사를 할 수 없도록 되어 있으며, 이후 일제강점기 전 시기를 통하여 발굴조사는 총독부박물관과 관변단체인 조선고적연구회에 의하여 거의 독점되었다.[48] 따라서 고적조사위원회의 허가하에 이루어진 발굴조사에서 취득된 유물은 모두 총독부박물관으로 귀속되도록 제도화되어 있었다.

식민지 조선에서는 고적조사위원이 촉탁의 신분으로 발굴과 조사를 주도하는 체제였다. 발굴과 조사 과정에서 입수된 유물은 고적조사위원이 총독부박물관으로 제출하는 형식을 취했다. 1931년 조선고적연구회가 설립된 이후에는 조선고적연구회가 발굴조사 과정에서 취득한 유물은 조선고적연구회가 총독부박물관으로 인계하는 방식이었다.

아무튼 식민지 조선에서 발굴조사 과정에서 출토된 모든 유물은 원칙적으로 총독부박물관에 입고되어야 한다. 발굴 유물이 명확한데도 불구하고 국내 타기관이나 특히 일본 등 해외로 유출된 경우에는 소재의 원상 회복에 대한 논란을 피하기 어렵게 된다.

(5) 기타

앞서 거론한 네 가지 입수 경로 이외에도 상례적이지 않은 방식으로 유물이 등록되는 경우도 있었다. 먼저 유리건판이 등록되어 있는 경우이다. 유리건판이란 유리를 지지체로 사진 촬영을 위한 감광 유제가 도포된 것을 말한다. 젤라틴으로 만든 브롬화은젤라틴 유제를 유리판에 도포하여 제작하였다. 총독부박물관에서 조사 업무를 진행하는 과정에서 촬영된 사진 기록의 결과물로, 오늘날과 달리 사진이 희귀하던 당시에는 유리건판 자체를 유물로 등록하였다. 시간이 지남에 따라 총독부박물관에서도 유리원판이 급증함에 따라 더 이상 유물로 등록을 하지 않고 별도의 카드 시스템으로 관리하였다. 총독부박물관에서 촬영한 유리건판 3만 8,000여 매가 현재 국립중앙박물관에 소장되어 있다.[49]

다음으로 벽화 모사도를 제작하여 유물로 등록한 사례도 확인된다. 일제강점기에는 컬러사진이 아직 발달하지 않았기 때문에, 천연색의 벽화를 기록화하기 위해 벽화를 제작하여 남겼다. 5181~5183번 순천 송계리 교태전 벽화 모사도, 6512번 개성군 청교면 수락암동고분 벽화 모사도 등이 등록되어 있다. 유리건판이나 벽화 모사도는 당시로서는 매우 가치 있는 자료였으므로 유물로 정식 등록하였던 것으로 보인다.

2) 소장품 확대의 추이와 성격

〈표 5-3〉과 〈그림 5-9〉는 총독부박물관 컬렉션의 연도별 입수 현황이다. 구입, 기부, 발견·압수, 발굴·수집, 인계 등 입수 경위를 기준으로 분류하였다. 이 통계는 총독부박물관 문서에 포함된 1916~1945년 연도별 「진열물품 청구서」(D001~011)에 의거하여 작성되었다. 「진열물품 청구서」는 박물관 유물을 포함한 총독부의 전체 자산을 총괄하는 회계부서를 상대로 박물관 담당 직원이 전시를 목적으로 유물을 청구하는 서류이다. 박물관 유물은 「진열물품 청구서」를 통해 넘겨진 후, 유물대장과 카드의 기재를 거쳐 총독부박물관에서 보관 활용되었다. 이러한 「진열물품 청구서」는 박물관에서 유물을 취득하게 된 경위별로 일괄 작성되어 있어서, 입수 경로에 따른 컬렉션의 현황을 파악하는 데 유용하다.

총독부박물관 컬렉션의 통계 수치를 이해하는 데 몇 가지 주의할 점이 있다. 첫째, 유물 수량의 비중 문제이다. 석탑이나 도자기 등 완형 유물 1점과 토기 파편 1점이 동일한 숫자로 파악되듯이 유물의 비중이 고려되지 않은 채 단순 수치로만 나타난다. 특히 와당이나 토기 파편 등 학술적 가치나 전시의 활용도가 높지 않은 유물이 지나치게 많은 수치로 표현되는 경우도 있어서 통계가 왜곡될 우려도 있다. 둘째, 유물 수량의 가변성이다. 유물 수량은 완형 도자기처럼 한 점씩 명확히 산정되는 경우도 있지만, 수십 점의 부재로 이루어진 탑처럼 수량을 산정하기 모호한 경우도 많다. 그래서 통계상의 유물 수량

표 5-3. 총독부박물관 연도별 소장품 입수 현황(단위: 점)

연도	구입	기부	발견·압수	발굴·수집		인계	기타
				발굴	수집		
1915						101	
1916	178	809				2,790	
1917	390			264	256	5	유리원판 44
1918	230	129	33	693	1,615	985	유리 290 벽화 모사 25
1919	319	39	236	2	374	430	
1920	1,177		10	793		1	
1921	95		17		6		
1922	218	2	42	345	490	1	
1923	665		26	96	161		
1924	126	3	5	51	59	18	
1925	303	2	91				
1926	119		18		27		
1927	121		9	15			
1928	58	1	46	55	95		
1929	309	32	83	267	156		
1930	83	131	173		171		경주분관 77
1931	207	169	157	95	39		
1932	58	67	30		13	4	
1933	88	1	217				
1934	106		46		5	2	
1935	61		34				
1936	216		162	86	58		

연도	구입	기부	발견·압수	발굴·수집		인계	기타
				발굴	수집		
1937	113	2	59		14		
1938	24		74				
1939	105	8	158	73	162		
1940	170		97				
1941	52	1	118				
1942	47	9	82				
1943	22	19	72				
1944	14		7				
1945	6		7				
계	5,674	1,424	2,102	2,835	3,701	4,337	436

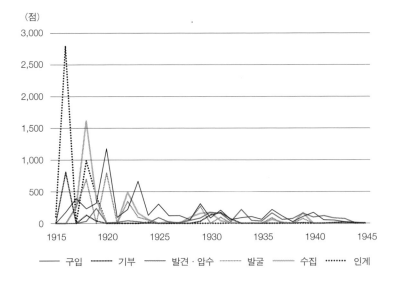

그림 5-9. 총독부박물관 연도별 소장품 입수 현황

은 오차가 없는 정확한 수치라기보다는 대략의 경향을 알려주는 수치라는 점을 감안해야 한다. 셋째, 다수의 미등록 유물이 통계에 누락되어 있다는 점이다. 총독부박물관에서 발굴조사한 고고학 유적의 출토 유물이 대표적인 경우인데, 발굴보고서가 발간된 경우에는 등록되지 않은 유물의 규모라도 파악이 가능한데, 발굴보고서조차 발간되지 않은 경우에는 출토 유물의 규모조차 파악하기가 쉽지 않다. 아무튼 총독부박물관의 발굴조사 유물 중 미등록 유물의 규모도 적지 않다는 점을 주지할 필요가 있다.

총독부박물관 소장품의 통계 수치가 지니는 세부적인 한계에도 불구하고, 〈표 5-3〉은 총독부박물관 컬렉션의 입수 경로별 추이를 전체적으로 파악하는 데는 유용하게 활용될 수 있다.[50]

먼저 입수 경위별 현황을 살펴보면, 구입 5,674점, 기부 1,424점, 발견·압수 2,102점, 발굴·수집 6,536점, 인계 4,337점, 기타 436점이다. 발굴·수집이 가장 큰 비중을 차지하는데, 실제 박물관에 보관 중이지만 등록되지 않은 미등록 유물까지 고려한다면, 발굴·수집이 다른 입수 경위에 비해 훨씬 많을 것으로 생각된다. 고적조사위원이나 총독부박물관에서 발굴 및 조사 과정에서 입수된 유물인 발굴·수집 유물은 대부분 매장문화재로서 고고유물에 해당된다. 여기에 발견·압수로 취득된 유물 역시 매장문화재가 많다고 한다면, 총독부박물관의 컬렉션에서는 고고유물이 가장 큰 비중을 차지한다는 것을 쉽게 파악할 수 있다.

개관 초기에는 인계가 많았다. 인계는 총독부 내 다른 부서에서 보유하고 있던 유물을 총독부박물관으로 이관하는 것을 말한다. 앞서 살펴본 바와 같이 조선주차군사령부, 내무1과, 산림과, 회계과, 참사관실 등에서 가지고 있던 조선 재래 병기와 총독부의 식민지 조사 과정에서 입수된 부산물 등이 해당된다. 총독부박물관의 운영 체계와 유물 수집 방식과 절차 등이 안정적으로 자리를 잡아감에 따라, 1920년 이후에는 인계가 점차 사라지고 더 이상 주요한 입수 경로가 되지 않는다.

기부는 총독부박물관의 전 기간을 통해 이루어졌다. 총독부박물관 컬렉션에서 기부가 차지하는 비중이 높은 것처럼 보이지만, 실제 전시품에서 차지하는 중요도는 수치상의 비중보다는 높지 않았다. 1916년 데라우치 총독의 기증품과 오타니 컬렉션을 제외하고는 수준 높은 다량의 일괄 기증품은 눈에 띄지 않는다. 기부 유물의 경우 수량을 빠짐없이 산정하는 동시에 등록에서 누락되는 일도 거의 없기 때문에 상대적인 비율이 높아지는 경향이 있다. 통계 수치상의 착시 현상에 주의를 기울일 필요가 있다.

발견과 압수 매장문화재는 1918년부터 본격적으로 입수되어 등록되기 시작하였으며, 식민지배 전 기간에 걸쳐 지속적으로 입수되었다. 이는 식민지배의 행정처리 과정에서 부산물로 확보된 유물의 성격을 지닌다. 강제병합 이전인 1908년 『융희(隆熙) 2년 한국관습조사보고서』에 의하면 매장물이 발견되면 발견자의 소유가 되며, 토지 소유자와 반분하는 규정이 마련되어 있었다. 강제병합 이후 총독부박물관이 설립되기 이전부터 내무부에서 매장물과 관련하여 행정절차와 규정을 만들었으며 이에 따라 다수의 매장물이 입수되었다.

「경무총감부 사무분장규정」(조선총독부 훈령 제4호, 1910.10.1.)에 따라 매장물에 관한 사항을 유실물, 표류물(漂流物)과 함께 보안과 행정경찰계의 사무분장으로 규정하고 있다. 그리고 「조선총독부관보」

(1913.1.25.)에는 "매장물 발견의 계출(届出)이 있을 때에는 경무총장을 경유 조선총독에 신청하여 지휘를 받도록" 하였다. 이전의 행정규범을 토대로 1916년 「고적 및 유물보존규칙」(조선총독부 훈령 제52호, 1916.7.4.)이 제정되었다.

이러한 관련 법령은 제국 일본의 「유실물법」을 참조하여 제정된 것인데, 「유실물법」 제13조에 의하면, "2항 학술 기예 또는 고고의 자료에 공(供)할 매장물로서 그 소유자를 알 수 없을 때에는 그 소유권은 국고에 귀속한다. 이 경우에 있어서 국고는 매장물의 발견자 및 매장물을 발견한 토지의 소유자에게 통지하고 그 가격에 상당하는 금액을 급여하여야 한다"고 규정하고 있으며, "3항 매장물의 발견자와 매장물을 발견한 토지의 소유자가 다를 때에는 전항의 금액은 절반(切半)하여 이를 급여한다"고 되어 있다. 「민법」 제241조에서도 "매장물은 특별법의 정하는 바에 따라 공고를 한 후 6개월 내에 그 소유권을 알 수 없을 때에는 발견자는 그 소유권을 취득한다. 단 타인의 물건 중에서 발견된 매장물은 발견자 및 그 물건의 소유자가 절반하여 그 소유권을 취득한다"고 규정하고 있다. 이때 수용된 매장 문화재에 관한 법령은 오늘날 우리나라의 「문화재보호법」에까지 기본적인 뼈대를 그대로 유지하고 있다.

총독부박물관은 식민지 조선에서 유일한 발굴조사 기관이었다. 식민지 조선의 고고학 발굴조사는 총독부박물관에 의해 실질적으로 독점되었으며, 모든 출토 유물은 원칙적으로 총독부박물관으로 들어갔다. 1920년대 이전에는 주로 일본의 제국대학 교수를 촉탁으로 임명하여 조사를 의뢰하는 경우가 많았으며, 1920년대 이후에는 총독부박물관 직원들이 고적조사를 주도하는 경우가 많았다.

이러한 조사는 식민지배 전 기간에 걸쳐 이루어졌기 때문에 지속적으로 유물이 수집되어 입수되었다. 하지만 등록 수량에서는 시기별로 차이가 심하다. 특히 1930년대 이후에는 발굴·수집 유물 중 등록 유물의 수량이 극히 적다. 그렇다고 당시 발굴조사가 제대로 이루어지지 않았다는 것은 아니다.

조선총독부의 재정 문제로 인해 1925년 이후에는 적극적인 조사 사업을 벌일 수가 없게 되자, 고적조사를 지원하기 위하여 도쿄제대 교수 구로이타 가쓰미의 주도로 1931년 조선고적연구회가 설립되었다. 1931년 이후 1945년까지 식민지 조선에서 총독부를 대신하여 조선고적연구회가 조사를 주도하였는데, 당시 발굴조사된 유적에서 출토된 유물은 총독부박물관으로 대부분 옮겨졌으나 등록되지 않는 경우가 많았다. 1930~1940년대 총독부박물관의 미등록 유물에 대해서는 전체적인 현황 파악이 필요하다.

이러한 발견·압수와 발굴·수집 유물의 경우 대부분 매장문화재에 해당된다. 식민지 행정에서 입수되는 발견·압수 유물과, 식민지 조사에서 취득되는 발굴·조사 유물을 통해 고고유물은 지속적인 확보가 가능하였다. 이를 활용하여 삼국실과 낙랑·대방실이 운영되었다. 발견이나 발굴이 상대적으로 부족한 선사유물과, 도굴로 인해 골동시장에서 다량의 유물이 유통되던 낙랑유물의 구입이 집중적으로 이루어졌다. 선사에서 낙랑·대방군, 그리고 삼국시대별로 유물을 전시하였지만, 시계열적 체계를 유지하면서 중국이나 일본과의 친연성을 의도적으로 보여주는 데 그쳤다.

미술공예를 통해 고려조선실을, 서화를 통해 서화실을 운영하기 위해서는 다량의 유물을 확보해야 했다. 서화나 공예품은 발견이나 발굴을 통해 확보하기 어려웠기 때문에 상대적으로 구입에 대한 의존도가 높았다. 초기에는 데라우치 총독의 기증품을 통해 비교적 우수한 전시품을 확보할 수 있었으나 추가적인 보완이 필요하였다. 어쩌면 구입을 통한 확보에 가장 주력한 유물은 도자기, 금속공예, 서화 등의 미술공예품이었다고 할 수 있다.

하지만 고려조선실과 서화실에 전시된 미술공예품들은 당초 생산과 유통, 사용의 맥락으로부터 철저히 이탈되어 폐쇄된 유리 진열장 속에 갇힌 전시물로 전화되었다. 그것들은 단지 정체되고 왜곡된 식민지 조선의 역사를 미술공예품의 역사적 전시를 통해 재현하는 역할을 하였다. 고려조선실에 전시된 공예품들은 중국 문화의 아류였고, 통일신라에서 고려, 조선을 거치면서 쇠퇴와 퇴락의 역사를 상징적으로 대변하였으며, 서화실의 서화 역시 시기별 흐름은 보여주고 있지만 중국과 일본과의 친연성이 의도적으로 강조되었다.

총독부박물관의 목적과 의도에 부합하는 전시를 뒷받침하는 소장품 수집정책이 특히 구입을 통해 구현되었다. 그것은 역사성이 배제된 고고품과 미술공예품을 통해 식민지의 역사와 문화를 오브제 중심으로 자신들의 의도에 맞게 식민지적으로 재현하는 것이었다. 이를 통해 일제의 식민주의적 의도와 지향이 효과적으로 드러나도록 하는 동시에, 근대 국민국가의 형성 과정에서 구심적 역할을 하게 될 박물관의 역할을 사전에 차단하고자 하였다. 식민지 박물관으로서 총독부박물관은 식민지배의 근대적 도구로서 본연의 목적에 충실하게 유물 수집을 포함한 제반 활동을 하였던 것이다.

6장

상설전시: 유물에 갇힌 식민지 역사

1. 상설전시 복원을 위한 자료

총독부박물관의 기본적인 기능 중 하나이자 주요한 메시지의 전달 수단은 상설전시였다. 하지만 총독부박물관 상설전시의 구성과 내용은 아직 제대로 복원되지 않았을 뿐 아니라 면밀한 검토도 이루어지지 않았다. 기존 연구에서는 1921년 이후 상설전시를 대상으로 한 논의가 주로 이루어졌으며, 1915년 개관 시점부터 1921년 사이의 상설전시에 대해서는 파악조차 되지 않고 있다. 저자는 이 책에서 새로운 자료의 발굴을 통해 개관 당시 상설전시를 복원하였으며, 이후 상설전시의 변화 내용과 그 성격을 추적하였다. 이러한 작업을 통해 총독부박물관의 임무와 성격에 대해 접근하고자 하였다.

1) 기존 연구 자료

기존 연구에서 총독부박물관 상설전시의 구성과 내용은 주로 1920~30년대 자료를 통해 파악되었다. 대표적인 자료가 일본 아시아역사자료센터에 소장된 『조선총독부박물관에 관한 조사(朝鮮總督府博物館ニ關スル調査)』라는 1924년 3월의 조사보고서이다. 총독부박물관의 건물, 전시, 인력, 예산, 사업현황 등 전반적인 내용이 정리되어 있다.[1]

총독부박물관은 1926년부터 『박물관보(博物館報)』를 발간하였다. 제1호(1926년), 제2호(1927년), 제3호(1932년), 제4호(1933년 3월), 제5호(1933년 8월) 등 모두 5차례 발간되었다. 이는 박물관의 최신 소식과 더불어 당시 입수된 주요 유물 등을 소개하고 있는 정기간행물의 성격을 띤다. 제1호는 '조선총독부박물관약안내'라는 부제가 붙어 있으며, 총독부박물관의 연혁, 운영 방침, 전시실 구성과 내용 등에 대한 상세한 내용이 소개되어 있다. 본관 전시 도면과 함께 전시실별로 주요 전시품과 전시 내용을 제시하고 있어서, 이를 통해 1926년 시점의 상설전시 내용을 파악할 수 있다.

이 밖에 1933년 발표된 고이즈미 아키오의 총독부박물관 견문기,[2] 1936년 총독부박물관에서 출간한 『박물관약안내(博物館略案內)』[3] 등이 있다. 이 자료들은 1930년대에도 세부적으로 약간의 차이는 있으나, 기본적으로는 1926년 『박물관보』 제1호에서 확인되는 삼국·통일신라~고려·조선, 그리고 전시실로 이루어진 시대별 전시 체계가 그대로 이어지고 있었음을 보여준다.

2) 새로운 연구 자료

1924년 이후 총독부박물관 상설전시에 대한 이해는 기존 자료를
통해서도 가능하였다. 하지만 기존 연구에서는 1915년 12월 1일의
개관 상설전시에 대한 파악을 하지 못하였으며, 1920년대 연이어 이
루어진 총독부박물관 상설전시의 개편과 그 배경에 대해서도 제대
로 주목하지 못하였다. 본서에서는 먼저 1924년 이전 총독부박물관
의 상설전시를 복원할 수 있는 새로운 자료 2건을 소개하고자 한다.

우선 소개할 자료는 국립중앙박물관 소장 조선총독부박물관 문
서 속에 포함되어 있는 「조선총독부박물관개요」이다.[4] 총독부박물
관에서 작성한 자료로, 작성 시기가 1921년 3월 26일자로 되어 있다.
3쪽 분량의 인쇄본 문서로, 총독부박물관 전시품의 범위와 전시의
방법, 그리고 본관, 근정전, 사정전, 수정전, 본관 후정(後庭)별로 전
시의 내용이 간략하게 정리되어 있다. 1921년 시점에서 총독부박물
관 상설전시의 원칙과 방법, 그리고 전시 내용을 파악할 수 있는 자
료이다.

다음으로 주목되는 자료는 국립중앙도서관 소장의 『조선서화고
기물목록』이다.[5] 간행자와 간행연도가 미상이어서 그동안 학계의 주
목을 받지 못하였다. 전체 754쪽 분량으로 이루어진 필사본 유물 목
록으로, 본관뿐 아니라 공진회 철도관과 심세관(審勢館), 사정전, 근
정전 회랑 등에 전시된 여러 종류의 유물 목록으로 이루어져 있다.
『조선서화고기물목록』에는 모두 3건의 본관 전시품 목록이 포함되
어 있다. 편의상 『조선서화고기물목록』 Vol.1 「제1회 진열품 목록」
중 247~312쪽 목록을 '목록Ⅰ', 같은 책 Vol.2의 「본관진열품용기촌

법조(本館陳列品容器寸法調)」중 486~539쪽 목록을 '목록II', 540~637쪽 목록을 '목록III'이라 칭한다.[6]

그렇다면 이 세 종류의 목록은 각각 어느 시점의 전시 상황을 반영해주는 유물의 목록일까. 먼저 목록I과 목록II의 경우, 제3실과 제4실의 유물 목록이 서로 일치하고 있는데, 이는 원본과 사본의 관계이다. 다만 제1실과 제2실의 유물 목록은 차이가 난다. 따라서 제1실과 제2실의 전시 내용이 두 목록의 선후관계를 이해하는 데 중요한 근거가 된다.

먼저 목록I의 경우, 「박물관 진열품 목록」이라는 제목에 줄을 긋고 「제1회 진열품 목록」으로 수정을 하였으며, 다음 면에서는 제목을 「진열품 목록」에서 「제1회 진열 목록」으로 고쳤다. 그 속에는 교통관, 심세관, 본관, 사정전, 근정전 회랑 등의 진열품 목록이 기재되어 있다. 이러한 전시 내용은 『매일신보』 1915년 12월 1일자에 기술된 개관 당시 총독부박물관의 상황과 일치한다. 『매일신보』의 내용을 살펴보면 다음과 같다. 총독부박물관은 박물관 본관에 더하여 심세관, 교통관으로 구성되었는데, 박물관 본관은 공진회 미술관을 개조한 것이고, 교통관은 철도관을 개칭한 것인데 여기에 체신국과 토목국의 참고품을 전시하고 있다.[7] 본관에는 역사참고품과 미술품을, 근정전 회랑에는 불상, 석비(石碑), 고무기 등을 진열하였고, 사정전에는 무기를 전시하였는데, 이러한 전시 내용과 구성은 목록I에 제시된 유물 목록과 대체로 일치한다. 따라서 목록I은 1915년 개관 당시 상설전시품의 목록으로 추정된다.

목록II에 수록된 전시품 중에는 부여 능산리고분 동하총(東下塚)의 고분벽화 모사도가 포함되어 있는데, 이에 대해 "작년 7월 발굴한"이라는 언급이 있다. 부여 능산리 동하총은 1917년 야쓰이 세이이치가 발굴한 고분이다.[8] 따라서 목록II의 작성 시기는 1918년으로 추정된다. 아울러 제1실에는 목록I에 없던 '악기급제기(樂器及祭器)'를 주제로 하는 진열장이 추가되어 있고, 통구고분, 길주군 다신산성, 단천군 가천리고분, 간도 용정촌토성 등에서 출토된 유물들이 새롭게 등장하고 있다.

목록III의 유물 내역은 목록II보다는 목록I과 거의 중복되는 것이 많으므로, 목록I과 목록II 사이에 위치할 가능성이 높다. 그런데 총독부박물관 문서에는 목록III의 사본이 있는데, 바로 「大正十年 各館 陳列品 名簿」[진열14]이다. 그런데 이 문서철의 표지에 '大正十年'(1921년)이라고 연도가 쓰여 있다. 하지만 목록III의 전시 유물 목록은 1921년 3월 26일자로 인쇄된 '총독부박물관개요'에서 설명하고 있는 전시 상황과는 현저한 차이를 보이고 있다. 아울러 『매일신보』 1919년 2월 4일자 기사에 의하면, 고적조사에 따른 입수 유물의 증가로 인해 1918년 경복궁 내 근정전, 사정전, 만춘전, 천추전을 전시실로 추가한 것으로 나온다.[9] 근정전에는 한(漢), 고구려, 백제, 신라, 가야, 고려 및 유사(有史) 이전을 구분하여 전시하였고, 사정전에는 한대 유물을 진열하였다. 기존의 조선 유물과 비교를 위하여 중국에서 구입한 유물,[10] 평남 순천군 북창면 고분과 대동군 시족면 고구려고분의 벽화 모사도, 경기도 개성군 청교면 벽화 모사도, 경북 영주군 영주면 백월서운탑비, 충남 서산군 철불의 입수, 개성군 광덕면 경천사탑 반입 등을 들고 있지만, 목록I, 목록II, 목록III에는 이러한 내용이 반영되어 있지 않다. 반면 1921년 3월의 '총독부박물관개요'에는 사정전의 한대 유물 전시 등이 반영되어 있다. 따라서 목록II의 표지에 적힌 '大正十年'(1921년)은 진열품 목록을 편철한 시기에 기재된 것일 가능성이 높다. 조선총독부박물관 문서 「다이묘 10년 각관 진열품 명부(大正十年各館陳列品名簿)」[진열14]와 「각관 진열품 명부(各館陳列品名簿)」[진열15]가 시기를 달리하는 전시 유물 목록임에도 불구하고 표지의 제목이 같은 글씨로 정서된 데서도 간접적으로 알 수 있다. 총독부박물관에서 작성하여 보관하던 목록을 1921년 시점에 목록을 편철하면서 표지에 제목을 적어넣었던 것이 아닐까 추정한다.

결론적으로 『조선서화고기물목록』에 포함된 목록I, 목록II, 목록III은 모두 1915년 12월에서 1918년 사이에 이루어진 총독부박물관 상설전시의 전시품 목록으로, 해당 시기 상설전시의 구성과 내용을 보여주는 자료이다.

2. 상설전시의 개편

1) 1915년 개관 상설전시

(1) 공진회 미술관

조선총독부는 1915년 9월 11일부터 10월 31일까지 경복궁 내에서 물산공진회를 개최하였다. 주지하다시피 총독부박물관은 공진회가 종료된 후 미술관 건물을 활용해 1915년 12월 1일 개관하였다.

공진회 미술관은 전체 2층으로 이루어져 있었다(〈그림 6-1〉 참조). 전시 구성을 살펴보면, 1층의 중앙홀에는 대형 불교조각을 전시하였

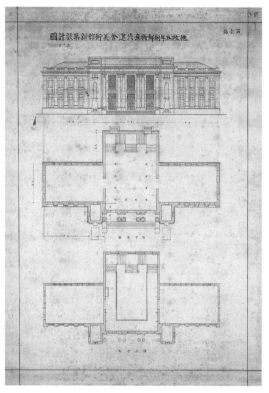

그림 6-1. 시정 5주년 기념 조선물산공진회 미술관 신축 설계도
설계도면을 통해 공진회 미술관 건물이 2층으로 이루어져 있음을 알 수 있다.
출처: 국가기록원 일제시기 건축도면 컬렉션.

고, 좌우에 각각 1개의 전시실을 1층과 2층에 배치하였다.[11] 주로 토
도 유물을 전시한 제1실은 신라의 토기 및 금속기, 고려 도자기로 구
성되었는데, 이 중 고려 도자기 진열장이 6개로 가장 큰 비중을 차지
하였다. 제2실에는 고려 금속기, 조선 금속기 및 도자기, 조선 목죽
기, 나전칠기 등이 전시되었다. 제3실에는 사경, 불상, 대장경 등의
불교 관련 유물과 고활자가 전시되었다. 제4실에는 주로 조선시대

화가의 회화가 전시되었는데, 심사정, 김홍도, 정선 등 대표적인 화가들의 작품들이 망라되었다. 전시 유물은 공예품이 다수를 차지하였으며, 토도, 금속, 목죽 등 재질을 1차 분류 기준으로 삼으면서 같은 전시실 내에서는 시대순으로 유물의 종류를 고려하여 전시하였다. 선정된 전시 유물의 범주는 당시 일본인들이 가치를 부여하고 추구했던 '미술'을 반영하는 것이었으며, 재질과 종류에 따라 이루어진 '미술'의 전시는 기본적으로 전시품의 역사적·문화적 맥락을 도외시한 초보적인 수준이었다고 할 수 있다. 자체 소장품이 아니라 주로 외부 소장가로부터 출품을 받아서 전시를 추진할 수밖에 없었던 공진회 전시의 특성 때문에, 전시 주제에 맞는 전시품을 체계적으로 확보하기는 어려웠을 것이다. 전시품 중에는 총독부의 구관제도조사 사업 과정에서 확보된 유물도 다수 확인되며, 특히 회화의 경우 재조일본인 수장가의 작품에 크게 의존하였다. 전시 유물의 부족과 편중으로 인해 전시의 주제와 내용을 체계적으로 구성하는 데는 한계를 보였다.

(2) 개관 상설전시의 구성

1915년 12월 1일 개관한 총독부박물관 상설전시의 내용은 앞서 논의한 바와 같이 국립중앙도서관 소장의 『조선서화고기물목록』 중 목록I로 복원이 가능하다. 이에 의하면 제1실은 역사참고품, 제2실은 도자기, 제3실은 금속, 불상, 목제품, 제4실은 서화, 금석문, 벽화 등이 전시되었다(〈표 6-1〉 참조).

공진회가 1915년 10월 31일 폐막된 후, 불과 한 달 만인 12월 1일 총독부박물관의 개관 상설전시가 상당히 새로운 체제로 공개되었

표6-1. 1915년 공진회 미술관과 총독부박물관 개관 전시의 비교

전시실	위치	총독부박물관	공진회 미술관
제1실	1층 동	역사참고품	토기, 도자기
제2실	1층 서	도자기	금속기, 목죽기
제3실	2층 서	불상, 금속제품. 목제품 등	불상, 인쇄
제4실	2층 동	서화, 금석문, 벽화 등	서화
	1층 중앙	대형 불상	대형 불상
	2층 행랑	석기, 골각기류	

다. 일부 공진회 미술관 전시 체제를 따르고는 있었지만, 전체적인 구성이 다르고 동일 주제의 전시실에서도 전시품의 내용이 달라졌다는 점에서, 총독부박물관의 상설전시는 공진회 미술관과 별개로 사전에 이미 오랜 기간 동안 기획 및 준비되었다는 것을 시사해준다.

외부 출품에 의존했던 공진회 미술관과 달리, 총독부박물관 개관 전시는 자체 확보한 소장품으로 이루어졌다는 점이 우선 가장 큰 차이이다. 하지만 총독부박물관 전시도 당시 연구 수준이나 소장품의 한계로 인해 공진회 미술관과 마찬가지로 토도, 금속, 목죽 등 유물의 재질 구분에서 크게 벗어나지는 못하고 있다. 그럼에도 불구하고 재질별 전시실 구분에서 벗어난 전시실이 바로 제1실 '역사참고품' 전시실이다. 이 전시실은 와전, 유적 발굴품을 비롯하여, 악기 · 제기, 도량형 · 화폐 · 인신(印信), 호적 · 양안, 목판 · 활판 등으로 구성되어 있다. 유물의 재질이나 종류에 따른 분류가 아닌, 역사참고품이라는 종래 없었던 특별한 개념으로 구성된 전시이다. 와전(瓦塼), 악기와 제기(祭器), 도량형 · 화폐 · 인신, 기록, 목판 · 활판 등 다수의 전시품

은 개관 당시 조선총독부의 타 부서에서 총독부박물관이 인계받은 것들이 많았다. 이를 중심으로 역사참고품으로 개념화하여 독립된 전시실로 구성한 것은 총독부박물관에서도 개관 상설전시가 처음이자 마지막이었다. 그렇다면 어떤 배경에서 이러한 역사참고품실이 마련되었을까?

총독부박물관이 개관을 준비하면서 참고했던 박물관은 식민 본국의 도쿄제실박물관(東京帝室博物館)이었다(〈그림 6-2〉 참조). 일본에서는 1886년 황실의 강화 차원에서 박물관이 궁내성으로 이관되고 1889년 제국박물관으로 이름을 바꾸면서 큰 변화를 맞이하였다. 제국박물관은 고기물의 보존과 미술의 보존이라는 두 축을 표방하였는데, 이는 내셔널리즘을 형성하는 장치로 주목받았으며 역사미술

그림 6-2. 도쿄제실박물관 구 본관 전경
영국 건축가 조시아 콘도르(Josiah Conder)가 설계한 도쿄제실박물관 본관 건물은 1923년 간토대지진 때 무너졌다.
출처: 도쿄국립박물관.

박물관의 성격을 적극적으로 추구하게 되었다. 진열품은 천산(天産), 역사, 공예, 미술, 미술공예로 정리되었다. 1900년 도쿄제실박물관으로 다시 명칭을 바꾸었는데 이후 박람회 시대 식산흥업 차원의 산업과 관련된 공예가 정리되었고, 간토대지진을 계기로 1924년에는 천산 컬렉션을 이화학(理化學)박물관 건립을 위해 문부성으로 이관하였다. 이로써 역사, 미술, 미술공예의 세 부로 이루어진 명실상부한 역사미술박물관 체제가 정립되었다.[12]

　도쿄제실박물관은 박물관의 성격, 소장품의 구성 등에서 조선총독부박물관과는 많은 차이가 있었다. 하지만 총독부박물관에서 참고할 수 있었던 역사부나 미술부, 미술공예부의 영역에서는 많은 참고를 했던 것으로 보인다. 도쿄제실박물관의 경우 전시실의 구성에서 상고유물 전시실을 따로 두고 있었으며, 역사부 제26실과 제27실에서는 화폐, 인지(印紙), 도량형, 악기, 문방구, 유희구 등을 전시하고 있었다.[13] 공진회 미술관 전시와는 달리 총독부박물관의 제1전시실에서 악기, 제기, 도량형, 화폐, 인신 등을 역사참고품이라는 범주로 전시한 배경에는 총독부박물관이 도쿄제실박물관의 사례가 참고된 것으로 보인다.

　도쿄제실박물관 전시의 형식적 채용과 달리, 내용상의 역사적 맥락은 같을 수 없었다. 식민지 조선에서 역사참고품으로 전시된 악기·제기, 도량형·화폐·인신, 호적·양안 등 기록물, 목판·활판 등은 '근대 조선'으로 분류된 동시대 자료들이 상당 부분을 차지한다. 이는 식민지배의 대상이 되는 조선왕조의 역사를 진열장 속에 가두어 전시함으로써 관람객들로 하여금 동시대의 역사를 과거 역사로 대상화하려는 의도가 반영된 것으로 보인다. 역사참고품이라는 이름하의 이러한 전시는 과거의 역사를 재구성하는 데 이용 가능한 물질 자료와 문자 자료를 파편화시켜 전시함으로써 역사에 대한 해석과 맥락적 이해를 오히려 배제시키는 결과를 가져왔다. 전시품을 통해 역사에 대한 해석을 배제한 채 역사의 참고품으로 삼으려는 제국의 의도가 개재된 것이다.

역사참고품 전시에서는 이후와 달리 유적 발굴품의 비중이 상대적으로 높지 않았다. 유적 발굴품을 통사적으로 전시하여 하나의 전시실을 별도로 조성한 1921년 이후 상설전시와는 달리, 이 단계에서는 역사참고품의 일부로서 유적 발굴품은 간단하게 다루어지고 있다. 고령 주산고분(1915), 경주 보문리고분(1915), 부여 능산리고분(1915) 등에서 출토된 유물과 와전을 중심으로 고구려, 백제, 신라, 가야, 고려 등으로 전시를 구성하였다. 이 유물들은 1915년 개관 전후에 입수된 고고학 조사 자료인데, 고적조사사업의 결과물이 전시에 막 반영되기 시작한 것이다.[14]

다음으로 제2실에서 토기와 도자기로 구성된 통사적 전시를 시도하였다는 점이 주목된다. 한(낙랑), 백제, 신라, 가야의 토기에서 시작하여 고려 도자기와 조선 도자기를 시대순으로 전시하여 토기에서 도자기로 이어지는 발달 과정을 일목요연하게 보여주고자 하였다. 동일 기종의 유물을 통사적으로 전시하고자 한 최초의 시도로 보인다. 삼국시대 토기 중 가야 토기의 비중이 유달리 높은 편인데, 이는 왜와의 긴밀한 관련성을 강조하기 위한 의도로 보인다.

제3실은 '불상, 금속제품, 목제품' 전시실이라고 명시하고 있는데, 나전칠기, 목제품, 은제품, 동제품이 종류별로 전시되어 있다. 고려시대 공예품과, 한·중·일 동경, 그리고 삼국 및 고려시대의 불교

조각으로 구성되어 있다. 고려 공예품은 나전칠기와 은제 및 옥제 장신구, 그리고 동제 그릇과 불교의식구들로 이루어져 있는데, 이러한 범주와 내용은 대체로 『조선고적도보』 제9책에서 유사하게 확인되고 있는바, 세키노 다다시로 대표되는 당시 조선 미술사 연구에 따른 분류임을 알 수 있다. 중국 한·당·요·송·금대 동경 및 일본 동경이 고려 동경과 함께 전시되어 있는데, 이 동경들은 데라우치 총독의 1916년 기증품이다. "지나 대륙 및 일본열도 사이에 개재한 특종의 상태였던 반도의 문화를 근본적으로 조사하고, 그 밀접한 상호관계를 밝히는" 총독부박물관의 설립 목적에 맞도록 의도적으로 전시한 것으로 파악된다.

제4실 서화실의 경우에는 조선시대 회화보다는 사경, 금석문 탁본, 벽화 모사도의 비중이 더 큰 점이 특징적이다. 이전 공진회 미술관의 서화실 전시에서는 대부분 조선시대 서화류가 전시되었으나, 여기서는 회화의 전시 비중이 대폭 줄었다. 조선시대 서화는 1/3을 차지하고, 나머지 1/3은 고려와 조선시대 사경, 그리고 1/3은 금석문과 고분 모사도가 차지하고 있다. 조선시대 회화는 산수도 중심이면서 일부 화조도가 포함되어 있으며, 사경 중에는 안평대군과 한석봉의 글씨가 있다. 금석문과 고분 모사도에는 1913년 용강군에서 발견된 점제현신사비 탁본, 용강고분 벽화 모사도 등이 포함되었는데, 이는 총독부의 조사 성과를 적극적으로 반영하고자 한 노력의 일환으로 보인다.

(3) 1918년 전시 공간의 확대
총독부박물관의 상설전시 공간은 1918년에 이르러 본관 이외에 경복궁의 다수 전각에 추가로 조성되었다.[15] 1916년 이래 고적조사 사업이 본격적으로 추진되면서 발굴조사가 확대됨에 따라 총독부박물관으로 입수되는 유물이 증가하였다. 이로 인해 전시 공간이 더 필요해지자 경복궁의 전각 중 근정전, 사정전, 만춘전, 천추전을 전시 공간으로 개편한 것이다. 이 가운데 만춘전과 춘추전에는 선사 유물을, 사정전에는 한대 유물을 전시하고, 근정전에는 나머지 유물을 전시하였다. 발굴 유물을 출토지별로 전시하는 동시에 지도, 실측도, 사진 등의 보조 자료를 함께 전시하였다. 특히 조선 왕실의 정전인 근정전까지도 전시 공간으로 편입시킨 점이 주목된다. 일제가 조선 왕조의 정궁인 경복궁 내에 박물관을 설치한 것은 조선 왕조의 권위를 훼손하려는 의도를 내포한 것이라는 것은 주지의 사실이다. 1915년 12월 개관 당초에는 공진회의 미술관 건물을 전시실로 사용하였을 뿐 궁궐의 건물을 적극적으로 활용하지는 않았다. 하지만 1918년 시점에는 정궁의 법전마저 전시실로 조성하여 사람들의 발길이 함부로 드나들도록 한 것은 왕실 권위를 훼손하려는 일제의 의도를 적나라하게 드러낸 것이라 할 수 있다. 근정전의 어좌 주변에 진열장을 설치하고 선사, 고구려, 백제, 가야, 신라, 고려 등 각 시대로 구획하여 주로 발굴품을 전시하였다.

1922년 6월 26일 경복궁 근정전에서 은제 팔찌 등 12건의 전시품이 도난당하는 불미스러운 사고가 발생하였다.[16] 이 전시품들은 1915년 도쿄제대 교수 세키노 다다시에 의해 조사된 경주 보문리 부부총 출토의 신라시대 유물과 개성의 고분에서 출토된 고려시대 유물이다. 이 중 경주 보문리 부부총 출토 유물은 1916년 발간된 『조선고적도보』 제3책에 유물 사진이 수록되어 있어 도난 유물의 존재를 일부 확인할 수 있다.[17] 당시 도난된 유물은 이후 회수되지 않았으며, 현재까지도 소재 불명 상태이다. 아무튼 이 사건으로 말미암아 간수의 부족에 따른 보안 문제를 들어 1923년경 근정전 전시실에 대한 일반 공개가 중단되었다. 근정전은 대체로 1918년부터 1923년 사이에 전시실로 활용되었다.

지금까지 총독부박물관의 1915년 개관 전시와 1918년까지의 초기 전시를 복원할 수 있는 새로운 자료인 『조선서화고기물목록』을 토대로 1915년 개관 전시를 복원하였다. 총독부박물관 상설전시는 공진회 미술관 전시와 마찬가지로 전시 유물의 재질을 기준으로 조성되었다. 다만 역사참고품 전시실을 별도로 설정하였는데, 이는 동시대의 역사를 과거 역사로 타자화하려는 의도와 함께 도쿄제실박물관 전시의 영향을 받은 것이라고 할 수 있다.

2) 1921년 상설전시

총독부박물관의 개관 전시, 특히 본관 전시는 1918년까지 유지되다가 1921년경 개편을 맞게 된다. 당시 개편된 전시 공간에 대해서는 총독부박물관이 1921년 3월 작성한 「조선총독부박물관개요」에서 "진열품은 조선을 주로 하고, (중략) 진열의 범위를 제도, 풍속, 문예, 종교, 미술, 공예 기타 역사의 증징 및 참고가 되는 물품 및 선사시대의 유물 등에 제한한다"고 밝히고 있다.

이와 아울러 「조선총독부박물관개요」에서는 전시 기준과 방법을 구체적으로 제시하고 있으며, 전시실별 전시 내용을 상세하게 설명하고 있다. 종래 재질별 전시를 극복하고, 시대 및 주제별로 전시를 시도하고자 한 점이 특징이다. 전시실별로 좀 더 구체적으로 살펴보면, 제1실은 발굴품 중심의 고대 통사, 제2실은 풍속 및 문예와 관련된 고려·조선시대의 도자기, 가집식기(家什食器), 장식품, 제3실은 삼국 및 고려시대의 불교, 제4실은 고구려 벽화 모사도와 조선 회화로 이루어져 있다. 전시실의 구성을 박물관의 임무에서 명시하고 있는 '진열의 범위'와 연결시켜보면, 제1실은 발굴품, 제2실은 풍속과 문예, 제3실은 종교, 제4실은 미술 전시에 해당된다.

먼저 제1실에서는 유적 발굴품을 중심으로 고대 통사를 구성하여 전시실을 조성하였다. 총독부박물관은 1916년부터 본격적으로 추진된 고적조사사업을 통해 1920년대 초까지 다수의 유적을 발굴 조사하였다. 고적조사사업에서 확보된 유물을 통해 통사적 전시가 가능할 만큼 고고학 자료의 축적이 이루어졌으며, 이에 따라 유적 출토품으로 낙랑·대방군시대, 삼국시대, 통일신라시대의 통사적 전시를 시도한 것으로 보인다. 이 중에서 낙랑·대방군에서 출토된 유물이 적극 부각되었는데, 이는 식민사관의 타율성론을 배경으로 한다.

개관 전시에서는 제2실을 도자기실, 제3실을 불상, 금속공예, 목제품 등의 전시실로 운영하였다. 이 단계에는 기존 도자기 전시실인 제2실에 조선 칠기, 고려 복식·가구·가집기(家什器) 등을 추가함으로써 '풍속과 문예'를 제시하는 전시실로 개편하였다. 제3실에서는 삼국 및 고려시대 불상, 불구, 사경 등 불교와 관련된 유물을 전시하여 '종교'와 관련된 유물을 종류별로 구분하고 다시 시기별로 전시하였다.

종래 개관 전시가 유물의 재질을 중심으로 전시실을 조성한 데 대해, 시대와 주제를 중심으로 전시실을 개편한 것은 앞서 「개요」에 제시된 전시 기준과 방법을 충실히 따른 것이다. 특히 제1실을 시대별 전시실로 개편한 데에는 도쿄제실박물관의 영향이 엿보인다. 앞서 언급한 바와 같이 도쿄제실박물관도 재질별 전시 방식을 택하였으나, 1918년 역사적 시대별로 상설전시를 대폭 개편하게 된다. 제1호 2층에 상고(上古), 아스카(飛鳥), 나라(奈良), 헤이안(平安), 가마쿠라(謙倉), 아시카가(足利), 도요토미(豊臣), 도쿠가와(德川), 메이지(明治)의 순서로 전시실을 설치하였다.[18] 이러한 개편은 식민지 조선의 총독부박물관에도 직접적인 영향을 미쳤던 것으로 보인다.

1921년 「조선총독부박물관개요」에서 확인되는 전시 내용은 1924년 3월 『조선총독부박물관에 관한 조사』에서도 거의 동일한 것으로 보아, 본관 전시가 그대로 유지되었던 것으로 나타난다.

1921년 전시 개편에서는 재질별 전시를 극복하고, 시대별 주제별 전시를 시도하였다. 1916년 이후 고적조사사업에서 확보된 발굴 유물을 중심으로 삼국에서 통일신라, 낙랑·대방군을 포괄하는 고대 통사 전시실을 만든 것이 특징이다. 이러한 통사 전시도 1918년 도쿄제실박물관이 역사 시대별로 개편한 상설전시의 영향을 받은 것이었다.

3) 1926년 상설전시

1926년에 이르러 또 한 차례의 전시 개편이 있었던 것으로 보인다. 이는 총독부박물관에서 발간한 『박물관보(博物館報)』제1호에 수록된 「조선총독부박물관약안내」를 통해 확인할 수 있다.

전시 구성의 기본 방침은 "반도 고래의 제도, 종교, 미술, 공예, 기타 역사의 증징(證徵) 참고가 되는 것을 모으고, 반도의 민족성을 밝히고, 특히 이 땅에서 발달해온 공예미술의 특질을 조사하여 널리 세계에 소개하고 우수한 예술품을 진열하여 새로운 공예미술의 발흥에 이바지하고자 한다"고 밝히고 있다.[19] 여기에서는 전시의 기본 틀을 제도, 종교, 미술, 공예, 역사의 증징 등 5가지로 한정하고 있다.

먼저 중앙홀에는 공진회 미술관 이래 대형 불교유물이 전시되었다는 점에서는 큰 차이가 없다(〈그림 6-3〉 참조). 하지만 제1실에서 제4실의 전시 구성은 기본적으로 역사적 흐름에 따른 시대사 전시를 기본으로 하면서, 각 시대의 특징적인 유물을 부각시켜 전시하였다. 제1실은 유적에서 발굴된 고고품으로 삼국 및 통일신라를 구성하였고 제2실은 도자기와 금속공예품을 중심으로 고려와 조선시대를 전시하였다. 제3실은 낙랑군과 대방군 유적에서 발굴된 고고품으로 시대를 전시하였고, 제4실은 고구려와 고려 벽화 모사도와 조선시대 회화로 회화실을 조성하였다(〈그림 6-4〉 참조). 이러한 전시는 각 시대의 특질을 보여주기 위해 역사적 진열법을 채택하면서 공예미술품의 제작 및 발달을 보여주는 특수 진열법을 병행한 것이라고 밝히고 있다.[20] 한편 전시의 기본 방침과 연결시켜보면, 중앙홀의 불교유물은 종교, 제1실 삼국 및 통일신라실은 제도, 제2실 고려조선실은 공예, 제3실 낙랑·대방실은 역사의 증징, 제4실 서화실은 미술에 각각 해당된다. 앞서 다섯 항목을 나름 체계적으로 반영하였음을 알 수 있다.

식민주의 역사관을 중점적으로 드러내고 있는 전시실은 고적조사사업을 통한 발굴조사에서 확보된 고고유물을 전시한 제1실과 제3실이다. 특히 고고유물을 통해 낙랑군과 대방군, 삼국과 가야·통

그림 6-3. 조선총독부박물관 1층 중앙홀 전경

1층 중앙홀에는 공진회 미술관 때부터 경주 남산 약사여래좌상과 함께 감산사 미륵보살입상과 아미타여래입상이 전시되어 있었다. 출처: 국립중앙박물관.

그림 6-4. 2층 제3실 낙랑·대방실 전경

1926년 상설전시를 개편하면서 처음 낙랑·대방실을 설치하였다. 사진은 1916년 평양 석암리 9호분에서 발굴한 청동기들을 전시한 모습이다. 출처: 국립중앙박물관.

일신라의 역사를 재구성하고자 하였는데, 「조선총독부박물관약안내」에서 각 전시실별로 전시 내용에 따른 기획자의 의도를 비교적 상세하게 설명하고 있다. 먼저 제1실의 전시 대상을 야마토(大和) 조정의 통치 아래에 있던 가야(임나)가 고구려, 백제, 신라의 삼국과 더불어 '사국(四國)'이 대립하던 시대로 설정하고 있다. 아울러 야마토 조정과 백제, 신라가 한반도에서 각축하였고 일본열도와 서로 밀접한 관계를 맺은 것을, 야마토 조정 시대의 유물과 비교함으로써 일목요연하게 드러내고자 하였다. 이러한 기본 시각에 입각하여 전시실 내부를 구성하였는데, 제1실 내 진열장의 배분을 살펴보면 고구려 1개, 신라 2개, 백제 2개, 가야 2개, 영산강 2개, 통일신라 1개로 이루어져 있다. 삼국이나 통일신라에 비해 가야와 영산강 유역의 나주 반남고분군 출토품의 비중이 상대적으로 높은데, 이는 임나일본부를 부각시키기 위한 것이었다. 북구주 야요이식 계통의 옹관과 관련성이 보이는 나주 반남면 옹관을 부각시키고 있다. 특히 야마토 조정의 보호하에 있다고 간주된 가야(임나)에는 곡옥, 이식, 마구, 무기 등 일본열도의 고분 출토 유물과 동일한 것이 많다는 점을 강조하였다. 고구려의 경우에는 한반도 남부와 달리 한·육조 등 중국의 분위기가 강하였고, 통일신라는 당 문화의 극성기이면서 육조 이래의 문물을 직수입하고 불교예술의 절정에 달하는 시대라고 하면서, 한국 문화의 독자성보다는 중국 문화의 영향이나 일본 문화의 밀접한 관련성을 부조적으로 강조하였다.

1926년 전시에서 가장 눈에 띄는 전시실은 제3실 낙랑·대방실이다. 1921년 개편 전시에서는 제1실에서 발굴 유물을 다루면서 삼국시대 유물과 함께 낙랑·대방군 유물을 전시하였다. 하지만 이 단

계에 와서 낙랑·대방 전시실을 별도 조성한 것이 특징적이다. 낙
랑·대방실에서는 고적조사사업에서 확보된 유물을 중심으로 전시
가 이루어졌다. 모두 9개의 진열장으로 구성되었는데, 진열장별로
전시 주제와 내용을 정리하면 다음과 같다.

1 낙랑칠기, 동경, '낙랑태수장(樂浪太守章)' 봉니, '남감장인(諵邯長
印)' 봉니, '낙랑예관(樂浪禮官)' 와당

2, 3 석암리 9호분 출토유물: 청동기, 마구, 도검, 웅각칠안(熊脚漆
案), 금제교구

4 토기, 철기 및 와전류

5 각종 청동기, 녹유 명기, 시라가 주키치(白神壽吉) 기탁품

6 녹유도기, 동기, 견직물 편

7 '대방태수 장무이(帶方太守 張撫夷)' 명문전

8, 9 지나(支那) 참고품

먼저 눈에 띄는 점은 전시실 입구에는 중국 참고품을 배치한 것
이다. 낙랑 유물과 한대 유물의 비교 연구를 위하여 배치한 것으로
언급하고 있는데, 이는 낙랑 문화와 중국 한대 문화의 친연성을 부각
시키기 위하여 의도적으로 전시실 입구에 진열한 것으로 보인다. 여
기에 전시된 중국 유물은 주로 총독부박물관이 세키노 다다시를 통
해 1918년 구입한 것들이다. 식민지 조선의 고적조사에 깊이 관여
했던 세키노 다다시는 중국 유학 과정에서 골동상 에토 나미오(江藤
濤雄), 위사오친(兪少欽)을 통해 자신이 발굴한 낙랑고분 출토 유물의
비교 자료가 될 만한 중국 유물 286점을 구입하여 총독부박물관에

인계하였다.[21] 전국 및 한대 유물이 대부분을 차지하였는데, 이 유물들은 고대 중국 문화를 이해하기 위한 것이 아니라 낙랑 문화를 설명하기 위한 비교 자료이자 보조 자료의 차원에서 수집된 것으로, 총독부박물관의 낙랑·대방실에 전시됨으로써 구입자가 당초 의도했던 목적이 충실히 이행되었다.

낙랑·대방실의 전시 구성은 칠기, 동경, 토기, 청동기, 견직물 등 재질별로 이루어졌는데, 전시품들은 대부분 중원계 유물이 차지하였다. 이는 낙랑 문화가 지니는 전반적인 성격을 체계적으로 보여주기보다는, 중원계 유물을 부각시켜 전시함으로써 관람객들이 낙랑 문화와 중국 문화의 친연성과 아울러 중원의 선진문화가 낙랑군을 통해 한반도에 이식되었음을 자연스럽게 인식하도록 하였다. 그리고 봉니, 와당, 명문전 등 명문자료를 전시하여 낙랑군 및 대방군의 역사적 실재에 대한 증거 자료를 제시함으로써, 낙랑 문화에 대한 식민주의적 해석을 객관적이고 실증적으로 증빙하는 의미도 지니고 있었다.

제1실과 제4실뿐 아니라, 미술품을 중심으로 하는 중앙홀과 제2실, 제3실에 대해서도 중국 문화의 영향이나 한반도와 일본열도의 연관성을 강조하는 전시 의도를 명확히 밝히고 있다. 먼저 박물관 1층 로비에는 공진회 미술관 이래로 경주 남산석불과 감산사 보살입상과 여래입상과 함께, 1926년에는 중앙홀에 금동반가사유상을 전시하였다. 이를 통해 중국 남북조의 북위 불상 양식을 잇고 있으면서, 나라(奈良) 호류지(法隆寺)의 불상, 우즈마사(太秦) 고류지(広隆寺)의 목조반가사유상 등 스이코(推古)식 불상에 조응한다는 점을 드러내고자 하였다. 고려와 조선시대 공예품을 주로 다룬 제2실의 경우,

고려시대는 송(宋)·원(元) 문화를 기조로 하여 470여 년간 화려한 시대를 열었는데, 이를 송·원 문화를 모방하여 구래의 면모를 일신한 것으로 해석하였다.

서화실의 경우에도 전시실 내에서는 시대순의 전시방식을 택하고 있다. 삼국시대는 고구려 고분벽화 모사도를, 고려시대는 부석사 조사당 벽화 모사도와 회화, 조선시대는 회화와 서예를 전시하고 있다. 조선시대 회화의 경우 원·명의 옛 그림에서 나온 야마토에(大和繪)의 오래된 것과 비슷한 분위기가 보이는 청록산수를 부각하여 전시하였다고 한다.

2층 회랑에는 한반도의 석기시대 및 금석병용기시대를 보여주기 위하여 각지 유물의 일부를 진열한다면서 석기·토기·골각기·석검 등을 전시하였다. 여기서 세형동검은 대륙 문화가 전한 시대 또는 그 이전부터 한반도를 거쳐 쓰시마(對馬), 규슈(九州), 시고쿠(四國), 주고쿠(中國)로 침윤되는 영향관계를 보여주기 위하여 전시되었다. 그리고 영천 어은동 유적에서 발견된 전한시대 청동 유물은 석기시대 유물의 후진성과 중국에서 이입된 선진 금속문명과 대비시키고자 하는 의도로 전시되었다. 한편, 고려시대 동경(銅鏡) 전시에서는 중국 동경을 모방한 사례를 강조하였고, 아울러 여진경과 일본경도 함께 전시하였다.

이처럼 총독부박물관은 조선 문화를 독자적으로 다루기보다는 대륙 문화와 일본 문화의 매개자로서 재현했다. 이는 총독부박물관이 "지나 대륙 및 일본열도 사이에 위치한 특종의 상태였던 반도의 문화를 근본적으로 조사하고, 그 밀접한 상호관계를 밝히는"[22] 임무를 부여받은 것과 관련이 있다. 총독부박물관의 상설전시는 조선 문화의 독창성이나 고유성을 드러내기보다는 일본 문화의 원류를 설명하기 위한 부차적 존재로서의 조선 문화를 재현하고 있다. 총독부박물관은 "일본과 반도와의 관계를 문화사적으로 밝히며, 아울러 야마토 조정 이래 나라 헤이안조에 발달 향상되어 세계의 예술가들이 경탄하는 일본 예술의 원원을 천명하"[23]고자 하였다. 식민지 박물관이 재현한 조선 문화는 궁극적으로 서구를 향해 동양 문화를 대표하는 일본 문화의 우수성을 해명하기 위한 원류로서 비로소 의미를 지니게 되며, 고래로부터 유래하는 일본과 한반도의 문화적 연관성은 일본과 한반도의 유서 깊은 친연성을 제시하는 중요한 근거가 된다. 이러한 맥락 속에는 조선 문화의 타율성, 정체성과 아울러 한일 간의 종족적 문화적 친연성을 강조하는 함의가 내포되어 있다. 총독부박물관 상설전시가 궁극적으로 재현하고자 했던 식민주의 역사관의 내면이라고 할 수 있다.

1926년 총독부박물관의 상설전시는 시대별 전시의 완결된 형태로 개편되었다. 제1실은 유적 출토품을 중심으로 삼국 및 통일신라를 재현하였고, 제2실은 고려와 조선시대의 도자기와 금속공예품을 전시하였다. 제3실은 낙랑·대방군 유적에서 출토된 발굴품을 전시하였고, 제4실은 고구려와 고려 벽화 모사도와 조선시대 회화로 서화실을 조성하였다. 1926년 개편된 총독부박물관의 상설전시는 이후 1933년 고이즈미 아키오의 견문기와 1936년 『박물관약안내』 등에서도 그대로 유지되고 있는 것으로 보아, 부분적인 보완은 있었으나 1930~1940년대에도 기본적인 골격을 그대로 유지하였던 것으로 보인다. 따라서 총독부박물관의 상설전시는 1926년 개편을 통해 완성된 것으로 이해할 수 있다(〈표 6-2〉 참조).

표 6-2. 조선총독부박물관 상설전시의 변천

위치	공진회 미술관 (1915)	목록 (1915)	목록III	목록II (1918)	조선총독부 박물관개요 (1921)	시마다(島田) 보고서 (1924)	『박물관보』 (1926)	고이즈미 아키오 (小泉顯夫, 1933)	『박물관약안내』 (1936)
중앙홀	대형 불상, 조각	대형 불상, 조각	대형 불상	대형 불상	남산, 감산사 석불	통일신라 석불	삼국, 통일신라 불상	대형 불상	불상
제1실 (階下東)	신라토기 및 금속기, 고려도기, 공예(도공)	역사참고고품 역사	역사참고고품	역사참고고품	가야·백제·한·고구려·신라·고려 발굴품	낙랑·삼국·통일신라 발굴품	삼국 및 통일신라 불상	삼국시대실	삼국 및 통일신라실
제2실 (階下西)	고려금속기, 조선금속기 및 도기, 조선목칠기, 나전칠기, 공예(금공·도공·목공)	도자기 공예(도공)	도자기	도자기, 동경	조선-칠기, 고려-문방구, 목식, 기구, 칠기, 각 시대-도자기	고려·조선-도자기, 가전기, 장식품	고려 및 조선실	고려·조선실	고려 및 조선실
제3실 (階上西)	사경, 불상, 대장경, 활자 종교	불상, 금속제품, 목제품, 공예(금공)	?	불상, 금속제품, 목제품	각 시대-불상, 불구, 경권, 장기 (葬器)	삼국·고려 불상, 불구, 사경	낙랑·대방실	낙랑·대방실	낙랑·대방실

제4실 (階上東)	고서화 회화	회화, 금석문, 벽화	회화	서화, 금석문, 벽화	고려·조선 서화	고구려·백제 묘사 조선-회화	서화실	서화실	서화실
2층 회랑	석굴암 부조	석기, 금석기	동경		동경, 활자	삼국 이전- 석검, 동검, 동모, 동경 고려동경 조선-활자	특수품 진열-석기, 석검, 동검, 고려동경, 조선활자	석기, 동기, 활자	석기, 석검, 동검, 고려동경, 활자
근정전					선사· 고구려· 백제·가야· 신라·고려 발굴품				
근정전 西廊		불상, 비석		불상, 비석	신라·고려 불상, 고비, 철부, 석관	석관, 비석, 석물, 철물	불상, 탑비		탑비
근정전 東廊		병기		병기	병기	병기	조선총포		
수정전			중앙아시아		중앙아시아	중앙아시아	중앙아시아		중앙아시아
사정전		병기	병기	병기	나랑-와당, 철기, 무기, 비석탁본	동경, 화폐, 무기, 와전			

3. 상설전시 변천의 성격

앞에서 총독부박물관 상설전시의 개편 과정을 살펴보았다. 1926
년 완성된 총독부박물관 상설전시의 기본적인 체제는 시대사의 전
시구성을 기본으로 하면서, 조각, 회화, 공예 등 미술사의 주제별 구
성을 포괄하고 있는 독특한 형태이다. 이러한 전시 체제는 1915년
개관 당시부터 체계화되어 성립된 것이 아니라, 여러 차례의 개편 과
정을 거치면서 구현된 것이다.

공진회 미술관 전시나 1915년 개관 전시에서 보듯이 초기 박물관
전시는 재질별로 전시실이 구분된 초보적인 형태로 이루어졌다. 이
러한 배경으로 무엇보다 전시품에 대한 연구의 부재와 이해의 부족
을 들지 않을 수 없다. 청일전쟁 이후 조선에 대한 일본학계의 연구
는 활발하였지만, 조선사에 대한 관심은 일본의 기원을 밝힐 수 있는
고대사에 한정되었다. 1890년 창간된 『사학잡지(史學雜志)』에 실린
논문을 분석해보면, 1922년 말까지 조선에 관한 논문이 61편 108회
게재되었는데, 그중 고대사 논문이 64%로 39편 78회에 달한다. 고
려시대나 조선시대에 관한 연구는 매우 드물며, 이마저도 대부분 임
진왜란과 관련되었거나 조선과 일본의 대외관계에 관한 것들이다.[24]
1930년대 이나바 이와키치(稻葉岩吉, 1876~1940)도 조선사 연구에서
조선시대에 관해서는 1892년 하야시 다이스케(林泰輔, 1854~1922)
가 저술한 『조선사(朝鮮史)』와 조선사학회에서 1927년 발행한 『조선
사대계(朝鮮史大系)』의 조선시대 부분밖에 없다고 개탄하고 있다.[25]
이처럼 1920년대 중반까지 일본인들은 조선의 역사나 문화를 제대
로 재구성하고 특히 유물을 통해 전시로 재현해낼 수 있는 학문적 역

량이 아직 제대로 축적되지 않았다.

재질별 전시에서 시대별·주제별 전시로의 개편은 역사 연구의 축적과 함께 총독부박물관 소장품의 확충이 병행되었기에 가능한 것이었다. 조선총독부는 박물관의 설립과 함께 1916년 7월「고적 및 유물보존규칙(古蹟及遺物保存規則)」을 제정·발포하고, 고적조사위원회를 설치하였으며, 5개년의「고적조사계획」을 입안하였다. 총독부박물관은 식민지 박물관으로서 박물관의 기능뿐 아니라 식민지 문화재 관리와 행정 기관으로서의 임무를 갖고 있었다. 식민지 문화재 조사사업을 수행하는 과정에서 다수의 발굴 문화재와 함께 문화재 행정의 부산물인 발견 문화재를 취득하였다. 새로운 소장품의 확보에 따라 박물관 전시의 개편이 가능하게 되었다. 이러한 고적조사의 결과에 가장 많은 영향을 받은 전시실은 '삼국 및 통일신라'실과 '낙랑·대방'실이었다. 삼국 및 통일신라실의 주요 전시품인 금령총 금관(1924년), 양산 부부총 금동관(1920년), 풍납토성 출토 초두(1925년), 부여 능산리고분 출토 목관 및 부속구(1915, 1917년), 익산 쌍릉 출토 목관(1917년), 나주 반남 대안리 9호분 옹관 및 금동관(1917~1918년), 창녕 교동 출토 유물(1918~1919년), 운산 용호동 출토 철제부뚜막(1917년) 등 주요한 전시품들이 대부분 1910년대 후반과 1920년대 초반 고적조사사업을 통해 확보된 유물이다.

서화실 전시 구성의 1/2을 차지하는 쌍영총과 감신총 벽화 모사도는 1914년 오바 쓰네키치와 오타 후쿠조(太田福藏)에 의해 모사작업이 이루어졌으며,[26] 부석사 조사당 모사도는 1917년 제작되었다. 서화실은 종래 금석문 탁본이나 사경은 배제한 채, 고구려 고분벽화 모사도와, 고려 벽화 모사도와 회화, 그리고 조선시대 산수화, 화조화, 초상화 그리고 서예로 전시가 구성되어 있었다. 하지만 1921년 서화실의 전시는 총독부박물관의 초기 컬렉션을 반영하여 용강 고구려 고분벽화 모사도, 참사관분실 수집품 등을 포함시켜, 고려 벽화(1/6), 조선 회화(1/3), 고려·조선 사경(1/3), 그리고 비석 탁본(1/6)으로 이루어졌다. 1926년 이후의 전시품은 고적조사의 성과인 고구려·고려 벽화와 조선 서화로 크게 양분되었다. 회화의 개념 속에 고구려와 고려의 고분벽화가 포함된 것은 근대 미술사 차원에서 회화사의 지평이 넓어진 것이지만, 이른바 서예와 문인화를 본령으로 하는 전통적인 서화관의 붕괴를 의미하는 것이기도 했다.

1926년 총독부박물관의 상설전시는 고적조사사업에서 확보된 유물과 조사 성과를 바탕으로 개편이 이루어지게 된 것이다. 고적조사사업은 "반도의 고대문화를 규명하여 그 국가의 성립 연혁과 인종적 결합의 관계를 이해하고, 특히 주위 민족과의 문화 관계를 분명하게 하기 위하여" 실시하는 것을 목적으로 하였다.[27] 총독부박물관은 상설전시의 개편을 통해 고적조사사업의 이러한 목적을 충실히 달성하고자 하였다.

총독부박물관은 1910년대 후반과 1920년대 초 고적조사사업을 통해 상당량의 유물을 확보하였고, 이를 통해 시대별 상설전시를 함으로써, 이전의 단순한 역사참고품의 전시에서 진정한 역사 전시로 이행할 수 있었다. 낙랑·대방실의 설치에서도 알 수 있듯이, 총독부박물관은 일제가 식민지 박물관의 상설전시를 통해 보여주고자 했던 타율성으로 점철된 식민지 조선의 역사를 재현할 수 있게 되었다. 특히 새로 입수된 유물의 다수는 고고유물이었으며, 도자기, 불상 등 미술사 관련 유물이 포함되었다. 이 과정에서 근대 학문인 고고학과 미술사학이라는 새로운 학문 분야와 지식구조가 생성되었다. 총독부박물관을 통해 도입되고 생산된 고고학과 미술사학의 학문적 전통이 오늘날까지 면면히 이어져오고 있음을 주목할 필요가 있다.

1921년 상설전시 단계에 이르러 발굴품을 중심으로 한 고대사의 통사적 전시나, 공예나 종교 등을 주제로 한 전시가 시도되었으며, 이를 심화하여 1926년 단계에는 시대별, 주제별로 체계화된 전시가 구현되었다. 이 단계에 이르러 전시를 통한 식민주의 역사학의 체계적 구성이 가능하게 되었다. 제1실에서는 임나일본부를 강조하였고, 제4실에서는 낙랑·대방실을 조성하여 전면적으로 부각하였다. 이와 함께 불교 문화 등을 통해 중국과 일본과의 관계를 밝히고자 하였다. 제3실에서는 고려와 조선의 도자기와 금속공예를 통사적으로 정리함으로써 일본이 대신하여 조선의 공예미술을 세계에 소개하는 역할을 자임하였다. 이처럼 박물관 전시를 통한 식민주의 역사학은 박물관의 컬렉션과 함께 실물에 대한 연구 수준을 바탕으로 한다는 점에서 1920년대 이후 구축되기 시작하였으며, 점진적인 발전의 단계를 밟아나가면서 정교화되었다는 점을 확인할 수 있다.

3·1운동 이후, 조선총독부의 '반도사 편찬사업'처럼 조선의 역사적 문화적 독자성을 부정하고 조선의 역사를 폄하하는 역사서술은 조선인에게 설득력이 없었을 뿐 아니라 오히려 반발을 초래할 수 있었다. 조선총독부는 조선사에 대한 부정적인 상(像)만을 강조할 수도 없었고, 그렇다고 조선의 역사를 찬미하여 일본에 대한 조선인들의 문화적 우월감이나 자긍심을 높일 수도 없었으며, 높아지는 조선인들의 역사적 자각에 아무런 대응을 하지 않은 채 방관만 하고 있을 수도 없었다.[28] 결국 박물관 전시를 통해 식민지 조선의 타율성과

정체성을 적극 내세우는 방향을 취하게 되었다. 즉 총독부박물관은 식민지 조선의 문화재로 재현된 전시를 통해 조선 역사와 문화의 유구성, 독자성, 우수성을 강조하여 국민적 자긍심을 고취시키는 것이 아니라, 조선 역사와 일본, 중국, 구미 역사의 비교를 통해 조선인들이 열등하고 후진적인 부분을 스스로 확인하도록 한다는 정책을 세웠다.[29] 전시를 통해 재현된 조선 역사의 타율성, 정체성을 식민지민 스스로 자각함으로써 더 이상 정치적 독립을 주창하지 않도록 하려는 고도의 목적성을 띠고 있었다.

총독부박물관은 제국 일본의 체제 내에 존재하면서, 도쿄제실박물관의 지속적인 자장하에 위치해 있었음을 확인할 수 있다. 박물관 개관 당시 역사참고실이라는 새로운 개념의 전시실을 도입하였는데 이는 도쿄제실박물관에서 채용한 것이었다. 도쿄제실박물관은 역사와 아울러 미술과 미술공예를 축으로 하였다. 미술은 회화, 조각, 건축 등으로 구성되었고, 미술공예는 금속품, 소성품, 옥석품, 목죽품 등 재질별 구분방식을 채용하였다. 총독부박물관의 경우 중앙홀의 불교조각과 제4실의 회화류가 미술에 해당되며, 제2실의 도자기와 금속제품, 목제품 등 재질별로 분류된 제3실은 미술공예에 해당된다. 1926년 전후 시대사 전시로의 개편은 모두 도쿄제실박물관의 변화와 궤를 같이하는 것이다.

총독부박물관이 직접적인 영향을 받은 도쿄제실박물관은 근대 국민국가의 수립 과정에서 신설되기 마련인 '국립'이 아니라 천황권 강화를 위해 만들어진 '제실'이었다. 일본에서는 제국박물관이 1900년 제실박물관으로 명칭이 변경되었다. 제실박물관은 천황의 소유로 다른 국가 기구와는 달랐다. 이러한 변화는 대중교육을 위한 백과사전적 기관에서 '복종하는 신민을 위해 제실의 소유물을 전시해 주는 장소'로의 변화를 의미한다.[30] 천황의 만세일계를 표방하는 제실박물관에서 국민국가의 역사, 즉 '국사'를 전시하는 것은 불가능한 일이었다. 제국 일본의 제실박물관이 '국사'를 다룰 수 없었던 것처럼, 식민지 조선의 총독부박물관도 '국사'를 다루기 힘든 조건에 처해 있었다. 하지만 여기에는 완전히 상이한 맥락이 존재하였다.

총독부박물관은 식민지배 권력인 조선총독부에 의해 설립된 박물관이었다. 역사는 국가나 사회가 집단적 동질감을 느끼도록 해주며, 개인이나 집단에게 정통성을 부여하고 이들을 권위로 치장하는 데 없어서는 안 될 매우 현실적이고 실질적인 도구이다.[31] 이러한 기능이나 역할 때문에 근대 국민국가의 성립 과정에서 국어와 더불어 국사는 중요한 국민통합의 상징이자 매개로 기능한다. 총독부박물관은 박물관에서 재현된 역사를 통해 식민지 조선의 민중들이 민족의 정체성이나 동질성을 인식함으로써 민족의식을 강화하는 것을 오히려 용인할 수 없었다. 우수한 유적과 유물은 그 민족의 능력을 확신시킴으로써 자긍심을 높이고 민족성을 고양시킬 수밖에 없다. 그러나 식민지 박물관은 역사를 배제시켜 새로운 맥락을 재구성함으로써 민족의 자긍심과는 정반대 방향으로 역사와 문화에 대한 식민주의적 인식을 제공한다. 바로 '공예미술'이라는 구도의 전환이다. 역사와 문화를 공예미술로 대치함으로써, 조선의 유적과 유물을 공예미술품으로 격하하였다. 우수성은 후진성으로, 독자성은 중국과 일본의 영향으로, 일본과의 친연성을 강조함으로써 '내선일체' 의식을 주입하고, 현재 낙후된 식민지 조선의 공예미술 발전에 이바지하는 것으로 박물관의 현재적 의미를 제시한다.

이처럼 고고유물과 미술공예품을 중심으로 한 총독부박물관의 상설전시는 '유물에 의한 역사서술로서의 전시'가 아니라, '유물'의 '역사적 전시(Historical Display)'였다. 구체적으로 식민사관의 역사 해석에 부합하는 역사서술로서의 유물 전시가 아니라, 고고유물과 미술공예품의 시계열적 배열, 즉 역사적 전시라는 은유적 방식의 문화사적 재현이었다. 이를 통해 일제의 식민주의적 의도와 지향이 효과적으로 드러나도록 하였는데, 조선 문화의 유구성, 고유성, 우수성이 아니라, 타율성, 정체성 등의 열등감을 조장하고, 일본과의 친연성을 의도적으로 부각시켜 식민지 신민으로서의 의식을 고양시킨다는 식민지 박물관 본연의 목적에 충실하였다.

제3부

조사

변동과 파행

7장

총독부박물관과 고적조사사업

식민지 조선에서 이루어진 문화재 조사사업, 이른바 고적조사가 권력기구인 조선총독부의 통제하에 이루어졌다는 것은 주지의 사실이다. 고적조사는 원활한 식민지배를 위한 식민지 조사의 일환인 동시에 식민지 문화재의 보존과 관리의 성격도 지녔다. 당시 총독부 주도의 고적조사사업에 대해서는 한일 양국에서 고고학과 건축사학을 중심으로 많은 연구가 축적되어 그 전모를 파악하는 데는 큰 어려움이 없다.[1]

여기서는 조선에서 식민지학의 실천으로 행해진 고적조사의 과정에서 총독부박물관의 역할 내지 위상에 대하여 살펴보고자 한다. 먼저 이 장에서는 1920년대의 고적조사에 대하여 다음 세 가지 점에 주목하였다.

첫째, 조사 주체의 변동과 교체 과정에서 나타난 주체들 간의 경합 문제이다. 식민권력인 조선총독부가 주도하고 통제하였다고 해서 고적조사가 제국대학 교수와 조선총독부박물관 직원 등의 일본인들에 의해 체계적이면서 일사분란하게 이루어진 것은 아니었다. 식민지배 기간 중에 주체들 간의 경합과 진퇴가 동태적인 양상을 띠었다. 총독부박물관 설립 이전에는 조선총독부 내 여러 부서에서 개별적이고 산발적으로 조사가 이루어지다가, 1916년 고적조사위원회를 중심으로 체제가 개편되었다. 1920년대 초반을 기점으로 제국대학 교수 주도에서 재조 일본인 주도로 주체의 변화가 있었다. 그 과정에서 제국대학 발굴팀의 직접 조사가 예외적으로 이루어지기도 하였으며, 조선총독부의 재정난으로 인해 민간 모금으로 운영되는 발굴단체인 조선고적연구회가 1931년 결성되어 조사를 주도하기도 하였다.

다음으로 고적조사 과정에서 담당한 총독부박물관의 역할 문제에 주목하였다. 고적조사는 식민권력인 조선총독부의 주도와 통제하에 이루어졌으며, 그 과정에서 총독부박물관이 담당 관서였다. 하지만 정작 총독부박물관 직원들은 제국대학 교수들의 사업에 동원되는 보조적 역할에 그쳤다. 식민지의 학술조사는 제국의 아카데미즘을 장악한 제국대학 교수들에 의해 독점되었으며 조사의 성과는 그들의 전유물이었다.

그리고 고적조사 과정에서 정립된 학문적 견해들이 논의되고 조정되는 양상을 살펴보았다. 고적조사를 주도했던 제국대학 교수의 학문적 권위는 절대적이었다. 그럼에도 불구하고 학문 내외적 배경으로 인해 초기의 학설은 논의되고 조정되었는데 여기에는 학문적인 배경과 함께 학문 외적인 배경도 크게 작용하였다. 조선과 일본이 같은 조상에서 나온 동족이라는 '일선동조론'에 대한 민감한 정치적 입장이 식민지 조선의 고적조사에 어떻게 관철되는지, 그리고 조선의 고유문화론이 어떤 함의를 지니는지를 살펴봄으로써 제국의 식민지학이 가지는 정치적 편향성을 확인할 수 있다.

먼저 총독부박물관이 설립되기 이전인 1915년까지 고적조사사업이 어떻게 운영되었는지 살펴보자.

1. 박물관 설립 이전의 고적조사

1900년 야기 소자부로가 처음 시작한 일본인의 한반도 고고학 조사는 도쿄제대의 건축학자 세키노 다다시가 가세하면서 본격화되었다. 세키노 다다시는 1902년부터 한반도의 고건축 및 고적조사에 참여하였고, 후일 그 결과를 1916년 『조선고적도보』로 간행하였는데, 이는 제국주의 무단정치를 문화적 '선정(善政)'으로 포장하는 선전 도구로 이용되기도 하였다.[2]

한일병합 이후 조선총독부의 고적조사사업은 크게 내무부의 고건축조사와 학무국 편집과의 사료조사, 두 방면에서 이루어졌다.

1) 탁지부-내무1과: 고건축조사

한반도의 고적조사는 1902년 세키노 다다시의 고건축 조사에서 출발하였다. 행정적으로 탁지부 건축소에서 내부 지방사찰과, 내무부 내무국 사사과를 거쳐, 내무부 내무국 제1과의 소관으로 변천되었다. 세키노 다다시는 야쓰이 세이이치, 구리야마 슌이치를 조수로 삼아 고건축에 대한 조사를 중점적으로 벌였으며, 그 과정에서 석조 유물이나 건축사적 구조를 지니고 있는 고분에 대한 발굴조사도 함께 실시하였다. 특히 초기에는 엄밀한 학술적 방법론에 기반한 조사나 기록화가 제대로 이루어지지 못했으며, 유구의 대체적인 확인이나 유물의 수습에 치중하였다. 이러한 조사 과정에서 취득된 대부분의 유물은 도쿄제대로 유출되어 현재 도쿄대학 건축학연구실에 보관되어 있다.

2) 편집과 사료조사

학무국 편집과는 오다 쇼고 과장을 중심으로 교과서 편찬을 위한 기초 자료 조사사업을 실시하였다. 이 사업을 세 사람에게 의뢰하였는데, 바로 도리이 류조, 이마니시 류, 구로이타 가쓰미였다. 이마니시 류는 1913~1914년 세키노 다다시 조사팀에 합류하여 한반도 북부와 만주를 조사하였으며, 구로이타 가쓰미는 1915년 '일본 상대사 규명을 위한 반도 상대사의 유구학적 연구'를 진행하였다.

도리이 류조는 1910~1916년 교과서 편찬을 위한 '반도 유사전(有史前)의 인종과 문화 조사'를 실시하였는데, 모두 6차례에 걸쳐 사료조사사업을 벌였다.[3] 교과서 편찬을 명분으로 내세웠지만 실제로는 세키노 다다시의 조사에서 빠진 조선의 인종 조사와 석기시대 조사를 보충하는 의미가 있었다.[4] 석기시대 유적과 한국인의 체격 조사에 주력하였는데, 체격 조사를 위해 도리이는 마을별로 20~30세 남녀 각 10인 내외를 선발하여 정면과 측면의 사진을 촬영하였다

(〈그림 7-1〉, 〈그림 7-2〉 참조). 당시 촬영한 유리원판사진은 모두 국립
중앙박물관에 소장되어 있다. 이러한 조사 결과 만주 퉁구스계 광두
(廣頭)와 몽골형 눈, 비교적 큰 신장을 특징으로 하며 강원도 이북에
주로 분포하는 북방형과, 중두(中頭)와 좁은 이마, 비교적 작은 신장
을 특징으로 하며 전라남도, 다도해, 경상북도에 주로 분포하는 불
명의 X형이 있는 것으로 결론을 내렸다.[5] 그리고 도리이는 한반도에
석기시대가 존재했다는 것을 처음으로 주창하였으며, 석기의 유사
성을 근거로 일선동조론의 주장으로 이어지게 되었다.

　당시 교토제대 문학부 강사였던 이마니시 류는 1913년 편집과로
부터 사료조사를 의뢰받았다. 세키노 다다시 일행과 함께 평안남북
도와 만주 집안현의 유적을 조사하였다. 1915년의 조사 내용은 잘
알려져 있지 않다.

　구로이타 가쓰미는 1915년 '일본 상대사 규명을 위한 반도 상대
사의 유구학적 연구'를 실시하였다. 1915년 7월부터 10월까지 3개
월간 낙동강, 섬진강, 금강 유역을 중심으로, 일본과 '문명의 동역'으
로 생각되는 '남선(南鮮)' 지역을 조사한 것이다. 그는 고대 한일의 밀
접한 관계를 '일한문명동역설(日韓文明同域說)'이라고 표현하면서, 조
선과 일본을 하나로 묶으려 하였다. 일본의 유적과 비슷한 것을 찾아
임나일본부의 실체를 밝히고 한일의 관련성을 찾는 일에 집중하였
다. 하지만 임나일본부와 관련된 유적이 발견되지 않아 소기의 성과
를 거두지 못하자 "금후에 다수한 재료가 발견됨에 따라 상대문화의
적(蹟)이 천명될 시기가 있을 줄 신(信)하는바"라고 하였다.[6]

　일본에서도 아직 근대 학문으로서의 고고학이 제대로 도입되지
않았기 때문에, 이 시기의 고고학 조사는 건축사학자였던 세키노 다

그림 7-1. 제1회 사료조사 시 덕원 남자 체격 측정

도리이 류조는 1910~1916년 교과서 편찬을 위한 '반도 유사전(有史前)'의 인종과 문화 조사'를
실시하면서, 조선 전역에서 체질인류학 조사를 진행하였다.

출처: 국립중앙박물관.

그림 7-2. 제1회 사료조사 시 원산 남자 체격 측정

도리이 류조는 조선 인종 조사의 일환으로, 체격 조사를 위해 마을별로 20~30세의 남녀 각 10인
내외를 선발하여 정면과 측면 사진을 촬영하였다.

출처: 국립중앙박물관.

다시, 인류학자였던 도리이 류조, 역사학자였던 구로이타 가쓰미와 이마니시 류에 의해 이루어졌다. 특히 세키노는 고건축에 대한 조사에서 출발하여 석조미술품과 고분에 이르기까지 조사와 연구의 폭을 넓혔으며, 이러한 조사를 바탕으로 조선미술사에 대한 나름의 식견을 수립하였다. 아울러 건축학의 평판측량기술을 고고학 조사에 도입함으로써 조사의 수준을 높이는 데 공헌하였다.[7] 하지만 건축사를 중심으로 고고학과 미술사를 전방위적으로 아울렀던 그의 연구 방법론은 개별 학문의 전문화에 의해 극복되어 나갔다. 도쿄제대 미술사학과를 졸업한 하마다 고사쿠가 고고학을 공부하기 위하여 영국 런던대학교로 유학을 떠난 시기가 1913년이며, 1916년 귀국하여 교토제대에서 본격적인 고고학 강좌를 개설하였다. 이후 유럽으로부터 고고학이라는 근대 학문의 도입이 본격적으로 이루어진 제국 일본의 상황을 고려한다면, 건축사학자, 인류학자, 역사학자에 의한 초기 고고학 조사는 불가피한 것이었음을 알 수 있다. 향후 고고학 조사가 본격화되고 전문화되는 과정에서 이들의 점차적인 퇴조는 불가피할 수밖에 없었다.

2. 주체의 변동

조선총독부는 1916년 7월 「고적 및 유물보존규칙(古蹟及遺物保存規則)」을 제정·공포하고, 고적조사위원회를 설치하여 조사와 보존 관리를 주도하도록 하였다. 이 위원회는 식민지 조선의 고적조사와 보존에 관한 사항을 심사하는 기구로, 위원장은 정무총감이 맡았고,

위원은 조선총독부의 고등관과 그 이전 조선에서 고적조사와 사료
조사를 한 경험이 있는 도쿄제대와 교토제대 교수들로 구성되었다.
총독부박물관 내에서 고적조사 부문을 담당하는 고적조사 주임은
내무부에서 고적조사를 다년간 맡았던 세키노 다다시 팀의 조사원
야쓰이 세이이치가 맡았다. 업무의 성격과 함께 이전의 이력이 고려
된 것으로 보인다.

　총독부에서는 5개년의 「고적조사계획」을 입안하였다. 이에 따르
면 제1차년도에는 한사군과 고구려, 제2차년도에는 삼한·가야·백
제, 제3차년도에는 신라, 제4차년도에는 예맥·옥저·발해·여진,
제5차년도에는 고려를 조사하도록 되어 있다(〈표 7-1〉 참조). 각 시대
의 정치적 중심지였던 지역이 중점적인 조사 대상이 되었다. 조선시

표 7-1. 조선총독부의 5개년 고적조사계획

연도	성격	지역
제1차년도 (1916년)	한치군(漢置郡) 및 고구려 유사전(有史前)	황해도, 평안남북도, 경기도, 충청북도 동(同)
제2차년도 (1917년)	전년도 잔여 삼한, 가야, 백제 유사전	경기도, 충청남북도, 경상남북도, 전라남북도 동
제3차년도 (1918년)	전년도 잔여 신라 유사전	경상남북도, 전라남북도 동
제4차년도 (1919년)	전년도 잔여 예맥, 옥저, 발해, 여진 등	강원도, 함경남북도, 평안남북도 동
제5차년도 (1920년)	전년도 잔여 고려 유사전	경기도 동

대를 조사하기 위한 별도의 연도는 배정하지 않았으며, 다른 시대를 조사하는 과정에서 상황에 따라 편의적으로 조사하도록 하였다.[8]

일제강점기 식민지 조선의 고고학사에서는 1916년 고적조사위원회와 고적조사계획을 획기로 시기 구분을 하는 것이 일반적이었다.[9] 이는 제국 일본의 식민지배 제도의 정비라는 관점에서는 일견 타당할지 모른다. 그 이전 법령과 제도의 뒷받침을 받지 못하던 제국대학 교수의 개별적인 조사와 달리, 제국의 새로운 통치 방침에 따라 법령의 제정과 체계적인 제도를 통한 조사를 강조한다면 그럴 수 있다. 하지만 1916년을 분기로 제도적 정비는 이루어지지만, 이전 시기와 비교할 때 조사자와 조사의 성격에 큰 변화가 없다는 점에서 이전 시기 조사와의 연속성을 주목할 필요가 있다.

총독부의 고적조사는 일반조사와 특별조사로 나뉘며, 이 밖에도 다수의 수습조사나 구제발굴이 이루어졌다. 여기서는 고적조사의 전체적인 흐름을 파악하기 위하여 일반조사를 중심으로 살펴보도록 하겠다. 「고적조사계획」에 따른 제1차년도의 주요 주제는 한사군과 고구려였다. 조사위원은 내무부 내무1과의 고건축 조사를 맡았던 세키노 다다시, 그리고 학무국 편집과에서 교과서 편찬을 위한 사료조사를 맡았던 도리이 류조, 이마니시 류, 구로이타 가쓰미였다. 고적조사위원회가 설립되었지만, 조사 담당자는 별로 달라지지 않았다. 이는 1916년과 1917년 고적조사사업을 살펴보면 알 수 있다.

고적조사 제1차년도(1916년)[10]
이마니시 류(今西龍): 한강 유역 한대 유적 탐구

구로이타 가쓰미(黑板勝美): 대동강을 중심으로 한(漢)민족 분포
　　상태 규명
세키노 다다시(關野貞): 평양 부근의 한 낙랑군 및 고구려 유적 조사
도리이 류조(鳥居龍藏): 평남 일대 역사 이전의 유적·유물 조사

　먼저 매년 배정된 유사전(有史前), 즉 선사시대 유적에 대한 조사
는 인류학자인 도리이 류조를 배려한 것이었다. 1916년의 조사 주제
는 한치군(漢置郡)과 고구려였는데, 이마니시 류, 구로이타 가쓰미,
세키노 다다시 모두 한군현에 주목하여 조사를 진행하였다.
　한강 유역에서 한대 유적을 찾는 이마니시의 조사는 애초에 불
가능한 과제였다. 그리고 1915년 한반도 남부지방을 답사했던 구로
이타는, 1916년 고적조사에서는 한반도 북부지방 답사를 통해 대동
강을 중심으로 한민족의 분포 상태를 밝히고자 하였다. 이것은 조선
역사의 출발점을 어디에서 찾을 것인가에 대한 조사를 의미하였는
데, 구로이타는 조선의 역사는 중국의 문명을 가장 빠르게 수용한 평
양에서 찾을 수 있으며, 이 땅에 중국 문명이 전해짐에 따라 민족의
이동과 동요가 일어나 일본 민족의 기원에도 영향을 미쳤다는 것이
다.[11] 하지만 구체적인 조사를 통해 대동강 인근에서 '한(漢)민족'의
분포를 규명하는 것은 당시 연구 수준에서는 능력 밖의 과제였다고
할 수 있다.
　이해에 가시적으로 큰 성과를 낸 인물은 세키노 다다시였다. 과
거 낙랑고분에 대한 조사 경험을 바탕으로 평안남도 대동군 대동강
면의 정백리·석암리의 1호에서 10호분까지 모두 10기의 고분을 발
굴하였다. 세키노는 오랫동안 함께 조사팀을 이루었던 구리야마 슌

이치, 야쓰이 세이이치뿐 아니라, 총독부박물관의 오바 쓰네키치, 노모리 겐, 오가와 게이키치 등 당시 총독부박물관의 가용 역량을 총동원하였다. 이 발굴에서는 금제교구를 비롯한 양과 질 면에서 최고 수준의 유물이 출토된 평양 석암리 9호분이 세간의 이목을 집중시켰다. 세키노는 발굴 결과를 『다이쇼 5년 고적조사보고』에 간단히 보고하였으며, 석암리 9호분의 중요성을 감안하여 1919년 『낙랑군시대의 유적(樂浪郡時代ノ遺蹟)』이라는 거질(巨帙)로 별도 간행하였다. 그런데 석암리 9호분의 조사결과는 이후 낙랑 문화에 대한 조사와 연구를 특정한 방향과 시각으로 제약하는 결과를 초래하기도 하였다. 아무튼 세키노의 조사는 낙랑군의 고고학적 실체를 확실하게 각인시키는 동시에, 543점의 유물을 제출함으로써 박물관 진열품 확보라는 고적조사의 또 다른 목적을 충족시켰다.

제2차년도(1917년)

이마니시 류(今西龍): 경상남북도 가야시대 고분군 분포조사와 발굴조사, 고분군과 관계된 산성 답사

구로이타 가쓰미(黑板勝美): 경상남북도 가야시대 고분 및 성지

세키노 다다시(關野貞): 전년도 답사 후 마무리되지 않은 고구려 관계 유적

도리이 류조(鳥居龍藏): 경상남북도 석기시대 유적 외

야쓰이 세이이치(谷井濟一): 전년도 완료되지 않았던 황해도 봉산군 대방군 관계 유적 조사, 경기도와 충남 백제 관계 유적 조사

제2차년도의 조사 주제는 당초 삼한, 백제, 가야였다. 1917년에도 역시 전년도와 동일한 인물들이 조사를 실시하였다. 세키노 다다시와 야쓰이 세이이치는 전년도에 완료되지 않은 고구려 유적과 대방군 유적을 조사하였지만, 다른 조사자들은 경상도 일원의 가야 유적에 집중하였다. 특히 문헌사학자였던 이마니시와 구로이타는 가야 지역을 중심으로 임나일본부를 고고학적으로 확인하기 위한 조사에 집중하였다. 한반도 북부에서 중국의 식민지인 낙랑군과 남부에서 일본의 식민지인 임나일본부를 고고학적으로 확인하려는 적극적인 시도라고 해석된다. 이처럼 고적조사계획 1차년도인 1916년과 1917년의 조사자들은 모두 그 이전 내무부의 고적조사와 학무국의 사료조사에 참여했던 인물들이며, 조사의 성격도 정치적인 중심지를 넓게 훑으면서 이루어진 식민지 조사의 성격에서 크게 벗어나지 못하였다.

1916년 수립한 고적조사계획에 의하면 제1차년도에는 한사군과 고구려, 제2차년도에는 삼한·가야·백제에 대한 조사를 모두 마치고, 제3차년도인 1918년에는 신라를 조사하도록 되어 있었다. 하지만 1차년도에 낙랑군의 일부 유적만 조사하였을 뿐 고구려의 조사는 본격적으로 시작하지 못했으며, 2차년도에도 가야 유적만 일부 조사를 시작하였을 뿐 삼한이나 백제 유적은 착수조차 하지 못했다. 당초 수립한 조사 '계획'은 차질이 불가피하였다. 3차년도에도 일부 경상북도 지역에 대한 조사를 시작하였다. 한편 이해의 조사에는 조사자의 구성에서 변화가 생긴다. 3차년도 조사자의 변화에 우선 주목할 필요가 있다.

1918년(제3차년도)

하마다 고사쿠(濱田耕作) · 우메하라 스에지(梅原末治): 경북 성주군 ·
　고령군 · 창녕군

구로이타 가쓰미(黑板勝美): 중국 집안현, 함경도 함흥군, 경남 부
　산 · 동래 · 서생포 · 장기 · 울산 · 귀포

하라다 요시토(原田淑人): 경북 경주군 · 경산군 · 김천군 · 상주군

야쓰이 세이이치(谷井濟一): 황해도 봉산군 · 황주군, 경기도 고양군,
　전남 나주군, 경남 진주군 · 함안군 · 창녕군

먼저, 세키노 다다시는 유학을 떠남에 따라 조사자에서 제외된
다. 세키노는 1918년 2월 21일 중국, 인도, 유럽으로 유학을 떠났고,
1920년 5월에 귀국하였다. 유학 중에도 조선총독부의 재정 지원을
받아 중국에서 낙랑고분 출토품과 비교할 만한 한대 유물을 구입하
는 등 총독부박물관을 측면에서 지원하지만,[12] 고적조사사업에는 직
접 참여할 수 없었다. 둘째, 도리이 류조가 고적조사사업에서 빠지
게 된다. 학무국의 교과서 편찬을 위한 사료조사사업에서 출발한 도
리이의 조사는 데라우치 총독의 관심과 지원을 받았는데, 심지어 만
주와 일본의 조사도 조선과의 비교라는 명분으로 전폭적인 지원을
받았다. 도리이의 조사는 1917년 이루어진 제6회 조사를 마지막으
로 종료되었다. 도리이 자신의 사정과 함께, 데라우치가 1916년 10
월 조선을 떠나 내각총리대신이 되었다가 1918년 사임함으로써, 더
이상 도리이의 조사를 배후에서 지원할 수 없게 된 것과 관련되지 않
았을까 추측된다. 셋째, 또 한 명 고적조사사업에서 제외되는 인물은

이마니시 류이다. 이후 이마니시는 고고학 발굴조사나 연구에서 물러나 문헌 연구에 몰두하였다. 재일사학자 이진희(李進熙)는 이 같은 행동은 임나일본부가 발견되지 않은 것과 무관하지 않다고 하였다. 이마니시는 가야 지역 유적 조사의 성과를 보고서 이외에 「가야강역고(加羅疆域考)」라는 논문으로 발표하였다.[13] 그러나 이 논문에서는 상세한 사료 비판 이외에 불가사의하게도 '임나일본부의 유적과 유물'은 일체 등장하지 않는다. 이마니시가 고고학과 결별하고 문헌사학에 매진한 경위에는 여러 추측이 있다. 무덤을 파는 것을 그만두라고 하였다는 모친의 훈계, 쓰보이 구메조(坪井九馬三, 1859~1936) 등 문헌사학자와의 만남 등이 전해진다. 미야자키 이치시다(宮崎市定, 1901~1995)는 베이징에서 귀국한 이마니시가 나이토 고난(內藤湖南, 1966~1934) 저택의 회합(화요회火曜會)에서 당시 고고학계에 대한 불만과 반발을 표하면서 업적주의와 진품 취미에 빠진 풍조에 대해 강하게 화를 냈다는 분위기를 전하고 있다.[14] 넷째, 하마다 고사쿠와 우메하라 스에지가 조사단에 새로 들어오게 된다. 당초 도쿄제대에서 미술사를 전공한 하마다는 1913년 영국으로 유학을 갔다가 1916년 귀국 후 교토제대에서 일본 최초의 고고학 강좌를 개설한다. 이후 하마다는 도쿄제대의 구로이타 가쓰미와 함께 식민지 조선의 고고학 조사와 박물관 운영에서 양대 축을 이루게 된다. 하마다 고사쿠-우메하라 스에지-아리미쓰 교이치가 교토제대 라인을 형성했다면, 구로이타 가쓰미-후지타 료사쿠가 도쿄제대 라인을 구축하면서, 1945년 해방까지 상호 공조하면서 식민지 조선의 박물관과 고고학을 독점하였다. 다섯째, 이 시기 추가되는 인물은 도쿄제대 하라다 요시토(原田淑人, 1885~1974)이다. 하라다는 원래 도쿄제대에서 중국사를 전공하였으나 눈병으로 문헌 연구가 어려워 중국 풍속사와 복식사 연구로 방향을 돌렸다고 한다.[15] 도쿄제대는 1914년 사학과에 고고학 강의를 개설하고 동양사를 전공한 하라다에게 맡긴다. 하라다는 풍부한 문헌 지식을 바탕으로 고고학 유물과 유적을 분석하는 독특한 동양고고학 연구를 진행한다. 도쿄제대 문학부에 고고학 강좌가 생기는 것은 1938년으로 교토제대보다 늦다. 하라다는 1918년 보문리고분 조사를 통해 적석목곽묘의 구조를 구체적으로 파악할 수 있었다. 이 고분은 1915년 구로이타가 발굴을 시도하다가 적석 부분까지 파고 포기한 것인데, 하라다는 구로이타의 경험을 토대로 분구 상면을 넓게 파서, 적석 상면을 모두 노출한 후 적석을 제거하고 매장주체부의 유물을 발굴했다. 그 결과 목관, 목곽, 적석, 봉토를 파악할 수 있었다.[16]

총독부박물관과 고적조사위원회가 설립되기 이전 고적조사를 주도하였던 세키노 다다시, 도리이 류조, 이마니시 류 등이 1918년을 전후해 일선에서 물러나고, 하마다 고사쿠, 하라다 요시토, 우메하라 스에지 등이 새롭게 부상하면서 근대 학문인 고고학을 받아들여 전문적으로 연구하기 시작한다. 이러한 과정에서도 여전히 주도권을 유지하고 행사한 인물이 있었는데, 바로 구로이타 가쓰미이다. 그는 식민지 조선에서 박물관, 고적조사, 조선사 편찬사업에 이르기까지 전방위적으로 지대한 영향을 미쳤다. 구로이타는 1912년경부터 국립박물관에 관한 구상을 강력히 펼쳐 박물관과 고적조사사업 및 보존관리가 국립박물관이라는 하나의 기관에서 이루어져야 한다고 주장하였다.[17] 구로이타는 이러한 '국립박물관' 구상을 식민지 조선에서 총독부박물관을 통해 실현하고자 하였으며, 이를 실행한 인물이 바로 도쿄제대의 제자였던 후지타 료사쿠였음은 앞서 여러 차례 언급하였다.

1918년 조사자들이 대폭 교체되고 보강되었음에도 불구하고 3·1운동의 여파로 1919년과 1920년에는 고적조사가 제대로 이루어지지 못했다. 제4차년도에는 예맥·옥저·발해·여진을, 제5차년도에는 고려를 조사한다는 계획이 세워져 있었다. 1919년에 도쿄제대 이케우치 히로시(池內宏, 1878~1952)는 윤관의 여진 정벌 지역과 관련하여 함경남도 일대 고려 고성지(古城址)를 조사하였다. 그는 함흥평야 일대의 고성지를 실제로 답사하여 9성의 위치를 비정하였는데,[18] 이는 남만주철도 조사부에서 시라토리 구라키치(白鳥庫吉, 1865~1942)의 지도하에 이루어졌던 고려시대 동북면의 영토와 국경에 대한 연구의 연장선상에 있었다. 고려의 여진 정벌 배경과 과정, 그리고 점령지에 축조한 9성의 위치를 역사지리적 관점에서 정밀하게 연구한 것이었다.

제4차년도(1919년)
이케우치 히로시(池內宏): 함경남도 고려시대 고성지. 평원 장성

1920년에는 3·1운동의 영향으로 조사가 제대로 이루지지 못했던 것으로 보인다. 하마다 고사쿠와 우메하라 스에지가 김해패총을, 바바 제이치로와 오가와 게이키치가 양산 부부총을 조사하였다. 하마다의 김해패총과 양산패총 조사의 배경을 다음 절에서 살펴보도록 하겠다.

제5차년도(1920년)

하마다 고사쿠(濱田耕作)·우메하라 스에지(梅原末治): 김해패총

바바 제이치로(馬場是一郎)·오가와 게이키치(小川敬吉): 양산 부부총

1918년을 전후해 조사자의 대폭적인 교체가 있었지만, 식민지 조선의 5개년 고적조사사업은 여전히 도쿄제대와 교토제대 교수들의 주도하에 이루어졌다. 그 과정에서 총독부박물관의 직원은 제국대학 교수들의 조사를 보조하는 단순한 실무자의 역할을 크게 벗어나지 못하였다. 이후에도 식민지 조선의 고적조사에서 총독부박물관 관계자의 역할은 조사의 보조자이자 조사 이후 유물을 보관하고 관리하는 역할을 부여받았을 뿐, 조사연구를 주도하는 역할을 수행하지는 못했다. 결국 식민지 조선의 총독부박물관은 조사연구가 결여된 박물관이었으며, 따라서 진정한 의미의 큐레이터가 부재한 박물관이었을지도 모른다. 조사연구의 주도권은 일본의 제국대학이든 아니면 경성제국대학이든 간에 온전히 제국대학의 몫으로 돌려져 있었다.

3. 제국대학 아카데미즘의 보조

1921년 이전에는 제국대학 교수들이 '고적조사 촉탁'의 형식으로 발굴 및 각종 조사를 주도하였다. 하지만 1921년 고적조사과가 설치되고, 1922년 후지타 료사쿠가 부임하면서 총독부박물관의 체제가

일견 정비되었으며, 그 과정에서 고적조사의 주체에서 변화가 감지된다. 조선총독부 직원을 중심으로 재조 일본인들이 발굴조사의 주체로 등장한다는 점이다.

이러한 사정에 대해서 후지타 료사쿠의 다음과 같은 언급은 주목된다.

제일 바뀐 것은 종래 일본 측 조사원이 직접 진두에 섰던 조사가 점점 곤란하게 되어, 조선에 거주하는 학자와 기술자가 조사에서 중요한 임무를 맡고 도쿄, 교토의 학자를 지도자로 조직하게 된 것이다. 오랜 경험에 의하면 사공이 너무 많은 조사는 자칫 원활하지 않아 모시는 기술자가 곤란한 경우가 생기기 때문에, 구로이타 선생과 하마다 박사의 시사도 있고 해서 단호하게 방침을 바꾸었다. 이런 일은 매년도의 조사보고 또는 특별보고를 살펴보면 바로 결과를 알 수 있다.[19]

1921년 이전에는 제국대학 교수들이 고적조사 촉탁으로 발굴 및 각종 조사를 주도하였고 박물관 직원들은 이들을 보조하는 데 머물렀지만, 이후에는 총독부박물관 직원들이 발굴의 주체로 등장하기 시작하고, 제국대학 교수들은 특별한 경우가 아니면 식민지 조선의 발굴과는 일정한 거리를 두었다.

고이즈미 아키오, 노모리 겐, 사와 슌이치 등 총독부박물관에서 다년간 발굴조사에 종사하면서 현장 경험을 쌓은 전문 기술인력이 발굴조사에 주도적으로 참여하고 있다. 1922년 고이즈미 아키오의 경상남북도와 충청도 조사, 1923년 고이즈미 아키오와 노모리 겐의 대구 달성고분군 조사, 1924년 고이즈미 아키오와 사와 슌이치의 경주 금령총·식리총 조사와 1926년 서봉총 조사, 1927년 오가와 게이키치·노모리 겐·간다 소조(神田惣藏)의 계룡산 도요지와 공주 송산리고분군 조사 등을 들 수 있다. 그중에서 1924년 평양부의 재정 지원으로 이루어진 낙랑고분 조사는 총독부박물관의 자체 학술조사로 시도된 드문 사례이다. 낙랑유적을 관광자원화하기 위한 목적으로 평양부(平壤府)는 총독부박물관에 석암리 20호분(丁), 52호분(茂), 194호분(丙), 200호분(乙)의 발굴을 의뢰하였다. 석암리 194호분에서는 중원의 광한군과 촉군에서 제작되어 낙랑군 지역으로 직수입된 기년명 칠기가 다량으로 출토되어 큰 주목을 끌었다(〈그림 7-3〉 참조).[20] 1923년부터 논의된 이 발굴은 총독부박물관의 독자적인 학술 발굴조사라는 점에서 의미를 지닌다. 조사 책임자는 후지타 료사쿠였고, 조사자는 오바 쓰네키치와 고이즈미 아키오였다. 후지타 료사쿠는 아직 고고학 발굴 경험이 일천하였지만, 오바는 1916년 이래 세키노 다다시의 낙랑고분 발굴에서 쌓은 경험을 바탕으로 발굴을 지도하였다. 하지만 1924년 조사 중간에 고적조사과가 폐지되는 바람에 후지타는 해임되고, 오바 역시 자리를 잃으면서 난관을 맞이하게 되었다.[21] 이후 한동안 총독부박물관의 자체적인 학술 발굴은 이루어지지 못했다.

1921년 하마다 고사쿠(濱田耕作)·우메하라 스에지(梅原末治): 금관총
1922년 후지타 료사쿠(藤田亮策)·우메하라 스에지·고이즈미 아키오(小泉顯夫): 경상남북도·충청도/ 남조선 한대 유적

그림 7-3. 평양 석암리 194호분 발굴 당시 모습
1924년 평양부의 재정 지원을 받아 조선총독부박물관에서 발굴조사한 낙랑고분으로,
여기에서는 다량의 기년명칠기를 포함하여 많은 부장품이 출토되었다.
출처: 국립중앙박물관.

1923년 고이즈미 아키오·노모리 겐(野守健): 대구 달성고분군

1924년 우메하라 스에지·모로가 히데오(諸鹿央雄)·사와 슌이치(澤
俊一)·고이즈미 아키오: 금령총·식리총

1926년 고이즈미 아키오·사와 슌이치: 서봉총

1927년 오가와 게이키치(小川敬吉)·노모리 겐·간다 소조(神田惣
藏): 계룡산 도요지·송산리고분군

후지타의 언급대로 1920년대 발굴보고서를 살펴보면, 종래 양 제
국대학 교수들을 중심으로 조사와 보고서 간행이 이루어지던 것과

차이를 보인다. 하지만 여기에도 제국대학의 영향권에서 벗어나 있었던 것은 아니었다. 총독부박물관의 책임자였던 후지타 료사쿠도 전문적인 고고학 훈련을 받은 경험이 없고, 박물관의 직원들 역시 고고학뿐 아니라 제국대학 교육을 받지 못한 인물들이 대부분이었다.

이러한 전문성 약화를 보완하기 위하여 투입된 인물이 우메하라 스에지였다. 우메하라는 1918년 야쓰이 세이이치와의 개인적인 인연으로 식민지 조선의 조사에 발을 디디게 되었다. 1918년 9월 조선총독부박물관 고적조사 촉탁으로 임명되었고, 하마다 고사쿠를 도와 종래 도리이 류조의 조사 영역이었던 선사시대 즉 유사(有史) 이전 유적인 김해패총을 발굴하였다.[22] 1922년 이후 총독부의 발굴조사 멤버로서 춘추 2회 각각 2개월씩 한반도에 건너오게 되었다. 이는 야쓰이 세이이치의 부재를 메우는 것과 관련이 있다. 야쓰이가 일산상의 이유로 사퇴하자, 구로이타 가쓰미의 추천으로 후지타 료사쿠가 1922년 총독부박물관에 채용되었다. 후지타는 도쿄제대 사학과에서 구로이타의 지도로 「에도시대의 조운(江戸時代の漕運)」을 졸업논문으로 제출했던 것처럼 당초에는 고고학에 대한 관심이나 지식이 적었던 것으로 보인다. 식민지 조선에 건너와 박물관과 고적조사의 실무를 책임지게 된 후지타는 전문 지식의 부족을 보완하기 위하여 외부 연구 협력자를 요청하였다. 도쿄제실박물관의 고토 슈이치(後藤守一, 1888~1960)와 우메하라 스에지가 지명되었고, 고토의 사퇴로 결국 우메하라가 연 2회 조선에 정기적으로 오게 되었으며, 이러한 협력 관계는 1945년까지 지속되었다.[23]

1918년 세키노 다다시의 유학, 1919년 구리야마 슌이치의 타이완총독부 채용, 1922년 야쓰이 세이이치의 귀국 등 종래 식민지 조선에서 고적조사를 주도하던 세키노 다다시 팀은 퇴진하게 된다. 이후 고고학 조사에서는 교토제대의 하마다 고사쿠와 우메하라 스에지가 주도적 역할을 하는 것으로 보인다. 일제 관학자의 두 계파를 대표한 세키노 다다시와 하마다 고사쿠 사이에는 금관총 수습품의 정리와 보고서 작성을 둘러싸고 주도권 다툼이 있었던 것이 확인된다. 최종적으로 하마다 고사쿠가 유물 정리와 보고서 집필을 주도하였다. 수습품 보관은 경주 사람들의 강력한 현지 보존 요구에 세키노 다다시가 찬성함으로써 보고서 발간 이후 경주로 환수되는 결정이 받아들여졌다.[24]

초기 조사 과정에서 건축학자 세키노 다다시가 지니는 고고학적 한계는 불가피한 것이었는데, 고고학 조사와 연구에 전문성을 확보한 하마다와 우메하라가 전면에 등장하게 되었다. 앞서 후지타 료사쿠가 말한 '일본 측 조사원'의 배제는 곧 세키노 다다시의 배제를 의미하는 것으로 보인다. 일본 측 조사원을 배제한다고 해서 이후 도쿄제대와 교토제대의 참여 자체가 배제된 것은 아니었다. 1925년 낙랑 왕우묘 조사에서 볼 수 있듯이 도쿄제대 문학부의 경우에는 총독부의 허가하에 낙랑유적에 대한 직접적인 조사를 추진하였으며, 교토제대도 우메하라 스에지가 총독부박물관 촉탁의 형식으로 식민지 기간 내내 조선의 발굴조사에 개입하였다.

식민지 조선에서 일본 본토의 제국대학 교수들이 예전과 같은 방식으로 조사에 전면적으로 나설 수 없었던 데에는 중국 대륙의 정세와도 관련이 있어 보인다. 1920년대 후반이 되면 도쿄제대와 교토제대는 중국 대륙으로 관심을 옮겨가게 된다. 바로 동아고고학회(東亞考古學會)의 설립이다. 1927년 3월 교토제대 하마다 고사쿠와 도쿄제대 하라다 요시토 등 일본 측 대표와 베이징대 마헝(馬衡) 등 중국 고고학자들이 모여, 중일 고고학자의 연락기관인 '동아고고학회'를 설립하였다. '동아 제(諸)지방에서의 고고학적 연구조사'(회칙 제2조)를 목적으로 내건 이 학회는 중국 동북부를 중심으로 발굴조사를 행하였고, 『동방고고학총간』을 간행하는 동시에 교환 유학제도도 추진하였다. 이에 따라 1928년 1회 고마이 가즈치카(駒井和愛, 1905~1971)에 이어 2회에는 미즈노 세이이치(水野淸一, 1905~1971), 3회에는 에가미 나미오(江上波夫, 1906~2002)가 베이징에서 유학을 하였다.[25] 이처럼 1920년대 제국대학의 주된 관심이 중국으로 옮겨갔으며, 한반도의 조사는 전면적으로 주도하여 시행하는 것과는 다른 방식을 모색하였다. 도쿄제대의 경우 특별히 학술적인 관심이 있었던 평양 석암리 205호분의 낙랑고분 발굴이나 낙랑토성지 발굴에 전념하였으며, 교토제대는 우메하라 스에지와 후지타의 조사연구 협력을 통해 영향력을 지속적으로 유지하고 있었다.

식민지 조선에서 이루어진 고적조사는 다른 구미 식민지의 경우와 달리 별도의 조사기관이 마련되지 않았고, 박물관을 매개로 한 일원적인 조사와 문화재 관리가 이루어졌다는 특징이 있다. 1916년 고적조사위원회를 중심으로 하는 조사 체계가 마련되었지만, 고적조사위원회의 간사는 총독부박물관의 주무 과장이나 주임이 맡았으며, 고적조사위원회에서 결의한 일반조사, 고적조사, 임시조사, 보존공사, 보존시설, 유물 이전, 고적유물 소재지 토지 구입, 출판사업 등 대부분의 사업이 총독부박물관을 통해 실현되었다. 그런 점에서 총독부박물관이 식민지 기간 내내 고적조사의 중심 기관이었다고 볼 수 있다.

하지만 총독부박물관이 주도한 고적조사사업이 체계적으로 진행되었던 것은 아니었다. 고적조사사업을 기반으로 하는 식민지 조선의 문화재 관리가 원칙적으로 총독부박물관의 주요 사업이기는 했지만, 고적조사를 둘러싼 다양한 주체들 간의 경합이 벌어지고 있었다. 식민지 조선의 고적조사사업은 제국대학 엘리트들에 의해 주도되었으며, 총독부박물관 '학예기술원'들의 역할은 제한적이었을 뿐 아니라 철저하게 그들의 보조적인 위치에 머물렀다고 볼 수 있다. 식민지에서 이러한 인력구조의 단층은 굳이 일본인과 조선인 간의 민족적 차별 내지 단층뿐 아니라 일본인 내에서도 제국의 엘리트와 식민지 박물관의 직원 간에도 두드러지게 나타났다. 이는 종래 고적조사가 총독부를 중심으로 한 총독부박물관과 경성제대, 도쿄제대, 교토제대 교수들인 관학자들이 식민사학의 구축이라는 목표를 향해 일사분란하게 움직였던 것으로 상정되는 모습과는 다른 양상이다. 고적조사, 특히 고고학 조사에 참여했던 제국과 식민지의 여러 주체들 간의 단층과 경합이 확인된다. 또한 식민지배 차원에서 총독부 권력의 고유한 업무로 여겨지던 고적조사가 1930년대 이후에는 외부의 민간으로부터 별도의 재원이 조달되면서 조사의 기조가 바뀌게 되었다는 점도 주목할 필요가 있다.

4. 연구 주제의 재설정

1) 일선동조론을 넘어

1870년대 이후 근대 과학의 맥락에서 일본민족론이 제기되었는데, 여기에는 크게 두 조류가 있었다. 일본 민족은 후래의 정복자와 선주민족의 혼합이라는 혼합민족론이 있었고, 다른 하나는 태고로부터 일본 민족이 살고 있었으며 그 혈통이 계속 이어지고 있다는 단일민족론이다.[26]

강제병합 이후, 일본에서는 '일선동조(日鮮同祖)'를 주장하던 혼합민족론이 주류의 위치를 차지하였다. 제국의 대외팽창이나 식민지 통치와 동화를 정당화하고 부응 논리를 제공해주는 것이 바로 혼합민족론이었기 때문이다. 식민지 조선의 경우에도 혼합민족론에 기반한 일선동조론이 언어학과 인류학, 역사학 등 근대 학문의 실증적인 연구 성과를 통해 입지를 굳혀나갔다. 일본어와 조선어가 동일 계통이라고 주장한 조선어학자 가나자와 쇼자부로(金澤庄三郞, 1872~1967)[27]와 고유 일본인은 대륙에서 조선을 거쳐 야요이 토기를 가지고 도래했다는 '일선동원(日鮮同源)'을 주장한 인류학자 도리이 류조, 그리고 혼합민족론에 의한 '일선융화론'을 적극 주창한 기타 사다키치(喜田貞吉, 1871~1939) 등이 대표적이다.

반면 일군의 학자들은 단일민족론을 고수하였는데, 이른바 '국체론'에 기반하면서 일선동조론에는 비판적인 태도를 취하였다. 천황가를 총본가(總本家)로 받드는 가족국가관을 지닌 국체론자들은 대일본제국의 신민이 단일하고 순수한 기원을 가진 단일민족이라는 신념을 고집하였다. 국체론에서는 천황과 국민의 관계를 가족제도에 비유하고 그 사이에 유교적인 충효의 원리를 끼워넣음으로써 충군애국적인 정신을 함양시키고자 하였으며, 특히 천황가의 외래설은 "국체를 더럽히고 애국심을 약화"시키는 것이었다.[28] 1910년대이래 제국 일본에서는 혼합민족론이 대세를 이루었지만, 조선사 편찬사업 등을 통해 식민지 조선의 역사학과 고적조사에 관여했던 제국대학의 교수들, 시라토리 구라키치, 구로이타 가쓰미, 이케다 히로시(池田博), 하마다 고사쿠 등은 국체론을 견지하였으며, 일선동조론에 대해서는 회의적인 입장을 견지하고 있었다.

이러한 대립적인 구도가 식민지 조선의 고적조사에도 영향을 끼치게 되었다. 앞서 살펴본 바와 같이 1906년부터 한반도의 선사문화 조사에 뛰어들었던 도리이 류조는 자신의 조사 결과를 바탕으로 조선과 일본 민족의 동일한 혈연성을 강조하는 일선동조론을 적극적으로 주장하였다. 한반도 석기시대에는 박수무문토기(薄手無文土器)와 후수무문토기(厚手有文土器)의 두 집단이 있으며, 이는 생업경제의 차이에 따라 입지를 달리하고 있다고 보았다. 이러한 양상은 일본의 아이누 석기시대에도 유사하게 확인되는데, 한반도와 일본에서 확인되는 석기의 유사성을 근거로 한반도에서 일본으로의 도래인을 주장하였으며, 이후 한반도로부터의 영향으로 인해 일본에서 '고유일본인(固有日本人)'의 석기시대가 시작되었으며 이는 현 일본인의 선조가 되었다는 것이다. 도리이는 조몬토기의 사용 집단은 아이누이고, 대륙에서 건너간 야요이토기의 사용 집단이 현재 일본의 선조인 '고유일본인'이라는 것이다. 한반도와 일본열도 간 동일한 혈연적 관계를 지니는 것으로 확대되어 '일선동조론'을 강하게 주장하였던

것이다.[29]

　국체론의 입장을 견지했던 하마다 고사쿠는 이를 받아들일 수 없었다. 영국 유학에서 돌아온 하마다는 1917년 고우(國府)유적에서 분층적 발굴을 시도하여, 조몬토기와 야요이토기를 동일 민족에 의한 토기 제작상의 변화로 해석하는 '원일본인(原日本人)'설을 주장하였다. 야요이토기의 사용 집단이 한반도에서 건너온 것이 아니라, 조몬토기의 사용 집단에서 연속적으로 발전했다고 주장하였으며,[30] 식민지 조선에서 유적의 고고학적 조사를 통해 이를 입증하고자 하였다. 도리이의 일선동조론을 반박할 수 있는, 한반도와 일본열도 간 인종적 차이를 고고학적으로 입증할 수 있는 한반도 석기시대 유적의 조사가 필요하였다. 김해패총은 1907년 이마니시 류에 의해 처음 확인된 후, 도리이 류조가 1914년과 1918년에 다시 조사를 하였으며, 앞서 말한 고유일본인설과 일선동조론을 주장하게 되는 중요한 근거가 되었다. 이에 따라 1920년 하마다는 김해패총과 양산패총을 직접 조사하였다. 이해 김해패총에서는 석기시대의 유물은 거의 출토되지 않고 오히려 금석병용기시대의 유물이 발견됨으로써 도리이의 주장을 부정하는 데까지 나아가지는 못했다. 같은 문제의식에서 출발하여 진행한 양산패총의 발굴은 갑자기 경주에서 금관총이 발견되면서 중단되었다.

　도리이의 선사문화에 대한 조사를 재검토하는 차원에서 이루어진 또 하나의 조사는 지석묘이다.[31] 1920년대 후반 지석묘 조사는 오다 쇼고의 발안에 의해 이루어졌는데, 분포 양상과 아울러 남북 두 형식의 지석묘가 어떻게 구분되는지를 종합적으로 조사하는 차원에서 이루어졌다.[32] 수습발굴이기는 하지만 1927년 고흥 운대리 지석

그림 7-4. 대구 대봉동 제4구 제3호 지석묘 조사 당시의 후지타 료사쿠

1927년 대구 일대 지석묘의 분포가 조사되었고, 1936~1938년 대봉동 지석묘의 발굴조사를 통해 남방식 지석묘의 실태가 밝혀졌다. 사진 맨 앞 바위에 기댄 사람이 후지타 료사쿠이다.

출처: 국립중앙박물관.

묘와 대구 대봉동 지석묘의 조사가 이루어졌으며, 그 뒤 후지타 료사쿠가 「조선 및 만주의 거석분묘 연구(朝鮮及び滿洲における巨石墳墓の研究)」로 일본 제국학사원 학술장려금을 받고, 1936년부터 1938년까지 대구 대봉동 지석묘 조사를 실시하였다(〈그림 7-4〉 참고).

김해패총의 조사와 지석묘의 조사에서 볼 수 있듯이, 1920~1930년대 한반도 선사문화에 대한 조사는 종래 도리이 류조의 조사와 연구를 재검토하는 차원에서 이루어졌으며, 이러한 배경에는 도리이가 주장했던 일선동조론에 대한 비판과 극복을 위한 것이었다. 일선동조론을 부정한 이면에서는 천황가를 총본가(總本家)로 받드는 가족국가관을 지닌 국체론을 기반으로 한 일본 단일민족론이 있었으며, 이에 입각하여 제국대학 교수들이 한반도의 고적조사를 주도하였던 것이다.

2) 조선 고유문화의 발견

총독부박물관 주임(1922~1941년)과 경성제대 교수(1924~1945년)를 맡으면서 식민지 조선의 관(官)과 학(學), 양면에서 독점적인 지위를 누렸던 후지타 료사쿠는 1934년 조선의 '고유문화'를 강조하는 언설을 발표한다. 그것은 세키노 다다시의 주장으로 대표되는 선배 학자들의 주장에 대한 비판의 형식을 띠었다.

> 세상에서 조선 문화를 말하는 것 다수는, 지나 문화의 모방이고, 또 그 전달의 다리가 되었고, 우리 상대 문화는 한·육조 문화의 영향에 의해 이루어졌다고 말하는 것 같다.[33]

조선 문화는 중국 문화의 모방이고, 일본 고대 문화는 중국의 한·육조 문화의 영향을 받았으며, 그 과정에서 조선은 중국과 일본 사이의 전달자에 불과한 것으로 보았다고 종래의 견해를 정리하였다. 그러면서 이러한 견해는 조선 문화와 일본 민족에 대한 인식이 부족한 데서 비롯된 오해 때문이라는 것인데, 이는 재조(在朝) 일본 학자로서 축적된 연구에 대한 나름의 자부심과 함께 자신의 역할을 드러낸 것이라고 할 수 있다.

후지타는 조선의 고대 문화를 세 가지로 정리하였다. ① 고유문화, ② 진한 이래 대륙에서 침윤된 문화, ③ 고유문화가 대륙 문화의 영향에 의해 숙성된 새로운 문화.[34] 이러한 세 가지 형태의 문화는 종래 조선 문화를 중국 문화의 모방으로 파악하면서 조선 문화의 고유성을 부정하던 세키노의 입장과는 달리 한 단계 진전된 견해라고 할 수 있다. 즉 식민지 조선에 대한 조사와 연구를 기반으로 조선 문화의 고유성을 추출하여 고유문화를 규정하려고 했다는 점에서 의미가 있어 보인다. 하지만 후지타가 말한 '고유문화'란 "결코 단일하게 순수한 것은 아니고 북방 제 민족의 것을 다량으로 포함한 혼합문화이며, 더욱이 후대에 이르러서도 오히려 몇몇 북방 제 민족의 영향을 입은 것이 두드러지는 점으로 볼 때, 북방적 요소가 적지 않았던 것으로 추정된다"고 하였다.[35] 조선의 고유문화에 북방 문화를 덧씌움으로써 또 다른 타율성을 만들어낸다. 결국 조선 문화의 고유성을 부정하게 되며, 조선 문화에 내재된 북방 문화의 영향이라는 점을 강조하면서 심지어 후대의 원, 청의 역사적 지배까지 언급하고 있다.

이러한 후지타의 언설은 사변적인 사론에 그친 것이 아니라, 자신의 고고학적 연구 결과를 기반으로 작업한 결과물이었다. 북방 문화를 바탕으로 한 조선의 고유문화는 어떻게 구현되었나? 후지타는 1926년 10월부터 1928년 8월까지 고고학 연구를 위해 영국, 프랑스, 독일, 미국으로 해외 유학을 떠난다. 조선에서 후지타가 유학을 떠난 1926~1928년 사이에 고고학 조사가 줄었던 것은 이와 관련이 있어 보인다. 반면 1928년 후지타가 돌아온 이후 고고학 유적에 대한 조사가 다시 활발하게 이루어진다. 특히 선사유적에 대한 조사가 적극적으로 추진되었다. 후지타가 선사고고학으로 조사와 연구의 방향을 전환하게 된 데에는 유럽, 특히 독일에서의 유학 경험이 직접적

인 영향을 끼쳤던 것으로 보인다. 후지타가 1930년『청구학총(青丘學叢)』제2집에 발표한 논문 「즐목문양토기의 분포에 대하여(櫛目文樣土器の分布に就きて)」는 한국 신석기 연구사에서 가장 영향력이 큰 논문 중 하나로 평가받는다. 이 논문은 우리나라 빗살무늬토기를 처음으로 본격적으로 다룬 연구이다. 조선에서 발견되는 석기시대 토기를 독일학자들이 지칭한 캄케라믹(Kammkeramik)에서 연유하여 즐목문토기(櫛目文土器)라고 명명하였다. 바로 신석기시대 빗살무늬토기를 말한다. 조선의 즐목문토기를 단독으로 발전한 것이 아닌, 시베리아, 스칸디나비아, 알래스카 및 북미주, 즉 유라시아와 아메리카 3대륙의 북단을 연락하는 일종의 문화연쇄로, 즉 '북방 문화'의 한 파문으로 설명함으로써 철저한 전파론적 시각을 보여주었다. 조선의 석기시대에는 후수(厚手)무문토기, 박수(薄手)즐목문토기, 단도마연 및 채색토기, 신라요식(新羅窯式)토기 등 4종류의 토기가 있다고 하였는데, 오늘날 연구로 볼 때 신석기, 청동기, 철기시대 토기를 혼동하고 있지만, 당시로서는 상당한 의미를 지니는 연구였다. 이러한 토기 분류는 그 뒤 「조선고대문화(朝鮮古代文化)」(1934), 「조선의 석기시대(朝鮮の石器時代)」(1940)에서도 그대로 이어졌다.

이러한 전파론적 시각에 입각한 후지타의 논문은 1926~1928년 유학 당시 유럽에서 유행하던 전파론적 관점과 함께 프랑스, 독일, 핀란드 박물관의 전시자료에서 받았던 인상이 작용한 것으로 볼 수 있다.[36] 이러한 그의 전파론적 선사문화에 대한 시각은 독자적인 문화의 발전을 부정하고 외부로부터의 영향을 강조하는 타율론이 작용한 것으로 보이며, 한편 한반도에 구석기시대가 있었다고 하는 모리 다메조, 도쿠야마 이게야스(德永重康, 1912~2003) 등 동물학자들의 주장에 반대한 데에서는 정체론적 시각도 드러난다. 이러한 정체론적 시각을 한반도의 석기시대를 순석기시대와 금석병용기시대로 나누는 금석병용기시대론에서도 확인된다.[37]

후지타의 북방 문화에 대한 관심은 유학 가기 전부터 확인되었다. 1920년대 일본에서는 야요이식 토기나 동검, 동모, 동탁 등에 대한 관심이 높았다. 여기서 출발하여 조선에서 유사한 유물을 조사하였는데,[38] 그즈음 경주 입실리에서 관련 유물이 발견되었다. 후지타는 우메하라, 고이즈미 등과 함께 이를 정리하여 보고서를 발간하였는데, 이른바 금속병용기시대 청동기의 연원을 북방으로 파악하였다. 유학 전 이러한 조사에 힘입어 북방 문화에 대한 관심을 가지게 되었으며, 선사시대 토기에 대한 북방 문화의 전파론적 시각과 연결이 되었던 것으로 보인다.

후지타는 한반도와 일본열도 간의 문화적 동질성은 인정하지만 혈연적 동원성(同源性)은 부정하고 있다. 한반도의 동이 제족과 야마토(大和) 민족을 구분하고 있는데, 이는 스승인 구로이타나 하마다와 마찬가지로 국체론적 입장에 서있었기 때문이다. 후지타는 1920년대 후반 이후 인종론적 접근보다는 문화론적 해석을 추구하고 있는데, 이에 대해서는 별도의 검토가 필요하다.

1910년대 조사를 기반으로 이루어진 도리이 류조의 일선동조론이나 세키노 다다시의 조선문화론을 새로운 고고학 조사를 통해 극복하려는 시도가 1920년대에 이루어졌다. 이는 고고학의 전문적 훈련을 받은 제국대학 출신자들에 의해 주도되었으나, 오늘날의 기준에서 보면 제국주의 학문으로서의 고고학에 대한 성찰의 결과라기보다는 오히려 보다 더 충실히 따르는 입장이었다고 할 수 있다. 일선동조론보다는 국체론적 입장에서, 그리고 일본 상대 문화의 이해를 보다 풍부하게 하기 위한 차원에서 식민지 조선의 문화가 조망되었던 것이다. 이러한 흐름을 주도한 이는 구로이타의 후견하에 식민지 조선의 박물관과 고고학 조사에서 관(官)과 학(學)을 모두 장악한 후지타 료사쿠였다.

고적조사위원회와 총독부박물관을 축으로 수행되던 식민지 조선의 고적조사에서 예외적인 사례가 1925년 나타났는데, 바로 8장에서 살펴볼 도쿄제대가 추진한 낙랑고분의 발굴조사이다. 도쿄제대 문학부가 직접 낙랑고분의 발굴조사를 추진하고 이를 관철한 사건이 벌어진 것이다.

8장

1925년 도쿄제대의 낙랑고분 조사

1. 도쿄제대와 낙랑고분

일제강점기 전 시기를 통하여 발굴조사가 총독부박물관과 관변 단체인 조선고적연구회에 의하여 독점되었다는 점은 주지의 사실이 다.[1] 그러나 예외가 없었던 것은 아닌데, 바로 1925년 일본 도쿄제대 문학부에 의해 행해진 평양 석암리 205호분의 발굴조사이다. 석암리 205호분은 주곽과 측곽으로 이루어진 수혈식 귀틀무덤이다. 주곽에 는 3개의 목곽이 측곽에는 1개의 목관이 배치되어 있었고, 부장품으 로는 각종 칠기류와 토기, 동경 등이 출토되었다. 기년명 칠기도 다 수 발견되었는데, 중국 한대 연호인 건무(建武) 21년(34), 건무 28년 (52), 영평(永平) 12년(69) 등의 기년과 제작 공인이 각서되어 있었다. 이 무덤에서는 피장자를 알려주는 목인(木印)이 발견되었는데, 한 면

그림 8-1. 평양 석암리 205호분 발굴 현장

'王盱(왕우)'가 새겨진 도장이 출토되어 '왕우묘'라는 별칭이 붙은 이 고분은 발굴 당시에 큰
주목을 끌어 발굴 장면을 육군항공대에서 항공 촬영하기도 했다.

출처: 국립중앙박물관.

에는 '오관연왕우인(五官掾王盱印)', 다른 한 면에는 '왕우인신(王盱印
信)'이 새겨져 있었다.[2] 그래서 석암리 205호분을 '왕우묘'라는 별칭
으로 부르기도 한다. 화려한 기년명 칠기와 인장은 발굴 당시부터 큰
주목을 끌어 육군항공대에서 항공 촬영을 지원하기도 하였다(〈그림
8-1〉 참조).

그렇다면 도쿄제대가 낙랑고분을 조사하게 된 배경은 무엇이었
으며, 어떤 과정을 통해 허가를 받았을까. 이는 단순한 대학의 고분
발굴조사가 아니라, 식민 본국인 제국대학이 식민지 조선의 법규와
관행을 뛰어넘어 발굴조사를 관철했으며, 발굴 유물을 반환하지 않
아 식민 잔재가 아직까지 청산되지 않았다는 점에서 식민지 고고학

조사의 성격을 이해하는 중요한 의미를 지니는 것으로 여겨진다.

평양 석암리 205호분의 발굴 과정은 도쿄제대 문학부에서 1930년 발간한 정식 발굴보고서인 『낙랑: 오관연 왕우의 무덤(樂浪: 五官掾王旰の墳墓)』의 '서문'과 '제1장 서설'에 간략하게 언급되어 있다. 먼저 도쿄제대 교수 구로이타 가쓰미가 쓴 '서문'에는 낙랑고분 발굴조사를 위하여 무라카와 겐고(村川堅固, 1875~1946)와 함께 사학회(史學會)를 움직여 조선총독부와 교섭을 하였으며, 최종적으로 도쿄제대 문학부(文學部) 사업으로 수행하게 되었다고만 간단하게 언급되어 있다. 그렇다면 어떤 계기로 인해 발굴 주체가 사학회에서 문학부로 바뀌게 되었을까. 제1장 서설에 의하면 발굴 주체가 사학회에서 문학부로 바뀌게 된 것은 조선총독부의 의사 때문이었음을 확인할 수 있다. 당초 구로이타 가쓰미와 무라카와 겐고 교수가 사학회의 사업으로 낙랑고분의 발굴조사를 발의하고 계획하여 호소가와 모리타스(細川護立, 1883~1970) 후작으로부터 자금을 확보하였다. 그러나 발굴 허가를 관장하던 조선총독부가 도쿄제대 문학부의 사업으로 하는 것이 좋겠다는 뜻을 내비침에 따라 관련 자금을 사학회에서 문학부로 이관하였던 것이다.

그렇다면 조선총독부가 발굴 주체를 사학회에서 문학부로 바꾼 이유는 무엇일까. 이에 대해서는 1931년 후지타 료사쿠가 쓴 발굴보고서 『낙랑(樂浪)』의 서평에서 의문을 풀 수 있다.[3] 후지타는 도쿄제대가 발굴 허가를 받을 당시 조선총독부의 박물관 주임이자 고적조사위원회 간사였기 때문에 발굴의 허가 과정을 가장 잘 파악하고 있는 인물이었다. 후지타의 서평에는 구로이타 가쓰미가 발굴을 추진하게 된 동기와 아울러 발굴 주체가 사학회에서 문학부로 바뀌게 된 이유, 그리고 조건부로 발굴을 허가받은 사실 등이 기술되어 있다. 먼저 구로이타 가쓰미가 낙랑고분의 발굴을 추진하게 된 직접적인 동기는 1924년 가을 낙랑고분에서 이루어진 기년명 칠기의 발굴 때문이라고 되어 있다. 이는 1924년 평양부(平壤府)가 재정을 지원하고 총독부박물관가 수행한 석암리 200호분(乙), 석암리 194호분(丙), 석암리 20호분(丁), 석암리 52호분(戊)의 발굴을 말하는데, 당시 조사 과정에서 제작 연호가 명기된 칠기가 다량 발견되었다.[4] 이것들은 한대 중앙공관인 고공(考工), 우공(右工)과 지방공관인 촉군서공(蜀郡西工), 광한군공(廣漢郡工)에서 제작된 것으로 조사됐다. 이 칠기에는 세부 제작공정에 참가한 공인과 감독 관인들도 모두 표기되어 있어서 학계의 큰 주목을 끌었다.

한편 구로이타가 발굴을 추진하던 1924~1925년경에는 낙랑고분에 대한 도굴이 크게 성행하였는데, 단속도 심하지 않아서 우수한 유물들이 도굴되어 평양, 경성이나 일본 교토 등의 수집가들 손에 다수가 넘어갔다고 전해진다. 심지어 관립학교 교사들까지도 백주에 여러 명의 인부를 거느리고 무덤을 파헤치고 부장품을 도굴하던 그런 시기였다.[5] 당시 전염병처럼 번졌다는 소위 '낙랑열(樂浪熱)'에 영향을 받았음을 어렵지 않게 추정할 수 있다.

구로이타 가쓰미는 1925년 낙랑고분 발굴을 위해 조선총독부의 고적조사위원회와 교섭에 나섰다. 그의 신청안은 사학회가 발굴 주체가 되고, 재정 문제는 호소가와 모리타스 후작의 지원으로 해결한다는 것이었다. 그러나 조선총독부는 일개 학회가 조사를 하는 선례를 남기면 문제가 된다며 거절하고, 그 대신 도쿄제대 문학부가 고고학 연구를 위해 발굴하는 것으로 변경하여 승인해주었다. 당시 조선에서는 앞서 언급한 '낙랑열'로 고분 도굴이 빈발하였기 때문에 도쿄 제대의 발굴조사 허가에 부정적인 의견이 적지 않았지만, 상세한 보고서를 제출하고 유물의 처분은 총독부의 뜻에 따른다는 조건하에 타협이 이루어졌다. 이러한 결정에는 구로이타의 주도적인 역할이 있었던 것으로 보인다. 당시 구로이타는 도쿄제대 문학부 교수로 발굴 허가 신청기관의 당사자이자 발굴 허가 주체인 조선총독부 고적 조사위원회 위원이었다. 여러 가지 자료를 보면, 그는 두 가지 직위를 활용하여 발굴 허가를 취득하는 데 깊숙이 관여하였던 것으로 확인이 된다.

발굴 신청부터 허가까지의 전 과정이 어떻게 진행되었으며, 발굴을 허가하는 과정에서 어떠한 조건이 전제되었고 그 과정에서 고적 조사위원들이 어떤 역할을 했는지 더욱 구체적으로 살펴보자. 다행히 국립중앙박물관에 소장된 조선총독부박물관 문서에 도쿄제대 문학부의 낙랑고분 발굴과 관련된 것들이 있어 그 단서를 찾을 수 있었다. 이를 시간의 추이에 따라 정리하면 다음과 같이 복원할 수 있다.

먼저 1925년 9월 2일 도쿄제대 총장 고자이 요시나오(古在由直, 1864~1934)는 조선총독에게 「고분 발굴 건(古墳發掘ノ件)」(東京帝大庶第534號)이라는 제목의 공문을 보냈고, 9월 5일 조선총독부에서 접수하게 된다. 전문의 내용은 다음과 같다.[6]

이번에 우리 대학 문학부에서 고고학적 연구를 이루고 싶은 희망으로, 귀관 관할의 평안남도 대동군 평양 부근의 낙랑고분을 발굴하고자, 아래 조항에 따라 승인을 얻고자 하오니, 이에 살펴주시기 바랍니다.

1. 기간은 9월 중순부터 45일간 예정.

1. 발굴조사에 필요한 비용은 우리 대학의 부담으로 할 것.

1. 발굴에 관해서는 우리 대학 교수 무라가와 겐고와 구로이타 가쓰미 및 조교수 하라다 요시토로 하여금 감독시킬 것.

앞서 『낙랑』 서평에서 후지타 료사쿠가 언급한 내용을 상기해보면, 당초 낙랑고분의 발굴조사는 사학회가 추진하기로 되어 있었으나, 구로이타와 조선총독부의 교섭 과정에서 도쿄제대 문학부가 전면에 나서게 되었다. 그렇다면 도쿄제대 총장이 보낸 이 공문은 구로이타가 조선총독부에 사전 정지작업을 한 후에 보내진 공문임을 알 수 있다.

도쿄제대가 신청한 낙랑고분의 발굴조사를 심의하기 위하여 1925년 9월 9일 제22회 고적조사위원회가 개최되었다. 「낙랑군시대 고분 발굴조사에 관한 건(樂浪郡時代古墳發掘調査ニ關スル件)」이란 제목으로 상정된 의안에는 도쿄제대와 사전에 조율된 조선총독부의 의지가 잘 담겨져 있다.[7] 조선총독부가 작성한 의안에서는 도쿄제대가 신청한 발굴조사를 허가해주어도 되는 이유를 다음과 같이 제시하고 있다.

첫째, 2,000여 기에 달하는 낙랑고분을 전부 그리고 영구히 보존하는 것은 도저히 어렵다.

둘째, 우리나라(일본) 학술의 중심인 제국대학의 전문적인 연구를 통해 반도의 문화를 소개하여 학계에 도움을 주어야한다.

셋째, 일본 내지에서도 이런 종류의 고분 발굴을 대학에 허가한 전례가 있다. 1911~1915년 도쿄제대와 교토제대가 내무대신 및 궁

내대신의 허가를 얻어 미야자키(宮崎)현의 고분을 조사한 사례가 있다.

넷째, 신라와 백제 등 반도 민중과 직접 관련이 있는 고분이나 고적의 조사는 신중을 기해야하겠지만, 대동군에 있는 고분은 전부 낙랑군의 통치자인 한인(漢人)의 무덤이어서 반도 고유의 민중과는 관계가 없으므로 발굴조사가 민심에 영향을 미칠 리 만무하다.

다섯째, 조선총독부의 고적보존규칙과 고적조사위원회규정에는 고적조사위원이 참가하면 저촉되지 않는다.

모든 고분은 전부 그리고 영구히 보존할 수 없기 때문에 발굴 허가를 내주고, 제국주의의 식민지배 이데올로기를 대변하기 위한 제국대학에 각별한 배려를 한 점, 일본에서 있었던 대학의 발굴 허가 전례를 들고 있는 점, 낙랑고분이 한인(漢人)의 무덤이기 때문에 조선인들의 반발을 사지 않을 것이라는 점 등은 조선총독부가 유적의 보호보다는 도쿄제대에 발굴 허가를 내주기 위해 늘어놓은 강변으로 보인다. 조선총독부에서 들고 있는 이러한 허가 사유는 다음 절에서 살펴볼 바와 같이 다른 기관에 발굴을 불허하는 사유와 상반된다는 점에서 자기모순을 드러내게 된다.

발굴 허가에는 여섯 가지 조건이 붙어 있는데, 그 내용은 다음과 같다.[8]

1. 조사구역은 평안남도 대동군 및 원암면 내이며, 고분은 4기 이내로 함.
2. 조사 시에는 관할 도청 및 경찰서장과 상의한 후 착수하고, 또 반드시 조선총독부 고적조사위원을 참가시킬 것.

3. 조사 및 조사지의 손해 등에 관한 비용은 모두 도쿄제대의 부담으로 함.
4. 발굴 유적은 완전히 복구하고, 석표(石標)를 세워 조사 일시를 새길 것.
5. 발굴 유물은 조선총독부가 지정하는 것을 제외하고는 전부 도쿄제대가 완전히 보존하고, 자타의 연구 자료를 제공하며, 매각 또는 양도하지 말 것(중복되는 물건을 제외하고는 전부 총독부에서 지정하는 것으로 할 것).
6. 상세한 보고서를 조선총독부 고적조사위원회에 제출할 것.

조선총독부가 제시한 조건은 고적조사위원을 참가시켜 발굴을 해야하며, 비용은 도쿄제대 부담으로 하고, 발굴보고서를 제출한다는 것 등으로, 도쿄제대의 요구 조건을 거의 수용한 것으로 보인다. 그러나 제5조 발굴 유물의 처리에 대해서는 상당한 제약을 두었다. 즉 조선총독부가 중요하다고 판단하여 지정하는 것은 가지고 갈 수 없으며, 총독부가 지정하지 않은 그 이외의 나머지 유물만 가지고 갈 수 있다는 것이다. 그리고 괄호 속의 구절이 중요한 의미를 지니는데, 중복되는 물건을 제외하고는 전부 총독부에서 지정한 것으로 한다는 문장의 의미는, 유사한 유물이 여러 점 중복되어 출토된 유물만 도쿄제대에서 가지고 갈 수 있다는 것이다. 이 점에서 발굴조사는 허가하지만 발굴 유물의 유출 내지 이관은 엄격하게 제한을 가하고 있었다. 그러나 유물에 대한 이러한 제약은 여러 가지 면에서 제대로 지켜지지 않았는데, 다음 절에서 보다 자세히 살펴보도록 하겠다.
고적조사위원회에 부의한 결과, 경성에 있는 위원 17명 중 부재자 1명을 제외한 16명이 찬성하였고, 일본에 있는 위원 8명 중 4명이 별도의 이의 없이 원안에 찬성하여 통과되었다.[9] 경성에 있는 위원은 주로 조선총독부의 관원이다. 이 중 3명의 날인이 존재하지 않는다. 학무국장 이진호, 종교과장 겸 고적조사위원회 간사 유만겸, 박물관 주임 후지타 료사쿠 등 3인은 낙랑고분 발굴조사의 담당자 내지 담당과장, 담당국장이기 때문에 별도의 날인이나 의견서를 제출하지 않고도 찬성하는 것으로 간주하였다. 일본에 있는 위원 8명 중 4명이 찬성하였다고 문서에 기재되어 있는데, 도리이 류조는 의결에 불참하였고 이마니시 류, 이케우치 히로시, 야쓰이 세이이치는 추후에 의견서가 도착하였다는 기록이 있는 것으로 보아, 세키노 다다시, 하마다 고사쿠, 구로이타 가쓰미, 하라다 요시토 등 4명이 찬성한 것으로 파악된다. 앞서 발굴 허가 담당인 후지타 료사쿠와 이진호, 유만겸의 경우 별도의 날인 없이도 찬성으로 간주된 것처럼, 발굴조사를 신청한 당사자인 구로이타 가쓰미와 하라다 요시토는 날인이나 의견서 없이 찬성으로 파악되었다.

세키노 다다시와 하마다 고사쿠의 경우 별도의 의견서가 첨부되어 있는데, 이 의견서에 의하면 비록 도쿄제대 문학부의 발굴을 허가해주기는 하지만 그 과정이 순탄치 않았음을 엿볼 수 있게 해주어 당시의 분위기를 이해하는 데 도움을 준다. 세키노는 고분의 조사는 국가가 자체 기관을 세워 실행할 성격의 것이며, 개인 또는 다른 기관이 발굴을 하는 것은 변칙이라고 자기 입장을 분명히 밝히고 있다. 도쿄제대 문학부의 신청은 이번에 한하여 특별히 허가하고, 이후 총독부에서는 조속히 고분 조사 및 보호를 담당할 기관을 평양에 설치함으로써, 개인 또는 다른 기관에 일체의 발굴조사를 허가하지 않는 방침을 세우기를 바란다고 하였다. 그리고 조선총독부가 제시한 발굴 허가 조건 중 6항을 보완할 것도 세세히 기재하고 있다. "상세한 조사 보고서와 함께 아래의 도면, 사진을 조선총독부 고적조사위원회에 제출"하라는 것이다. 먼저 도면의 경우 ① 고분의 외형 실측도 및 종횡단면도, 평면도, ② 내부 구조를 볼 수 있는 상세 평면도, 종횡단면도, ③ 유물배치상세도, 기타 필요한 도면을 갖추고, 사진의 경우 ① 발굴 전, 발굴 중, 유물 출토 광경 등 사진, ② 유물의 사진을 제출하라고 하였다.[10]

하마다 고사쿠는 다음과 같은 의견을 표명하였다. ① 조선에서 고적의 발굴조사는 총독부 고적조사사업으로 하는 것이 원칙이다. ② 제국대학과 기타 학교에서 고고학 전문 교관을 주임으로 고분을 발굴조사하는 것에 한하여 특별히 허가하는 것은 가능하다. ③ 특별 허가를 받은 발굴의 경우 발굴품은 총독부의 소유로 하는 것이 원칙이다. ④ 다만 발굴품 중 중복 또는 기타의 이유로 발굴한 학교에 교부 또는 대여를 하는 것이 가능하다. ⑤ 특별히 허가를 받아 발굴한 경우 주임자가 발굴의 과정, 발굴품의 목록, 존재상태 등에 관한 상세한 보고를 조선총독부에 조속히 제출하여야 한다.[11]

세키노와 하마다는 모두 발굴조사는 총독부에서 직접 하는 것이 원칙임을 천명하고 있다. 이번 도쿄제대 문학부의 발굴 허가는 예외적인 차원에서 특별히 허가되는 것임을 밝히고 있는데, 이는 발굴 허가를 받기 위한 구로이타 가쓰미의 각별한 노력이 있었음을 시사한다. 앞서 언급한 바와 같이 고적조사위원 25명 중 경성의 위원 17명은 모두 조선총독부의 전현직 관료로 구성되어 있고, 일본의 위원 8명은 도쿄제대 교수 5명, 교토제대 교수 2명, 도쿄제대 출신 1명으로 구성되어 있었다. 이러한 의결 구조로 말미암아 구로이타 가쓰미의 도쿄제대 문학부 발굴 신청은 허가될 수밖에 없는 상황이었다.

발굴 허가 문서는 1925년 9월 18일 기안되어 9월 24일부로 도쿄 제대 총장 앞으로 발송되었다. 이미 허가를 예상하고 준비에 들어간 도쿄제대는 일사천리로 발굴 작업을 진행하였다. 9월 28일 고분의 선정 작업에 들어가, 9월 30일 발굴에 착수하고, 11월 5일 완료하였 던 것이다.

2. 1926년, 또 하나의 신청

도쿄제대 문학부의 석암리 205호분 발굴이 실시된 다음해인 1926년, 도쿄미술학교와 오사카마이니치(大阪每日)신문사가 공동으로 낙랑고분의 발굴 허가를 신청하였다. 이를 심의하기 위해 1926년 8월 2일 제25회 고적조사위원회가 열렸는데, 의안은 '낙랑군고분의 발굴을 각 학교 및 연구단체 등에 허가하는 것의 가부에 대한 자문(樂浪郡古墳ノ發掘ヲ各學校及研究團體等ニ許可スルコトノ可否ニ就キ諮問)' 이었다.[12] 「고적조사위원회규정」[총훈(總訓) 제29호, 다이쇼 5년 7월] 제5조에 의하면, 조선총독부는 고적 및 유물의 조사에 관한 사항을 심사하도록 되어 있다. 같은 규정 제6조에는 고적조사위원회가 필요하다고 인정되는 사항이나 조선총독의 자문과 관련된 사항에 관해서는 그 심사 결과에 이유를 덧붙인 의견서나 보고서를 위원장을 통해 조선총독에게 제출하도록 되어 있었다. 제25회 고적조사위원회가 낙랑고분의 발굴 허가를 심의하게 된 직접적인 계기는 도쿄미술

학교와 오사카마이니치신문사의 발굴 신청이었다. 하지만 조선총독부가 작성한 회의안을 살펴보면, 1925년 도쿄제대의 발굴이 허가된 이래 각종 학교, 연구단체 및 개인 등이 고분 발굴 허가를 요구함에 따라 발굴 허가 방침을 정리할 필요가 있었던 것으로 보인다.

제25회 고적조사위원회의 회의록에 의하면,[13] 회의는 오전 10시 20분부터 오후 1시 20분까지 조선총독부 소회의실에서 개최되었다. 도쿄제대와 경성제대 교수는 모두 불참하였는데, 1년에 여러 차례 열리는 고적조사위원회에 일본에 거주하는 위원들이 항상 출석하기는 어려웠을 것이다. 고적조사위원회가 대체로 조선총독부 중추원 참의나 총독부 고위 관리들로 채워지고, 학자로는 경성제대 교수인 오다 쇼고와 이마니시 류가 있었으나, 이날 회의에는 오다가 결석하여 이마니시 류만 출석하였다. 따라서 모든 논의는 조선총독부의 입장과 의도대로 진행되었다. 낙랑고분의 중요성과 도쿄제대 문학부의 발굴 경과에 대하여 간단히 설명하면서 발굴 허가 여부를 심의하지만, 결국에는 아래와 같은 이유를 들면서 부결하고 있다.

총독부는 발굴 불허의 이유로 먼저 발굴조사 과정의 기술적인 어려움을 들고 있다. 낙랑고분은 붉은 점토층에 있어서 경험 있는 사람이 아니면 조사가 아주 곤란하다는 것이다. 그래서 도쿄제대 문학부가 조사할 때에도 조선총독부에서 경험이 있는 사람이 지원을 했고, 만약 조사를 서툴게 하면 귀중한 칠기나 다른 유물이 모두 파괴되어 도굴과 다를 것이 없다는 것이다. 다음으로는 일본의 학교나 단체가 낙랑고분을 발굴하려는 목적이 칠기, 동기, 무기 등의 유물 입수인데, 유물 구입비를 투자하여 고분을 발굴하려는 행태를 보인다는 점을 지적하고 있다.

회의록의 발굴 허가와 관련된 주요 발언은 다음과 같다.

오가와 마사노리(小河正儀, 비서관): 발굴품을 목적으로 하는 것에는
　허가를 하지 않는 방침을 채택하는 것이 좋겠다.
이마니시 류(경성제대): 고분 발굴은 사람의 도리상 허가하는 것이 죄
　악 중의 큰 죄악이어서 그것을 허가하는 것은 고대를 조사연구하
　는 데 어쩔 수 없는 경우로 제한하고, 유물을 목적으로 발굴하는
　것은 절대 허가할 수 없다
오하라 도시다케(大原利武, 중추원 촉탁): 이전에 도쿄제대에 발굴을
　허가할 시점은 도굴이 성행하였기 때문에 조건부로 허가를 하였
　으나, 현재는 단속할 경관 주재소도 설치되었고 단속도 충분히 이
　루어져 달리 발굴을 허가하지 않기를 희망한다.
유맹(劉猛, 중추원 참의): 고분 발굴은 학술 연구상 어쩔 수 없는 경우
　로 제한하고, 기타 여하하게 희망하여도 절대 허가하지 않는 방침
　을 채택해야 한다.

대부분의 참석 위원들이 발굴 허가를 반대함에 따라, 고적위원장
인 정무총감 유아사 구라헤이는 다음과 같은 방침을 정하게 된다.

고분 조사는 조선총독부가 직접 하고, 다른 곳에는 허가하지 않는다
는 방침을 채택하고, 만약 연구상 특별히 허가할 필요가 인정되어 신
청하는 경우에는 결정하기 이전에 미리 고적조사위원회에 자문을
구하여 의견을 구한다.[14]

공식적인 문서에서는 위와 같이 원칙적인 대강에 대해서 명시하고 있지만, 결의안은 보다 구체적인 내용을 전해주고 있다. 7가지 결의 내용은 다음과 같다.[15]

1. 고적 및 명승, 천연기념물 등은 국가가 보존의 임무를 지고, 국가에서 연구 발표하는 것이 원칙이다. 여기서 생기는 연구 자료는 특별히 지정하는 연구단체 및 학교 등에 내려줄 수 있다.

2. 고분의 발굴은 매우 신중한 태도를 요한다. 각종 단체에서 서로 조사를 한다면 이유 여하를 막론하고 지방 민심에 영향을 미칠 우려가 있다. 씨성(氏姓)제도가 아주 중요한 반도의 고분에서 특히 그러하다고 생각한다.

3. 낙랑고분 발굴 희망자의 유일한 이유라고 할 매년 도굴에 의한 상실은, 1926년 3월부터 해당 고분군에 주재 분소를 설치하여 고분 단속을 맡겼기 때문에 앞으로는 걱정하지 않아도 된다.

4. 낙랑의 고분은 대동강면, 원암면, 남곤면에 총 수천 백여 기로 산정되고, 그중 완전하다고 인정되는 것은 40여 기에 불과하다. 그것을 경쟁적으로 발굴하면 수년이 지나지 않아 전부 상실된다. 마땅히 이에 대한 조사 방침을 세우고 연대, 구조, 형식을 학술적으로 질서정연하게 조사하여 소수의 완전한 유적을 가장 효과적으로 조사하고, 약 반수는 장래 연구를 위하여 보존의 책임을 질 필요가 있다.

5. 유물을 목적으로 하는 고분 조사는 가장 한심하고, 지방 민심에 주는 영향도 있을 뿐 아니라 고분의 구조 등 조사에 등한하여 조사도 한결같지 않아 학술적 연구를 결하고 나빠지게 된다.

6. 다이쇼 15년도부터 본부 고적조사위원회에서 완전한 분포도를 작성하고, 고분 대장을 작성하여 기굴(旣掘), 미굴(未掘), 대소, 내용 등의 특징을 기록하여 장래 조사 계획을 세우고 본위원회에도 이 고분군 전부의 등록을 제안한다. 일찍이 다이쇼 5년 이래 조사 결과는 계속 보고서 및 도판으로 간행되고, 칠기 기타의 귀중품은 전문가에게 맡겨 완전한 모사를 제작하고 수리를 하여 보존할 것을 계획하여, 감히 다른 조사를 할 필요성이 인정되지 않는다. 다만 경비 관계상 이상(理想)의 십분의 일에 달할 수 없는 것이 유감스럽다.

7. 지난번 핫토리(服部) 경성제국대학 총장이 발의한 대지문화사업(對支文化事業)에서 10개년 계속 십오만 엔을 지출하여 평양에 연구소를 설치하고, 낙랑유적 조사를 전문적으로 할 계획을 세웠다. 경비지출 등은 대지문화사업위원회 및 외무성의 승인을 얻을 것이기 때문에, 공연히 대지문화사업위원회로부터 신청을 한 다음 적당한 조건으로 조직, 조사법 기타 방침이 결정되고 적당하다고 인정되는 때는 전문적으로 그것을 조사할 생각이 있기 때문에, 감히 개개 발굴조사 기타는 필요하다고 생각되지 않는다.

3. 남겨진 유물과 과제

앞서 도쿄제대 문학부의 발굴을 허가한 제22회 고적위원회와, 도쿄미술학교와 오사카마이니치신문사의 발굴 신청을 불허한 제25회 고적위원회의 논의 내용과 결과를 비교하면, 일제강점기 고적조사위원회가 자기모순에 빠져 있다는 사실을 확인할 수 있다. 전자에서는 2,000여 기에 달하는 낙랑고분을 전부 영구히 보존하기 어렵기 때문에 발굴을 허가해준다고 하다가, 후자에서는 40여 기밖에 남지 않았기 때문에 무분별한 발굴 허가가 어렵다는 것이다. 낙랑고분은 한인(漢人)들의 무덤이므로 조선인들의 민심과는 무관하다더니 조선에서 고분을 발굴하는 것은 죄악 중의 가장 큰 죄악이라고 주장하고 있다. 일본에서 제국대학이 발굴한 전례를 강조하다가, 국가가 유적을 보존하고 연구 발표해야 하는 임무가 있다고 하며, 조선 고적조사위원이 참가하면 규정상으로 문제가 없다고 하다가 후자에서는 언급조차 하지 않고 있다. 도쿄제대에 대하여 발굴을 허가한 조선총독부 고적조사위원회의 단 한 번의 예외는 자신들의 원칙에 어긋났을 뿐 아니라, 1년도 채 못 되어 동일한 고적위원회에서 번복을 하지 않을 수 없었다.

　도쿄제대 문학부의 1925년 발굴은 유물의 향방에도 오점을 남겼다. 발굴이 끝난 직후 유물은 도쿄로 운반되어 도교제대 문학부 고고학연구실에서 정리되었으며, 1930년 발굴보고서가 정식으로 간행되었다.[16] 도쿄제대 문학부에는 간토대지진 후 공간이 협소하여 정리할 장소가 없었기 때문에 도요분코(東洋文庫)의 도움으로 방을 빌려서 정리 작업을 마쳤다. 도요분코에 있는 동안 일본 천황이 직접 와서 유물을 보았고, 스웨덴 왕세자가 방문하기도 하였다.[17] 유물 중 칠기 문양의 모사는 도쿄미술학교 강사 오바 쓰네키치, 일부 칠기의 수리는 도쿄미술학교 교수 롯가쿠 시스이(六角紫水, 1867~1950)가 담당하였다. 유물의 분석에는 많은 자연과학자들이 참여하였는데, 목곽의 목재 분석은 도쿄제대 농학부 가네시 주조(兼次忠藏), 거울함

[鏡奩] 내 남아 있던 화장 재료 등은 이학부 생화학교실 소우다 도쿠로(左右田德郎)와 상해자연과학연구소(上海自然科學研究所) 나카오 만조(中尾万三), 곽내 남아 있던 백화수피제[白樺製] 그릇 및 과일 씨[果核]는 이학부 식물학교실 나카이 다케노신(中井孟之進), 관내에서 발견된 비단[絹布]과 거울 끈[鏡紐帶]은 도쿄공업대학 방직과 오타 긴지(太田勤治)·나카하라 도라오(中原虎男), 인골 치아와 모발은 교토제대 기요노 겐지(淸野謙次) 등 당대 학계의 역량이 총동원되었다.

1930년 정식 보고서가 발간된 이후에도 오늘에 이르기까지 발굴 유물은 도쿄제대 문학부에 그대로 보관되어 있다. 그렇다면 어떤 경위로 유물이 일본으로 건너가게 되었는지 살펴보자. 먼저, 제22회 고적조사위원회의 회의안에 따르면, 발굴 유물 중 조선총독부가 지정하지 않은 유물의 경우에만 도쿄제대에서 연구자료로 보관할 수 있으며, 매각 또는 양도하지 못하는 것으로 명시하고 있다. 그런데 동종의 물건이 다수 출토된 경우를 제외하고는 모두 지정하도록 되어 있다. 이에 따라 조선총독부의 문서(宗 제126호)에서는 "발굴 유물의 지정과 관련하여, 중복품을 제외하고는 총독부에서 지정한다는 방침을 세우도록"이라고 되어 있다. 즉 발굴된 유물 중에서 중복되는 유물만 도쿄제대로 양도될 수 있음을 명시한 구절이라고 하겠다. 그러나 발굴 직후 모든 유물은 정리를 명분으로 도쿄제대로 옮겨졌기 때문에, 중복 유물의 파악을 토대로 한 이관 유물의 선정 작업 등은 이루어질 수 없었다. 당초 허가 조건대로라면 발굴 유물 중 복수로 출토된 유물만 도쿄제대로 이관되어야 하며, 중복 출토되지 않은 대부분의 유물은 조선총독부에 귀속되어야 했던 것이다.

유물의 귀속 건에 관해서는 당시 조선총독부에서도 문제를 제기

하고 있다. 석암리 205호분이 발굴된 다음해인 1925년 제25회 고적
조사위원회 회의 서두에, 도쿄제대에서 조사한 낙랑의 유물은 언제
총독부로 제출되느냐는 오가와 마사노리(小河正儀) 비서관의 질문에
대해 실무를 맡은 후지타 료사쿠는 지금 도쿄제대에서 정리 작업이
진행 중이기 때문에 정리를 끝내는 대로 제출할 것이라고 답하고 있
다.[18] 발굴 직후 유물을 제대로 파악하지 않은 상태에서 조선총독부
와의 협의 과정을 충분히 거치지 않고 유물을 모두 도쿄제대로 옮겼
음을 말해주는 것이라 하겠다.

제25회 고적조사위원회에 상정된 도쿄미술학교와 오사카마이니
치신문사의 발굴 허가를 반대하면서 고적조사위원 이마니시 류는
「낙랑고분의 발굴을 미술학교에 허가해야 하는지에 대한 답변(樂浪
古墳ノ發掘ヲ美術學校ニ許可スベキ否ヤニ對スル答)」이라는 4쪽에 달하는
장문의 의견서를 제출하였다. 여기에는 다음과 같은 구절이 있다.

작년 도쿄제대가 낙랑고분의 발굴을 신청하여 여러 가지 조건하에
특별히 허가하였다. 총독부는 총독부의 발굴사업을 도쿄제대에 위
촉한 것일 뿐이다. 그러나 금일에 이르러 그 조건이 이행된 것을 하
나도 보지 못했다. 특별히 허가한 것이 상례의 허가라고 생각하여 이
번에는 미술학교에서 신청한 것 같다.[19]

이처럼 도쿄제대에 조건부로 특별히 발굴을 허가하였음에도 불
구하고, 당시 제시한 조건이 제대로 이행되지 않았다고 불만스럽게
언급하고 있다. 도쿄제대가 이행하지 못한 조건이란 발굴 허가 공문
에서 명시한 여섯 가지 조건 중 5번과 6번을 언급하는 것으로 보인

다. 5번 조건은 유물의 이관에 관한 것이고, 6번 조건은 보고서의 제출과 관련된 것이다. 석암리 205호분 발굴 이후 도쿄제대의 일련의 조치가 조선총독부 고적조사위원들에게조차도 신뢰를 주지 못했는데, 특히 발굴 유물의 향방이 문제가 되었던 것 같다.

도쿄제대의 발굴을 직접 주도한 구로이타 가쓰미는 발굴 후 유물의 귀속에 대한 주목에 부담을 느꼈던지, 발굴이 종료된 직후인 1925년 11월 25일자 『경성일보(京城日報)』와의 인터뷰에서 다음과 같이 말하고 있다.

우리들은 골동적인 의미로 발굴한 것이 아니고 연구를 위하여 발굴한 것으로, 보존이라는 것은 연구를 위하여만 의의가 있는 것이니, 보존이라는 것은 깊이 생각하고 있지 않다. 따라서 대학에 가지고 가서 연구만 끝나면, 현재처럼 도쿄제대나 경성, 기타 민간에 분산되어 있는 것은 좋지 않으므로, 평양에 박물관만 되면 언제 어느 때라도 돌려보낼 생각이다.

발굴 허가를 맡은 조선총독부 고적조사위원회의 결정이나, 발굴을 추진한 주체인 구로이타 가쓰미의 언급에도 불구하고, 도쿄제대 문학부가 발굴한 석암리 205호분의 발굴 유물은 발굴 직후 보고서 출간을 위한 유물 정리를 명분으로 일본 도쿄제대로 반출되었으며, 또 1930년 보고서가 발간되었음에도 불구하고 오늘날까지 그대로 있다.

9장
조선고적연구회의 설립과 활동

1915년 개관한 총독부박물관은 종래 내무부 제1과에서 맡았던 고적조사와 편집과(編輯課)에서 담당했던 사료조사사업을 통괄하였다. 1916년 7월 「고적 및 유물보존규칙(古蹟及遺物保存規則)」의 발포와 함께 설치된 고적조사위원회의 사무도 박물관에서 맡았는데, 이는 박물관과 문화재 관리의 일원적 통합이라는 기조에 따른 것이었다. 1921년 학무국에 고적조사과가 신설되면서 식민지 고적조사가 활성화되었으나, 1924년 말에는 긴축 재정과 행정 정리에 따라 고적조사과가 폐지되어 1925년 이후에는 적극적인 사업을 거의 할 수 없는 상황에 이르게 되었음은 앞서 서술한 바 있다.

이러한 상황을 맞아 식민지 조선의 고적조사사업을 지원하기 위하여 1931년 설립된 것이 바로 조선고적연구회(朝鮮古蹟研究會)이다. 도쿄제대 교수 구로이타 가쓰미가 주도하여 만든 이 단체는, 일본에서 기부금 및 기타 자금을 모금하여 당시 조선총독부가 감당하지 못하고 있던 '고적조사'를 지원하는 외곽 단체였다. 1931년 이후 1945년까지 식민지 조선에서 총독부를 대신하여 대다수의 고고학 조사를 주도하였다고 해도 과언이 아니다. 조선고적연구회는 어떤 과정을 거쳐 설립되었으며, 그 성격은 무엇인지 살펴보도록 하겠다.

1. 조선고적연구회의 설립 과정

조선고적연구회의 설립에 대해서는 그간 구로이타 가쓰미가 주도했다는 사실 이외에는 자세한 내용이 알려져 있지 않았다. 이번에 조선총독부박물관 문서 속에 포함된 비망록 성격의 메모를 통해 조선고적연구회의 설립 과정을 상세히 알 수 있게 되었다.[1] 이 메모는 「조선고적연구회 설립 경과(朝鮮古蹟硏究會設立ノ經過)」라는 제목하에 1931년 4월 1일부터 9월 1일까지 5개월간 설립 과정이 일자별로 꼼꼼하게 기록되어 있다. 세로로 붉은 괘선(罫線)이 있고 사용처인 '조선총독부(朝鮮總督府)'가 하단에 찍혀 있는 12행 반절 미농지(美濃紙)에 작성되어 있는데, 전체 분량은 6매이다(〈그림 9-1〉 참조).

필체 및 기술된 내용으로 보아, 총독부박물관과 고적조사의 실무를 총괄하고 있던 후지타 료사쿠가 작성한 비망록 성격의 문건으로 보인다. 조선고적연구회가 설립된 1931년은 후지타가 경성제대 조교수이면서 총독부박물관 주임을 겸하던 시기였다.

그렇다면 이 메모의 작성 시기는 정확히 언제일까? 결론적으로 말하면 1931년 9월 초로 추정된다. 왜냐하면 이 메모에는 마지막으

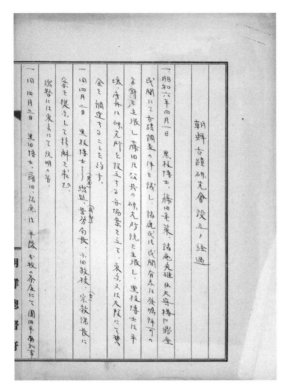

그림 9-1. 「조선고적연구회 설립 경과」 문서

조선고적연구회를 설립하는 데 실무 작업을 한 후지타 료사쿠의 비망록 메모로, 총독부박물관
문서 F068-016-011의 일부이다.

출처: 국립중앙박물관.

로 9월 1일 미쓰비시(三菱) 합자회사 아오키 기쿠오(靑木菊雄, 1867~
1949)로부터 편지를 받은 사실까지만 기재되어 있는데, 조선총독부
박물관 문서로 현존하는, 9월 5일 「이와사키(岩崎) 찬조금 예산안 작
성(岩崎 贊助金 豫算案 作成)」, 9월 7일 「경주평양연구소 사무촉탁 의뢰
(慶州平壤研究所 事務囑託 依賴)」, 9월 9일 「이와사키 남작에 대한 서한
안(岩崎男爵二對スル書翰案)」 등의 내용은 기록되어 있지 않기 때문

이다.

후지타의 메모 기록을 시간순에 따라 정리하면 〈표 9-1〉과 같다. 이 기록에서도 알 수 있듯이 조선고적연구회의 설립에 주도적인 역할을 한 것은 구로이타 가쓰미였는데, 이는 다른 관계자들의 증언과도 일치한다.

구로이타 가쓰미는 일본 고문서학(古文書學)의 체계를 수립하고 문화재의 보존과 조사에 지대한 역할을 한 도쿄제대 교수로, 일본 역사학계의 거물이다.[2] 앞서도 여러 차례 언급한 바와 같이, 1915년부터 한반도의 고적조사에 관여하기 시작하여, 1916년 고적조사위원회를 발족하는 데 중심적인 역할을 했다. 1922년 조선총독부 정무총감으로 취임한 아리요시 주이치(有吉忠一, 1873~1947)와는 대학 동창이어서 조선사 편수작업을 진두지휘하기도 하였다. 구로이타는 이미 『조선반도사』의 구체적인 사업계획의 입안과 집필자 선정 등 편찬 과정에 관여한 경험이 있었으며, 자금 조달을 포함하여 조선고적연구회의 설립과 운영을 총괄하였다.[3] 조선고적연구회의 설립에 대해서 전체적인 기획과 조정은 구로이타가 맡았고, 조선총독부 내부를 중심으로 한 실무 진행은 후지타 료사쿠가 맡았던 것으로 보인다.

후지타의 메모에 의하면, 조선고적연구회의 설립 과정은 대체로 네 단계로 구분할 수 있다. 먼저, 첫째 단계는 설립에 대한 논의가 진행되던 시기이다. 조선고적연구회의 설립 논의가 개시된 것은 1931년 4월 1일로 되어 있다. 최초 발의자는 구로이타 가쓰미와 후지타 료사쿠, 총독부박물관 경주분관 촉탁 모로가 히데오 세 사람이었다. 당시 조선총독부의 긴축 재정으로 인해 고적조사에 어려움을 겪고 있었기 때문에 민간이 고적조사에 참여하는 문제를 의논한 것이다.

표 9-1. 조선고적연구회 설립의 경과(1931년)

일시	내용	장소
4월 1일	- 구로이타 가쓰미(黑板勝美), 후지타 료사쿠(藤田亮策), 모로가 히데오(諸鹿央雄)는 민간에서 고적조사의 문제를 의논.	천진루(泉眞樓)
4월 2일	- 구로이타는 고다마(兒玉) 총감, 다케베 긴이치(武部欽一) 학무국장, 오다 쇼고(小田省吾) 교수, 이창근(李昌根) 종교과장에 안을 제시하고 양해를 구함. 총독에게는 도쿄에서 설명할 것을 약속.	서울
4월 3일	- 구로이타, 후지타, 모로가는 소노타(園田) 평남지사, 후지와라 기조(藤原喜藏) 평남 내무부장, 오시마 요시오(大島良士) 부윤, 하리가이 리헤이(針替理平) 도서관장, 도미타 신지(富田晋二), 하시즈메 요시키(橋都芳樹), 기타 평양 민간유지와 회합하고 설명.	평양 오마키노 다실 (お牧の 茶室)
4월 5일	- 구로이타는 대구에서 하야시(林) 경북지사에게 동의를 구함.	대구
5월 ?일	- 고다마 총감의 독촉으로 학무국장실에서 학무과장, 종교과장, 오다 교수가 모여 총독부의 안을 만들고, 학무국장이 구로이타에게 의견을 내다.	
6월 4일	- 구로이타와 학무국장이 불러서, 후지타 박물관주임이 도쿄로 가다.	
6월 7일	- 구로이타, 다케베 학무국장이 4개 항 협의.	일본 도쿄-조선총독부 도쿄출장소
6월 11일	- 후지타는 하라다(原田) 도쿄제대 조교수, 오시마 요시나가(大島義脩) 제실박물관 총장, 제실박물관 사무관과 협의하고 충분한 찬동을 얻다.	일본 도쿄
6월 15일	- 교토제대 문학부장 하마다 고사쿠(濱田耕作) 박사, 우메하라 스에지(梅原末治) 강사와 협의. 본회 성립 문제, 연구원 선정 문제에 이해를 구하다.	
7월 18일	- 구로이타는 후지타에게 편지.	
7월 22일	- 다케베 전 학무국장은 우시지마(牛島) 학무국장에게 편지.	
7월 25일	- 구로이타는 우시지마 학무국장에게 편지.	

일시	내용	장소
7월 31일	– 우시지마 학무국장 명의로 다케베 전 국장에게, 종교과장은 구로이타에게 답장. 회(會)의 기초안을 제시.	
8월 9일	– 구로이타는 이(李) 종교과장 앞으로 제안된 회칙안에 이의의 뜻을 편지.	
8월 15일	– 오다 교수, 이마니시(今西) 박사, 스에마쓰(末松), 아유가이(鮎貝), 종교과장, 후지타 주임이 의견을 교환하고 서로 협의.	
8월 24일	– 정무총감의 승낙을 받고 회칙을 결정, 본회 성립.	
8월 25일	– 구로이타가 서울에 오다. 학무국장, 정무총감과 협의.	
8월 26일	– 평의원을 촉탁하는 의뢰장을 발송.	
8월 27일	– 구로이타가 후지와라 내무부장, 오시마 부윤 등에게 회(會)의 성립과 협조를 바람.	평양
8월 28일	– 고적조사위원회에서 본회 사업안을 승인. 이와사키(岩崎) 가(家)에서 기부하는 문제. 이사장 및 구로이타의 편지 발송.	서울
8월 29일	– 구로이타가 서울을 떠나다.	
8월 30일	– 구로이타가 경주연구소 조사예정지를 예비조사.	경주
9월 1일	– 미쓰비시(三菱) 합자회사 아오키 기쿠오(靑木菊雄)로부터 편지. 6,000엔을 경성출장소에서 지불할 뜻 알림.	
9월 5일	– 이와사키 찬조금 예산안 작성.	문서 F068-009
9월 7일	– 경주, 평양연구소 사무촉탁 의뢰: 주재 연구원의 조사에 협조 및 지도(평양 하리가이 리헤이針替理平, 도리카이 이코마鳥飼生駒, 경주 모로가 히데오, 오사카 긴타로大坂金太郎).	문서 F068-004-001
9월 9일	– 이와사키 남작에 대한 서한안.	문서 F068-004-002

* 4월 1일에서 9월 1일까지 내용은 조선총독부박물관 문서 「조선고적연구회 설립 경과」에 의거하여 작성. 9월 5일에서 9월 9일까지 내용은 여타 조선총독부박물관 문서에 의거하여 작성.

논의 과정에서 모로가 히데오는 민간의 유지에게 발굴을 허가하는 방안을 제시하였고,[4] 후지타 료사쿠는 공공연구소를 설립할 것을 주장하였다. 이에 구로이타는 타협안으로 민간의 자금을 끌어와 평양과 경주에 연구소를 설립하는 안(案)을 내었는데, 찬조금은 일본 도쿄나 오사카에서 조달하는 것으로 계획하였다.

1916년 7월 반포된 조선총독부 부령 제52호 「고적 및 유물보존 규칙」[5]과 조선총독부 훈령 제30호 「고적 및 유물에 관한 건」[6]에 의하면, 유적은 발견 즉시 경찰서장을 거쳐 조선총독부에 보고해야 하고, 발굴조사처럼 현상을 변경하는 경우에는 조선총독의 인가를 받도록 되어 있다. 조선총독부의 발굴조사 독점이라는 정책 기조상 민간에 발굴조사를 허가하자는 모로가의 안은 받아들여질 수 없었으며, 조선총독부의 재정 여건상 공공연구소의 설립도 어려운 상황이었다. 따라서 구로이타는 자금은 민간에서 끌어오되, 조선총독부의 관변 단체를 설립하는 방안을 타협안으로 제시한 것이다.

구로이타는 관변단체의 틀을 갖춘 민간연구회를 설립하기 위하여, 조선총독부와 경주, 평양의 지역 인사 등 세 방면으로 접촉하기 시작하였다. 먼저, 4월 2일 조선총독부 고다마 히데오 정무총감과 다케베 긴이치(武部欽一) 학무국장, 이창근(李昌根) 종교과장, 오다 쇼고 경성제대 교수를 만나 연구회 설립안을 제시하였다. 총독에게는 구로이타가 도쿄로 가서 직접 설명하기로 하였다. 4월 3일에는 구로이타와 후지타, 모로가는 평양으로 가서 소노타 히로시(園田寬) 평남지사, 후지와라 기조(藤原喜藏) 평남 내무부장, 오시마 요시오(大島良士) 평양부윤 등 평양지역 유력 인사와, 하리가이 리헤이(針替理平) 평양 부도서관장, 도미타 신지(富田晋二), 하시즈메 요시키(橋都芳樹) 등 지역 유지들과 회합을 가지고 평양연구소 설립에 대하여 설명하였다. 4월 5일에는 대구로 가서 하야시 시게키(林茂樹) 경북지사를 만나고 연구소 설립에 대한 동의를 구하였다. 비록 민간 자본으로 연구소가 설립된다고 하더라고, 발굴조사를 위한 허가권이 조선총독부에 있었으므로 조선총독부와의 긴밀한 협의가 선행되어야 했다. 아울러 평양의 낙랑유적과 경주의 신라유적을 중점적으로 발굴할 의도를 가지고 출발하였기 때문에, 고분 발굴에 대한 지역 여론을 무마하기 위해서는 평양과 경주 관할의 관료와 지역 유지의 협조가 필요하여 이 같은 사전 협의를 진행하였던 것으로 보인다.

두 번째는 구로이타의 제안을 받은 조선총독부에서 연구소 설립 계획을 수립하여 그와 협의를 진행하던 단계이다. 5월 중에 고다마 정무총감의 독촉으로 학무과장, 종교과장, 오다 쇼고 경성제대 교수가 총독부의 안을 만들었고, 6월 4일 후지타가 일본으로 건너가 구로이타와 다케베 학무국장과 함께 협의하였다. 6월 7일 조선총독부 도쿄출장소에서 구로이타, 다케베 학무국장, 후지타는 다음 네 가지 사항에 대하여 합의하였다. 첫째, 간단한 연구회를 세워 법인으로 만들고, 사업은 조선총독부의 허가를 구할 것. 둘째, 유지의 기부금은 때가 때이니만큼 1만 엔은 곤란하고, 최소 4,000엔으로 정하고 사업 진행에 차질이 없도록 할 것. 셋째, 연구원은 도쿄로 제한하지 말고 교토에서도 선정하고, 하마다 박사와 협의할 것. 넷째, 관계 평의원의 구성에 미쓰이 · 미쓰비시의 대표, 두 신문사 사장, 도쿄미술학교장, 호소가와 모리타스를 포함시킬 것.

상기 합의를 바탕으로, 구로이타와 후지타는 도쿄와 교토 양쪽으로 접촉을 시도하였다. 먼저 도쿄에서는 하라다 요시토 도쿄제대 교수, 오시마 요시나가(大島義脩, 1871~1935) 도쿄제실박물관 총장 및 제실박물관 사무관과 협의를 하고 찬동을 이끌어냈다. 하라다는 도쿄제대의 유일한 고고학 전공 교수이자 조선총독부 고적조사위원이었으므로, 연구원 인선뿐 아니라 향후 발굴과 관련한 제반 사항에 대하여 협의를 하였을 것이다. 하지만 도쿄제실박물관 측과의 갑작스러운 접촉은 선뜻 이해가 가지 않는 측면이 있다. 이 부분은 재정 문제와 관련된 것인데, 다음 장에서 살펴보겠다. 교토에서는 교토제대 하마다 고사쿠, 우메하라 스에지와 연구회 설립 및 연구원의 선정 문제에 대하여 이해를 구한 것으로 되어 있다. 하마다는 일본 고고학의 거물인 동시에 우메하라와 함께 고적조사위원이었으며, 실제 교토제대는 도쿄제대와 함께 한반도의 고적조사에서 중요한 한 축을 형성하고 있었기 때문에 이들의 협조가 필요하였던 것이다. 뒤에 교토제대 측에서는 경주연구소 연구원으로 아리미쓰 교이치를 추천하게 된다.

세 번째 단계는 7월부터 8월 사이로 연구회의 설립 작업이 난항을 보이던 시기이다. 6월 17일 조선총독부 총독이 사이토 마코토(齋藤實)에서 우가키 가즈시게(宇垣一成)로 바뀌었고, 6월 19일에는 정무총감이 고다마 히데오에서 이마이다 기요노리(今井田淸德)로 교체되었는데, 이 과정에서 주무 국장이었던 학무국장이 다케베 긴이치에서 우시지마 쇼조(牛島省三)로 바뀌게 되었다. 총독부 상층부의 대폭적인 인사이동으로 해당 관료들이 교체됨에 따라 7월 한 달은 교착상태에 빠졌던 것으로 보인다. 도쿄에 머무르고 있던 구로이타는 인사이동이 어느 정도 마무리된 이후에야 서울의 후지타 및 전임 다케베 학무국장과 후임 우시지마 학무국장과 계속 서신교환을 하면서 막후 조정을 하였던 것으로 메모는 전하고 있다.

그리고 7월 31일 총독부의 학무국장과 종교과장이 조선고적연구회의 기초 안을 구로이타에게 제시하였다. 구로이타는 그중 회칙 안에 대해 강력히 이의를 제기하였다. 이에 조선총독부 측에서는 오다 쇼고, 이마니시 류, 스에마쓰 야스카즈(末松保和), 아유가이 후사노신, 종교과장, 후지타 료사쿠 등이 모임을 갖게 되는데, 구로이타가 제기한 사안을 조정하였던 것으로 추정된다. 구로이타는 조선고적연구회의 회칙 중 임원의 구성과 관련하여 문제를 제기하였던 것으로 보인다.

네 번째는 8월 24일 정무총감의 최종 승낙으로 회칙을 결정함에 따라, 마침내 조선고적연구회가 성립하는 단계이다. 8월 25일 구로이타는 일본에서 서울로 와 정무총감과 학무국장을 만났으며, 조선총독부에서는 평의원을 위촉하는 문서를 보냈다. 8월 28일 조선고적위원회가 조선고적연구회의 사업안을 승인함으로써 설립 절차는 마무리된다. 한편 구로이타는 8월 27일 평양으로 가서 후지하라 평남 내무부장, 오시마 평양부윤 등에게 조선고적연구회의 설립을 다시 설명하고 협조를 구하였으며, 8월 30일에는 경주연구소의 조사 예정지를 둘러보기도 하였다. 9월 1일에는 미쓰비시 합자회사 아오키 기쿠오로부터 6,000엔을 경성출장소에서 지불하겠다는 통보를 받음으로써 1931년 설립 첫해의 재정 문제도 무난히 해결하게 되었다.

후지타의 메모에는 드러나지 않지만, 국립중앙박물관에 현존하는 다른 조선총독부박물관 문서에 의하면, 9월 5일 찬조금에 대한 예산안을 작성하였고(「岩崎 찬조금 예산안 작성」), 9월 7일에는 경주와 평양연구소에 주재하는 연구원의 조사에 협조하도록 해당 지역 인사인 평양의 하리가이 리헤이, 도리카이 이쿠마, 그리고 경주의 모로가 히데오, 오사카 긴타로를 사무촉탁으로 임명하고(「경주·평양연구소 사무촉탁 의뢰」), 9월 9일에는 이와사키 남작에게 감사 편지(「이와사키 남작에 대한 서한안」)를 발송하는 등 후속 조치를 취하게 된다.

이상으로 1931년 4월부터 9월 사이에 이루어진 조선고적연구회의 설립 과정을 후지타 료사쿠가 작성한 메모를 중심으로 재구성해 보았다.

2. 조직과 운영

조선고적연구회의 조직은 어떻게 구성되었으며, 어떤 방식으로 운영되었을까. 조직과 운영에 관한 기본적인 사항은 1931년 설립 당시 제정된 「조선고적연구회 회칙」에 명시되어 있다. 아래 인용문은 조선고적연구회의 회칙 전문이다.

조선고적연구회 회칙(1931년)[7]

제1조 본회는 조선고적연구회로 칭한다.
제2조 본회는 평양 및 경주를 중심으로 한 고분을 연구하여, 조선 문화의 발양을 도모하는 것을 목적으로 한다.
제3조 본회의 사무소는 조선총독부박물관 내에 둔다.
제4조 본회의 경비는 본회의 사업을 찬조하는 유지의 기부금으로 이를 충당한다.

제5조 본회의 사업연도는 정부의 회계 연도에 의한다.

제6조 본회의 사업계획은 이에 소요되는 예산과 함께 매년도 개시
전, 평의원회의 의결을 거쳐서 정하고, 사업 실시의 성과는 연도
경과 후 2개월 이내에 이를 평의원회에 보고하여야 한다.

제7조 본회에 아래의 직원을 둔다. 이사 5명, 감사 2명, 평의원 약간
명, 간사 2명. 이사 중 한 명을 이사장으로 하고, 조선총독부 정무
총감의 직에 재임하는 자로 추대한다. 이사장 이외의 이사, 감사
및 평의원, 간사는 이사장이 이를 선임한다.

제8조 이사장은 업무를 총리(總理)하고, 본회를 대표한다. 이사장이
유고 시에는 이사장이 지명한 이사가 그 직무를 대리한다. 이사는
이사장을 보좌하고 업무 수행의 책임을 진다. 감사는 본회의 회계
및 재정 상황을 감사한다. 간사는 이사장의 명을 받아 서무를 처리
한다.

제9조 평의원회는 이사 및 평의원으로 이를 조직하여, 본회에 관한
중요한 사항을 의결한다. 평의원회는 필요에 따라 이사장이 이를
소집하고 그 의장이 된다.

제10조 본회의 사업 수행에 의해 수집된 유물은 법령에 의해 국고에
귀속시켜야 하는 것을 제외하고는 평의원회의 결의에 따라서 그
것을 처분한다.

제11조 본회의 사업 시행에 관하여 필요한 세칙은 평의원회의 결의
를 거쳐서 이사장이 이를 정한다.

조선고적연구회의 조직 구성부터 살펴보자. 조선고적연구회는
이사 5명, 감사 2명, 평의원 약간 명, 간사 2명으로 구성되는데, 이사
장은 이사 중에서 추대된다. 이사장은 조선총독부 정무총감이 당연

직으로 맡았으며, 이사, 감사 및 평의원, 간사는 이사장에 의해 선임
되었다. 이 중 중요한 자리는 이사와 평의원이었다. 이사는 이사장을
보좌하고 연구회의 제반 업무를 수행하는 책임을 지며, 평의원은 중
요 사항을 의결하는 의결 기구의 성격을 띠었다. 그렇다면 조선고적
연구회의 임원은 어떤 인물들로 구성되었을까?

설립 당초 이사장은 정무총감 이마이다 기요노리라는 데 대해서
는 일치하지만, 이사와 평의원 명단에는 약간의 혼동이 있었다. 후지
타는 구로이타 가쓰미, 오다 쇼고, 하마다 고사쿠, 아유가이 후사노
신, 이케우치 히로시, 우메하라 스에지와 학무국장이 '이사(理事)'라
고 하였지만, 사카즈메 히데이치(坂詰秀一)는 이들을 '평의원(評議員)'
으로 지칭하고 있다.[8] 이번에 확인된 조선총독부박물관 문서를 통해
1931년 조선고적연구회의 초대 임원을 정확히 파악할 수 있게 되었
다. 이를 정리한 것이 〈표 9-2〉이다.

조선고적연구회의 초대 이사장은 이마이다 기요노리 정무총감이
었고, 이사진은 학무국장 우시지마 쇼조, 도쿄제대 구로이타 가쓰미,
교토제대 하마다 고사쿠, 경성제대 오다 쇼고로 구성되었다. 초대 평
의원을 살펴보면 경성제대 이마니시 류, 이왕직 사무관 스에마쓰 구
마히코, 아유가이 후사노신, 중추원 촉탁 오하라 도시다케(大原利武),
도쿄제대 세키노 다다시, 도쿄제대 하라다 요시토, 도쿄제대 이케우
치 히로시, 회계과장 기쿠야마 요시오(菊山嘉男), 문서과장 하기와라
히코조(萩原彦三), 평남지사 소노타 히로시, 경북지사 하야시 시게키,
조선식산은행 기사(技師) 나카무라 마코토(中村誠), 도쿄제실박물관
총장 오시마 요시나가, 도쿄미술학교장 마사키 나오히코(正木直彦),
교토제대 나이토 도라지로(內藤虎次郎), 미쓰이물산 경성지점장 스미

표 9-2. 조선고적연구회의 임원 구성(1931~1932년)

직책	조선총독부 초안	1931년	1932년
이사장	정무총감	정무총감 이마이다 기요노리(今井田清德)	정무총감 이마이다 기요노리
이사	학무국장 종교과장 박물관장	학무국장 우시지마 쇼조(牛島省三) 도쿄제대 구로이타 가쓰미(黑板勝美) 교토제대 하마다 고사쿠(濱田耕作) 경성제대 오다 쇼고(小田省吾)	학무국장 하야시 시게키(林茂樹) 도쿄제대 구로이타 가쓰미 교토제대 하마다 고사쿠 경성제대 오다 쇼고
감사	고적조사위원 고적조사위원	회계과장 기쿠야마 요시오(菊山嘉男) 이왕직 사무관 스에마쓰 구마히코(末松熊彦)	회계과장 기쿠야마 요시오 이왕직 사무관 스에마쓰 구마히코
평의원	도쿄제대 구로이타 가쓰미 교토제대 하마다 고사쿠 경성제대 오다 쇼고 재(在)조선 고적조사위원	도쿄제대 후지타 료사쿠(藤田亮策) 도쿄제대 하라다 요시토(原田淑人) 도쿄제대 이케우치 히로시(池內宏) 교토제대 나이토 도라지로(內藤虎次郎) 경성제대 이마니시 류(今西龍) 아유가이 후사노신(鮎貝房之進) 중추원 촉탁 오하라 도시다케(大原利武) 이왕직 사무관 스에마쓰 구마히코 회계과장 기쿠야마 요시오 문서과장 하기와라 히코조(萩原彦三) 평안남도지사 소노타 히로시(園田寬) 경상북도지사 하야시 시게키 도쿄제실박물관 총장 오시마 요시나가(大島義脩) 도쿄미술학교장 마사키 나오히코(正木直彦) 미쓰이물산 경성지점장 스미이 다쓰오(住井辰男) 조선식산은행 기사 나카무라 마코토(中村誠) 이왕직 차관 시노다 지사쿠(篠田治策) 평양부윤 오시마 요시오(大島良士)	도쿄제대 후지타 료사쿠 도쿄제대 하라다 요시토 도쿄제대 이케우치 히로시 도쿄제대 도리이 류조(鳥居龍藏) 도쿄미술학교 강사 오바 쓰네키치(小場恒吉) 아유가이 후사노신 야쓰이 세이이치(谷井濟一) 중추원 촉탁 오하라 도시다케 이왕직 사무관 스에마쓰 구마히코 회계과장 기쿠야마 요시오 문서과장 하기와라 히코조 지방과장 니시오카 요시지로(西岡芳次郎) 토목과장 신바 고우헤이(榛葉孝平) 보안과장 다나카 다케오(田中武雄) 비서과장 야쓰이 세이이치로(安井誠一郎) 임무과장 사와 게이지로(澤慶治郎) 중추원 참의 유정수(柳正秀) 도쿄제실박물관 총장 오시마 요시나가 평안남도지사 후지와라 기조(藤原喜藏) 경상북도지사 김서규(金瑞圭) 평양부윤 아베 센이치(阿部千一) 조선식산은행 기사 나카무라 마코토
간사		종교과장 이창근(李昌根) 박물관 주임 후지타 료사쿠	사회과장 유만겸(兪萬兼) 박물관 주임 후지타 료사쿠

이 다쓰오(住井辰男) 등이었으며,[9] 그리고 9월 3일 이왕직 차관 시노다 지사쿠(篠田治策), 평양부윤 오시마 요시오를 추가로 선임하였다.[10]

이사와 평의원은 몇 개 그룹의 인물로 분류해볼 수 있다. 먼저 조선총독부의 관료를 들 수 있다. 조선총독부의 제반 업무를 총괄하는 정무총감이 이사장이었고, 그 아래 학무국장, 회계과장, 문서과장, 종교과장, 이왕직 사무관 등 주요 관료들이 이사와 평의원, 그리고 감사로 배치되어 있다. 다음으로는 제국대학 교수 그룹이다. 연구회에서 추진하는 발굴조사 내용을 학문적으로 뒷받침하기 위하여 도쿄제대와 교토제대, 경성제대 소속의 고고학, 역사학 전공 학자들이 다수 포함되었던 것이다. 이들은 모두 조선총독부 고적조사위원으로 활동하면서, 1910~1920년대 한반도 고적조사를 주도하던 인물이다. 그리고 주된 조사 대상 지역인 낙랑유적과 평양유적이 위치한 평남과 경북의 도지사 등 지역 인사들이 포함되어 있고, 아울러 유명한 골동품 수집가였던 미쓰이물산 경성지점장 스미이 다쓰오 등도 평의원으로 포함되었다. 한편 간사는 소관 업무의 담당인 종교과장 이창근과 박물관 주임 후지타 료사쿠가 맡았는데, 그것은 1925년 고적조사과가 폐지되면서 종교과가 고적조사 및 박물관 관련 업무를 맡고 있었기 때문이다.

조선고적연구회의 이러한 임원 인선은 순탄하게 이루어지지는 않았던 것으로 보인다. 당초 설립을 주도했던 구로이타의 의도와는 다르게 구성되었기 때문이다. 회칙의 제정과 임원의 인선 과정에서 구로이타와 조선총독부 사이에는 모종의 갈등이 있었던 것으로 보이는데, 그것은 결국 조선고적연구회의 성격과 관련된 문제였다. 즉, 관료 위주로 연구회를 운영하려는 조선총독부의 입장과 민간에서 재원을 끌어들인 만큼 제국대학 교수를 중심으로 한 민간 학자들의 발언권을 높이려는 구로이타의 입장이 충돌한 것이다.

조선고적연구회의 성립을 논의하던 과정으로 되돌아가보자. 앞서 살펴본 바와 같이 1931년 6월 7일 구로이타와 다케베 학무국장은 네 가지 원칙을 합의하였는데, 그 가운데 미쓰이 및 미쓰비시 회사 관계자, 두 신문사사장, 도쿄미술학교장, 호소가와 모리타스를 평의원에 포함시킨다는 내용이 들어 있었다. 민간에서 재원을 조달하기 위하여 적극적인 도움을 청해야 했던 구로이타의 입장에서는 이들의 존재가 중요하였다. 이로 보건대 구로이타는 민간에서 모금한 찬조금을 재원으로 하여 조선총독부의 승인하에 발굴조사를 추진하려고 하였고, 민간 주도의 성격이 강한 연구회를 의도하였던 것으로 보인다.

그러나 7월 31일 조선총독부 학무국장과 종교과장이 보내온 조선고적연구회 회칙 초안은 이러한 구로이타의 의도와는 다른 내용을 담고 있었다.[11] 초안을 살펴보면, 제7조의 조직과 임원의 구성에서 최종 단계의 회칙과 차이를 보인다. 이 부분이 회칙의 제정 과정에서 구로이타와 조선총독부 사이에 논란의 대상이 되었던 것으로 추정된다. 초안의 제7조에는 이사 4명, 감사 2명, 평의원 약간 명으로 명시되어 있는데, 이는 최종안에 비해 이사가 1명 적고 간사가 빠져 있다. 이사장은 정무총감으로 최종안과 같으나, 이사는 학무국장, 종교과장, 박물관장, 감사는 고적조사위원 중에 임명하며, 평의원은 구로이타 가쓰미, 하마다 고사쿠, 이마니시 류, 오다 쇼고, 기타 조선의 고적조사위원들로 구성하는 것으로 되어 있다. 초안에 따르면 이사는 총독부 관료들이, 평의원은 고적조사위원들이 맡는 것으로 되어 있다. 당시 고적조사위원은 대체로 관변학자 13명 내외와 조선총독부 관료 10명 내외였지만, 관변학자 13명 중에도 제국대학 교수는 9명에 불과하였고, 나머지는 조선총독부와 관련된 사람이었다.[12] 따라서 고적조사위원회의 의사 결정도 조선총독부에 의해 충분히 좌지우지되는 구조였다. 조선총독부는 명목상 중요 사항의 의결은 학자들이 포함된 고적조사위원들이 하는 것으로 하였지만, 조선고적연구회의 기본적인 업무 수행은 총독부 관료들이 담당하는 것으로 구상하였다.

이러한 총독부의 초안에 대하여 구로이타는 강하게 이의를 제기하였고, 이에 8월 15일 조선총독부에서는 오다 쇼고, 이마니시 류, 스에마쓰 야스카즈, 아유가이 후사노신, 종교과장, 후지타 료사쿠 등이 모여 의견을 조율한 것으로 되어 있다. 아마 타협책을 모색하였던 것으로 보이는데, 이사를 총독부 관료인 학무국장과 세 명의 학자들로 구성하고, 평의원에는 학자들과 관료, 그리고 해당 지방의 관료, 민간 재정 후원자들로 고르게 구성하는 것으로 결정하였던 것으로 보인다.

〈표 9-2〉에 의하면, 1932년 평의원에 약간의 변동이 있는데, 지방과장 니시오카 요시지로(西岡芳次郎), 토목과장 신바 고우헤이(榛葉孝平), 보안과장 다나카 다케오(田中武雄), 비서과장 야쓰이 세이이치로, 임무(林務)과장 사와 게이지로(澤慶治郎), 중추원 참의 유정수(柳正秀), 도쿄미술학교 강사 오바 쓰네키치, 평양부윤 아베 센이치(阿部千一) 등이 추가로 평의원이 된다. 그리고 전해 경상북도지사였던 하야시 시게키가 학무국장으로 자리를 옮기면서 이사 겸 평의원이 되고, 새로 부임한 평안남도지사 후지와라 기조와 경상북도지사 김서규(金瑞

圭)가 평의원이 된다. 그리고 간사는 종교과장 이창근이 사회과장 유 만겸으로 바뀐다.[13] 이러한 변동은 인사이동에 따른 당연직 승계가 상당 부분을 차지한다. 이외에도 1932년에는 평의원 구성에서도 변화가 나타나는데, 무엇보다 평의원에 조선총독부 관료들이 다수 추가되었다는 점을 들 수 있다. 당초 조선총독부 관료 중에서 정무총감, 학무국장, 회계과장, 문서과장, 종교과장 정도가 평의원에 포함되었지만, 다시 지방과장, 토목과장, 보안과장, 비서과장, 임무과장 등이 추가됨에 따라 업무상 조금이라도 관여가 되는 과장들은 모두 포함되어 주요 간부들을 그대로 옮겨놓은 형국이 되어버렸다. 조선고적연구회의 운영에서 조선총독부의 입김이 강화되어가는 면모를 보여주는 것이라 할 수 있다.[14]

3. 재정과 활동

조선고적연구회는 1931년 평양과 경주에 연구소를 개설하고, 조선총독부의 허가를 받아 발굴조사를 실시하면서 본격적인 활동에 들어갔다. 연구회는 설립 과정에서 조선총독부의 긴축 재정정책으로 인한 유적의 파괴를 막는 구제발굴을 표면에 내세웠는데, 이전 시기 조선총독부 학무국의 조사사업과 연구회의 조사사업 간 가장 큰 차이는 바로 재원(財源)에 있었다. 비록 고적조사의 내용과 조사에 참여한 인력, 특히 촉탁으로 참여한 제국대학 교수 등의 인력 면에서는 양자가 거의 일치하지만, 조선고적연구회의 사업은 민간 재원으로 운영된다는 점에서 조선총독부의 재정으로 수행되는 직접 사업과는 분명히 달랐다. 조선고적연구회의 경우 민간으로부터의 재원 확보가 가장 중요한 문제였으며, 재원의 안정적인 확보는 바로 연구회의 존립과 직결되는 사안이었다. 초기부터 재정의 확보를 위해 주도적으로 활약한 인물은 바로 구로이타 가쓰미였다. 그러나 연구회에서는 설립 당초 안정적인 재정원을 확보한 것이 아니라 일회적 성격이 강한 개인의 찬조금에서 출발하였기 때문에, 이러한 불안정한 재정 구조는 이후 연구회의 사업 추진 방향과 내용에 많은 영향을 끼치게 된다.

조선고적연구회의 초기 단계인 1931~1932년에 이루어진 재정과 조사사업의 추이에 대하여 살펴보고자 하는데, 바로 이 시기는 1933년 이후 일본학술진흥회의 지원금을 수혜하여 나름 안정적인 재원을 확보한 시기와는 구분되는 특징이 있다. 1931~1932년 조선고적연구회의 재정 구조와 활동 내역은 총독부박물관 문서에 포함된 조선고적연구회 평의원회의 자료를 통해 알아보도록 하겠다.[15]

1) 1931년도 재정과 활동

조선고적연구회는 미쓰비시 합자회사 사장 이와사키 고야타(岩崎小弥太)의 기부금 6,000엔을 예산으로 출범하였다.[16]

1932년 4월 4일 개최된 제1회 조선고적연구회 평의원회 회의안에는, 1931년 9월 1일부터 1932년 3월 말까지 설립 첫해 찬조금 6,000엔에 대한 예산 및 결산 내역이 들어 있다. 예산안에는 서울사무소 운영비로 310엔, 경주연구소 4,170엔, 평양연구소 1,520엔, 그리고 예비비로 1,750엔이 배정돼 있으나, 결산 내역을 보면 서울

표 9-3. 1931년도 조선고적연구회 예·결산 내역(단위: 엔)

기관	항목	예산	결산
서울	필묵비	50.00	174.77
	통신운반비	50.00	16.05
	잡비	210.00	10.00
	소계	310.00	200.82
경주연구소	연구원 봉급(1인)	940.00	1031.00
	조수 급여(1인)	200.00	
	여비	400.00	371.18
	인부임	300.00	439.10
	비품·소모품비	750.00	130.31
	잡비[17]		64.94
	소계	2,590.00	2,036.53
평양연구소	여비	800.00	1,157.46
	인부임	320.00	848.30
	비품·소모품비	330.00	93.98
	잡비[18]		46.05
	소계	1,350.00	2,155.79
예비비	예비비	1,750.00	1,606.86
	총계	6,000.00	6,000.00

200.82엔, 경주연구소 2,036.53엔, 평양연구소가 2,155.79엔을 사용하한 것으로 되어 있다(〈표 9-3〉 참조).

결산 내역을 살펴보면 발굴조사에 소요된 비용이 대부분을 차지한다. 여비, 인부임, 비품·소모품비 및 기타 잡비는 발굴 작업 과정에서 필요한 비용이다. 가장 큰 비중을 차지한 항목은 경주연구소는 연구원 봉급, 평양연구소는 여비이다. 경주연구소는 연구원을 채용하여 발굴조사를 한 반면, 평양연구소는 총독부박물관 직원들이 현지 출장으로 발굴을 하였기 때문에 비용 지출 항목에서 차이가 발생하였다.

조선총독부 고적조사위원이자 조선고적연구회 이사인 교토제대 하마다 고사쿠 교수는 아리미쓰 교이치를 경주연구소 직원으로 추천하였고, 이에 아리미쓰는 월 120엔의 급여를 받는 연구원으로 임용되었다.[19] 경주연구소는 사무소를 총독부박물관 경주분관에 두었으며, 경주분관 촉탁 모로가 히데오와 경주고적보존회 촉탁 오사카 긴타로를 촉탁으로 임명하고 9월 26일부터 업무를 개시하였다. 그리고 아리미쓰의 통역과 아울러 조사를 돕는 조수로 이우성(李雨盛)을 월급 18엔으로 채용하였다.[20] 1938년 총독부박물관으로 자리를 옮기기까지 아리미쓰는 경주에서 발굴조사를 전담하였다.

평양연구소는 9월 18일 대동군 대동강면 오야리에 임시 사무소를 두고, 평양부도서관장 하리가이 리헤이, 평양중학교 교장 도리카이 이쿠마를 촉탁으로 위촉하여 업무를 시작하였다. 경주연구소와 달리 평양연구소는 조선고적연구회가 급여를 지급하는 별도의 연구원을 채용하지 않고 발굴조사에는 총독부박물관의 직원을 활용하였다. 첫해 발굴조사에 투입된 고이즈미 아키오와 사와 슌이치는 『조선총독부소식급관서직원록(朝鮮總督府所屬及官署職員錄)』에 의하면, 총독부박물관의 소관부서인 종교과 소속의 촉탁으로 근무하고 있었는데, 조선고적연구회로부터 여비를 지급받고 평양의 발굴조사에 투입되었다. 따라서 평양연구소의 예결산에서는 여비의 지출 비중이 컸던 것으로 보인다.

조선고적연구회는 정무총감의 승낙을 받고 회칙을 결정한 직후인 8월 25일 곧바로 고분의 발굴 허가를 신청하는데, 이때는 아직 이사, 평의원, 감사, 간사 등 임원들이 공식적으로 위촉되지 않은 상태였다. 신청 서류는 조선고적연구회 이사장 명의로 조선총독에게 보내졌다.[21] 조사 대상 고분은 ① 경상북도 경주읍 황남리고분, ② 동(同) 서악리고분, ③ 평안남도 대동군 석암리 제201호분, ④ 동(同) 정백리고분이며, 발굴기간은 1931년 9월부터 11월까지, 그리고 발굴 담당자는 후지타 료사쿠로 되어 있다. 3일 뒤 열린 제35회 고적조사위원회에서 가결되고, 9월 5일 조선총독부 「종(宗) 제107호」 문서로 발굴이 허가된다.[22]

조선고적연구회의 첫번째 발굴조사의 허가 조건은 다음과 같다.

一. 발굴 전 및 발굴 중 필요한 부분은 촬영을 하고, 그 구조와 매장품의 배치에 관한 정밀한 실측도를 작성한다.

一. 발굴 유물 중 조선총독이 지정하는 것은 총독부박물관에 납부한다.

一. 조사를 마치면 봉토와 기타를 원상으로 돌린다.

一. 조사를 마친 후 2년 이내에 정밀한 보고서를 제작하여 조선총독에게 제출한다.

一. 보고서는 조선총독부에서 간행한다.

경주연구소의 발굴 계획은 경주 황남리고분 2기와 서악리의 도굴 고분을 조사하고 정리하는 것이었다. 실제 경주연구소는 1931년

그림 9-2. 경주 황남리 83호분 발굴 장면

경주 황남리 고분은 1931년 조선고적연구회 경주연구소의 사업으로 아리미쓰 교이치에 의해
발굴조사된 신라 적석묵곽분으로, 1935년 발굴보고서가 출간되었다.
출처: 국립중앙박물관.

9월 27일부터 11월까지 황남리 82호분과 83호분을 조사하였다(〈그림 9-2〉 참조).[23] 또 12월 1일 서악리 서악서원 누문(樓門) 아래에서 김인문(金仁問) 묘비를 발견하였다.

　평양연구소는 석암리 201호분을 발굴하고, 정백리에서 도굴분 한두 기를 발굴할 계획이었으나, 실제로는 석암리 201호분, 남정리 116호분, 석암리 260호분을 발굴조사하였다. 당초 도굴되지 않은 것으로 추정하고 발굴조사를 추진하였던 석암리 201호분은 이미 도굴된 상태였지만, 칠채협(漆彩篋)의 출토로 널리 알려진 남정리 116호분(채협총)을 발굴하는 망외의 성과를 거두게 되었다.[24]

2) 1932년도 재정과 활동

1932년도 재정에 대해서도 기존 연구에서는 "호소가와 모리타스 기부금 6,000엔"이라고 밝히고 있으나,[25] 이것은 오류로 보인다. 조선총독부박물관 문서에 의하면, 1932년에는 전년도 잉여 이월금 1,600엔에, 새로 도쿄제실박물관에서 5,000엔, 이왕직에서 2,000엔을 기부받아 재원을 마련한 것으로 적기되어 있다. 그러나 조선고적연구회의 재원 마련 과정은 순조롭게만 이루어진 것으로 보이지는 않는데, 이는 1932년 4월 4일 제1회 조선고적연구회 평의원회 회의 자료를 보면 알 수 있다.[26] 통상 평의원회는 전년도 사업에 대한 보고 및 지출 재원을 결산하고, 그해 신규 사업을 승인하고 예산을 심의하기 위하여 모이는 자리이다. 정상적이라면 당해 연도인 1932년도의 예산이 이미 마련되어 있어야 하고, 그래야 그에 따른 사업과 예산안에 대한 승인이 이루어질 수 있다. 그러나 1932년에는 회계 연도가 시작된 4월까지도 기부금을 확보하지 못하여 연구회의 재원을 마련하지 못하고 있었다. 궁여지책으로 1932년도 전반기는 전년도 잉여금의 범위 내에서 경주연구소가 우선 사업을 수행하고, 8월경 새로 사업비를 기부받으면 평양연구소가 사업을 추진하는 것으로 조정하였다. 낙랑 칠기 수리비의 경우, 남정리 116호분에서 출토된 칠기 유물에 대한 보존처리의 시급성 때문에 이례적으로 편성되었다.

따라서 전년도 잉여금을 운용하는 1932년 4~7월까지 예산안과, 새로운 기부금이 들어온 이후의 1932년 8월~1933년 3월까지 예산안을 나누어 작성하게 되었다(〈표 9-4〉, 〈표 9-5〉 참조).

표 9-4. 1932년 4~7월 조선고적연구회 예산안(단위: 엔)

항목		예산	비고
경주연구소	연구원·조수 급여	690.00	138엔×5개월
	인부임	300.00	
	비품·소모품·잡비	100.00	
낙랑 칠기 수리비		250.00	50엔×5개월
사무소비		294.36	필묵·측량기·통신운반비
소계		1,634.36	

표 9-5. 1932년 8월~1933년 3월 조선고적연구회 예산안(단위: 엔)

기관	항목	예산	비고
평양연구소	여비	1,750.00	1인 60일 800 1인 60일 350 이사, 간사 등 시찰비 600
	인부임	850.00	
	비품·소모품비	150.00	
	운반비	300.00	
	소계	3,000.00	
경주연구소	연구원·조수 급여	1,116.00	
	여비	200.00	
	인부임	500.00	
	비품·소모품비	250.00	
	잡비	50.00	
	소계	2,116.00	

기관	항목	예산	비고
서울	비품·소모품비	350.00	
	통신운반비	100.00	
	잡비	50.00	
	소계	500.00	
예비비	예비비	1,384.00	
	총계	7,000.00	

1932년 4월 시점에서 8월에 들어올 기부금의 총액을 7,000엔으로 정하는 것으로 보아, 이미 기부금에 대한 협의는 어느 정도 이루어진 것으로 추정해볼 수 있다. 또 한 가지 흥미로운 사실은 1932년도 예산안의 항목 중 예비비 1,384엔에 대해서 "쇼와 8년 4월 내지 8월 경비(昭和八年四月乃至八月經費)"라고 부기하고 있는 것으로 보아, 익년도인 1933년도 비슷한 경우가 발생할 것을 예상하고 있다는 점이다. 1933년에는 이후 3개년간 일본학술진흥회(日本學術振興會)의 자금이 유입되는 등 비교적 안정적인 재원을 확보하게 된다. 그러나 1932년에는 재원이 안정적이지 않았음을 확인할 수 있다.

1932년도 결산 내역(1932년 4월 1일~1933년 3월 31일)을 정리하면 〈표 9-6〉과 같은데, 기본적인 지출 내역은 1931년도와 크게 차이가 나지는 않는다. 다만 여비 중 도쿄제실박물관 사무 협의 항목과 사진촬영 촉탁에 관한 항목이 눈에 띈다. 전자의 경우 1932년도 자금 지원과 아울러 1933~1935년 일본학술진흥회의 지원을 받기 위하여 후지타 료사쿠가 도쿄로 가서 협의를 한 것으로 보인다. 사진촬영 촉탁 여비는 경주 남산 불교유적 촬영을 의뢰한 경성제대 사진실

표 9-6. 1932년도 조선고적연구회 결산 내역(단위: 엔)

기관	항목	결산	비고
서울	급여	20.00	박물관 고원(雇員) 연말수당
	여비	300.00	경주 및 평양 사무 시찰 100 도쿄제실박물관 사무 협의 200
	측량기·사진기·기타	760.25	
	소모품 잡비	64.25	
	소계	1,144.50	
경주연구소	급여	1,792.00	연구원 120엔×12개월 조수 18엔×4개월, 조수 20엔×8개월 연말수당 120
	여비	180.00	사진촬영 촉탁 100 연구원 경성 사무 협의
	발굴용구·기타비품	55.42	
	소모품·잡비	349.47	
	인부임	804.60	
	소계	3,181.49	
평양연구소	급여	400.00	1인×50엔×8개월
	여비	1,744.10	
	발굴용품·기타비품	12.60	
	소모품·잡비	124.57	
	인부임	283.55	
	소계	3,564.82	
총계		6,890.81	
다음 연도 이월금		1,926.17	

의 이마세키 고후(今關光夫)에게 지급한 것이다.

경주연구소는 서악리고분과 황남동고분, 그리고 남산록(南山麓)의 통일신라시대 고분을 조사할 계획을 세웠다. 그러나 실제는 10월 1일부터 12월 20일까지 황오리 16호분을 발굴하고,[27] 사진사 이마세키 고후와 함께 경주 남산의 통일신라 불교 유적을 조사하고 촬영한다.

평양연구소는 목곽묘 1기에 대한 학술조사, 도굴된 전실묘 2~3기 발굴조사, 그리고 낙랑토성 내 일부 지역의 토지를 구입하여 발굴조사할 계획을 세웠다. 이를 위해 고적조사위원 오바 쓰네키치를 주임으로 하여 교토제대 강사 우메하라 스에지, 도쿄제실박물관 감사관보 야지마 교우스케(矢島恭介, 1898~1978), 총독부박물관 촉탁 가야모토 가메지로를 조사에 투입한다. 1932년 9월 중순부터 10월 말까지 왕광묘(王光墓)로 알려진 정백리 127호분을 비롯하여 정백리 266호분과, 전실묘인 남정리 119·120호분을 발굴조사하였다(〈그림 9-3〉 참조).[28]

전년도와 마찬가지로 경주연구소는 아리미쓰 교이치가 중심이 되어 조사를 진행한 반면, 평양연구소에서는 도쿄미술학교 강사인 오바 쓰네키치를 중심으로 하여 발굴팀이 꾸려졌다. 아마 전년도에 조사가 이루어진 남정리 116호분에서 우수한 대량의 칠기가 출토됨에 따라, 이해 조사에서는 발굴된 칠기를 잘 다룰 수 있었던 오바가 초빙되었던 것으로 보인다. 이와 함께 주목되는 인물은 도쿄제실박물관 소속의 야지마 교우스케이다. 그런데 한반도의 발굴조사에 도쿄제실박물관 직원이 갑자기 참여하게 되는 배경은 무엇일까?

그림 9-3. 평양 정백리 127호분 발굴조사 현장
평양 정백리 고분은 1932년 조선고적연구회 제2차년도 조사사업으로 발굴조사된 낙랑고분으로,
다량의 부장품과 함께 '王光(왕광)'이 새겨진 도장이 출토되어 '왕광묘'라고도 불린다.
출처: 국립중앙박물관.

4. 성격과 한계

도쿄제실박물관 야지마 교우스케가 낙랑고분의 발굴에 참여하게
된 것은 1931년도 예산에 도쿄제실박물관 찬조금이 5,000엔 유입되
는 것과 관련이 깊다. 이와 관련하여 도쿄제실박물관의 찬조금 지원
이 발굴 유물의 확보와 일정한 관련이 있다는 것을 알려주는 자료가
있어 주목된다.[29] 1932년 8월 초 열린 조선고적연구회의 이사 협의
모임에서는 찬조금을 지원한 도쿄제실박물관과 이왕가박물관 측에
낙랑고분 발굴 유물 중 일부를 기증하는 문제가 논의되었다.

1932년 8월 도쿄제실박물관은 5,000엔, 이왕직은 2,000엔을 조

선고적연구회에 기부하였다. 일본제국주의 입장에서는 식민사관에 입각하여 조선의 고대문화를 일본에 적극적으로 소개하고, 조선에서 이루어지는 소위 문화사업을 일본에 선전할 필요가 있었다. 그리고 당시에는 1937년 준공된 도쿄제실박물관의 신축(부흥 본관)을 앞두고 있었고, 일제의 대륙 진출을 선전할 조선만주실을 신설할 계획이 있었기 때문에 관련 유물을 확보할 필요가 있었다.[30] 한편 조선고적연구회의 입장에서는 자금의 확보가 시급한 문제였기 때문에, 유물 기증을 매개로 한 이러한 자금 조달 방식은 설립 당초부터 구상하였던 것으로 보인다. 당시 구로이타 가쓰미는 도쿄제실박물관 신축을 위한 익찬회(翼贊會)의 부장을 맡으면서 재정뿐 아니라 전시 유물의 확보에 노력하는 중이었으며, 특별위원회의 위원으로 적극 활동하고 있었다.[31]

조선고적연구회의 발굴품 중 총독부박물관에서 진열품으로 활용되지 않을 유물 중 일부를 기증하기로 하고 유물목록을 제시하고 있다. 구체적인 허가는 평의원회에 동의를 구할 예정이었다. 추측컨대 도쿄제실박물관에서 재정의 일부를 지원하는 대신 유물을 기증받는 문제는 조선고적연구회의 성립을 추진하는 과정에서 구로이타가 재정 확보를 위한 한 방안으로 사전에 계획한 것으로 추측된다. 앞서 후지타의 메모에는 조선고적연구회의 설립 과정인 1931년 6월 11일 구로이타와 후지타가 도쿄제실박물관 오시마 요시나가 총장 및 도쿄제실박물관 사무관과 협의하고 충분한 찬동을 얻었다는 언급이 있는데, 이 당시 모종의 합의가 있었던 것으로 추정된다.

이러한 사안을 원활히 진행하기 위하여 조선고적연구회의 회칙에는 평의원의 결의에 따라 유물을 임의 처분할 수 있는 조항을 삽입

해놓았다. 즉, 제11조에는 조선고적연구회의 발굴조사에서 수집된 유물은 법령에 의하여 국고에 귀속시켜야 하는 것을 제외하고는 평의원회의 결의에 따라서 그것을 처분할 수 있도록 되어 있다. 따라서 평의원회에서 결의만 하면 조선고적연구회의 발굴 유물을 도쿄제실박물관에 기증하는 데는 별문제가 없는 것이다. 이처럼 재정과 유물을 교환하는 재정 확보 방식은 사안의 성격상 비공개적으로 진행되었을 가능성이 있는데, 당시 경주연구소의 아리미쓰 교이치조차도 그러한 사정을 모르고 있었던 것으로 보이는 언급이 있어 주목된다.[32] 현재 도쿄국립박물관에서 소장하고 있는 정백리 127호분 출토 유물 등 다수의 발굴품은 조선고적연구회가 발굴한 유물로, 조선총독부 정무총감이자 조선고적연구회 이사장이었던 이마이다 기요노리의 기증품으로 되어 있는데,[33] 이 같은 과정을 통하여 유출된 것이다.

조선고적연구회는 설립 당초 민간으로부터 재원을 마련하고자 했기 때문에, 재정의 취약성은 연구회의 운영과 사업 내용에 부정적인 영향을 미치게 되었다. 자금을 외부로부터 끌어들이기 위해서는 가시적인 성과가 필요하였기 때문에 화려한 유물이 출토되는 평양의 낙랑고분이나 경주의 신라고분을 중심으로 발굴조사가 이루어졌고, 그중에서도 주로 도굴이 되지 않은 고분을 대상으로 하였다. 조선고적연구회에 깊이 관여했던 교토제대 우메하라 스에지는 "자금 관계 때문에 그것에 상응하는 성과를 요구하는 입장이었다. 따라서 조건에 따라서 낙랑과 경주의 고분군이 조사 대상으로 선정된 것은 당연한 일이라고 말할 수 있다"고 진술하고 있다.[34] 조선고적연구회의 설립 이후 조선총독부의 경비는 주로 고건축물의 수리에 사용되었고, 발굴조사는 조선고적연구회가 맡았다.[35] 조선고적연구회는 재정난으로 위기에 처한 조선총독부의 고적 보호 및 조사사업을 지원하기 위하여 민간의 재원을 바탕으로 설립되었으나, 역으로 민간의 재정을 확보하기 위해서는 화려한 유물이 출토되는 고분 조사에 치중할 수밖에 없는 모순을 안고 있었던 것이다. 발굴은 곧 파괴라는 점을 간과한 뼈아픈 결과였다.

제4부

전시체제하 박물관

균열과 퇴락

10장

종합박물관 건립의 추진과 좌절

1. 총독부박물관의 확장 계획

1) 1922년 구로이타 가쓰미의 주장

일제의 식민지배에서 박물관이 차지하는 중요성에 착목한 총독부박물관의 확장 계획은 1920년대 초반부터 논의되고 있었다. 총독부박물관의 확장에 대한 언급은 1922년 도쿄제대 교수 구로이타 가쓰미의 『매일신보』 인터뷰에서부터 확인된다. 1922년 3월 경성을 방문한 구로이타는 3·1운동 이후 문화정치 속에서 박물관을 둘러싼 식민주의를 극명하게 드러내면서 총독부박물관의 확장에 대하여 언급하고 있다. 앞서 누차 말했듯이 구로이타는 식민지 조선의 박물관과 고적조사 및 역사편찬을 총지휘하는 역할을 했던 인물이다. 특히 이 기사에서는 3·1운동 이후 조선의 독립을 언급하면서 식민지 박물관의 정치적 및 사회적 역할을 명료하게 제시하고 있다는 점에서 식민지 조선에서 총독부박물관의 위상을 이해하는 중요한 자료라고 할 수 있다. 다소 길지만 원문을 주의 깊게 살펴볼 필요가 있다.

금반 내경(來京)흔 것은 총독부의 촉탁(囑託)을 수(受)흔 박물관 설치계획의 준비를 행(行)하기 위하야 총독부 기타 관계자와 의(議)도 하고 교섭도 흘 필요가 유흔 고로 기 용건(用件)을 판(辦)키 위흠이로다. 유래(由來) 박물관이라 운(云)하면 일종의 골동취미를 환기하는 것과 여(如)히 사고하는 자가 불선(不尠)흔 듯하나 차(此)는 박물관 설치의 주의(主意)를 오해한 자오. 억(抑) 박물관 설치의 주의는 일반 국민에게 기국(其國)의 문화적 역사를 실물에 취(就)하야 주지케 하고 차(且) 진(眞)히 국민자각을 촉(促)키 위흠이니 차(此) 의미로써 내지(內地)의 현재의 박물관은 기설비(其設備)가 심(甚)히 불완전흠으로 금반 조선에 박물관을 설치흠으로 취(就)하야는 예(豫)히 차등(此等) 각 방면을 고려하야 현재 총독 실행 중인 문화정치를 실제로 철저케 하고자 하야 정치교육 총방면(總方面)에 최(最)히 유의(有義)로 개방하고져 사료하노라.

박물관을 서상(敍上)과 여히 유의미(有意義)하도록 흠에는 가성적(可成的) 다수히 고기물(古器物) 기타 예술품 참고품을 일소(一所)에 집중하야 차(此)를 연대적 전통적으로 배열하야 조선 문화의 적(跡)을 질서적으로 주지케 하는 동시에 일본(日本) 내지 급(及) 지나(支那) 기타(其他) 구미(歐美)의 그것과 비교하야 여하히 조선 문화가 타(他)에 열(劣)한가 혹은 조장(助長)홀 소(所)가 유(有)한가를 일목요연케 하고 동시에 각 신문 기타 공공단체가 주최자가 되어 누누(屢屢)이 강연회를 개(開)하야 기도(其道)의 선각자를 빙(聘)하야 박물관에 진열된 실물이 하(何)를 표목(標木)하는가를 설명케 하고 차(且) 진(眞)히 국민의 자각과 분기와를 촉(促)홈에 노(努)하야주기를 망(望)하노라.

서(書)한 것이던지 실물이던지 총(總)히 기국의 역사라 운하는 것은 단(但) 연대뿐으로 사실을 열거혼 것뿐으로도 국민에게 진히 자각을 촉하기 불능(不能)하며 정치 문예 풍속 습관 하자(何者)이던지 필래(必來)홀 시대의 사회심리가 유하니 차 관계에 실로 '데리게-트'임으로 친(親)히 사실을 포(捕)하야 전문으로 연구혼 자가 심리적으로 설명치 아니하면 하등(何等) 소용이 무(無)홈으로 차점(此點)에 대(對)하야 현재의 일본 역사는 기 편찬 방법을 개(改)홀 필요가 유홈으로 조선 역사를 편찬홈에 취하든지 조선에 교육박물관을 설치홈에 취하던지 기(旣)히 내지(內地)에서 실패혼 사(事)를 반복치 아니하도록 주의하고, 다소간 비용이 다액(多額)에 달(達)홀지라도 십분유의의(十分有意義)하고 완전에 근(近)한 자를 설(設)홀 필요가 유하니 조선인은 동첩(動輒) 조선은 가천년간(可千年間)에 역사를 유하얏다 과장하는 폐(弊)가 유하다 운하는바 역사는 장구홈에 가치가 유홈이 아니오 기(其) 내용에 가치가 유혼 것임으로 차변(此邊)은 호상(互相)고려치 아니하면 아니되겟스며 현(現)에 조선 독립을 주장하는 인(人) 등도 도연(徒然)히 형식에 인(囚)하지 아니하도록 주의(注意)치 아니하면 아니될지니 진히 독립이라 홈은 국민에 진의 자각이 유홈이니 진의 자각이라 홈은 물론 과거에 감(鑑)하고 현재를 지(知)하야 차기단(且其短)을 기(棄)하고 장(長)을 취(就)하다 운하는 것인 고로 조선의 현재로는 단(單)히 정치적 형식에 인(囚)하지 말고 위선(爲先) 지적(知的) 재적(財的)으로 실력을 양(養)하는 사(事)가 대절(大切)하다 사(思)하니 여사(如斯)흔 자각을 촉하야 조선의 인(人)을 신(信)의 독립의 민(民)으로 흠에는 불가불 과거 조선 문화를 적실(適實)히 시(示)하야 내지(內地) 및 제외국(諸外國)의 그것과 비교하고 차(且) 분발케 홀 사(事)가 간요(肝要)하니 차의미(此意味)로 현재의 문화정치를 파(頗)히 철저케 흠에는 불가불 완전한 박물관을 설치하여 적절홀 필요가 유(有)하다가 사(思)하는 바이다.[1] (밑줄은 인용자)

조선의 독립을 저지하기 위해서는 독립이라는 형식에 얽매일 것이 아니라 "지적 재적으로 실력을 양하는 사가 대절하다"는 사실을 스스로 자각하도록 하는 것이 필요하며, 이를 위해서는 "과거 조선 문화를 적실히 시하야 내지 및 제외국의 그것과 비교하고 차 분발케 홀 사가 간요"하다는 것을 구체적으로 보여주어야 한다는 것이다. 즉 조선이 일본이나 서구에 비해 지적으로나 경제적으로 열등하다는 것을 재현해 보임으로써 "조선 문화가 타에 열한가 혹은 조장홀 소가 유한가"와 같이 조선 역사와 문화의 후진성과 열등성을 부각시켜 드러내도록 한다. 조선인들이 유구한 역사에 자부심을 가지는 데 대하여는, 역사는 장구한 것이 중요한 것이 아니라 어떤 내용으로 이루어졌는지가 더 중요하다고 평가하는데, 이는 식민자의 입장에서 역사의 내용에 대한 폄하를 통해 자부심을 폄하하려는 의도를 선험적으로 내포하고 있는 것이다. 이를 통해 독립보다는 이른바 실력양성에 주력하도록 만들어야 하며, 실물을 통해 조선 역사와 문화의 후진성과 열등성을 드러내기 위하여 박물관을 확장할 필요성을 제기하고 있다.

이러한 측면은 유럽이나 일본에서 박물관이 근대 국민국가 형성을 위한 기제로 활용되고 있는 것과는 정반대이다. 일반적으로 근대 국민국가를 형성하는 과정에서는 국민통합과 자긍심의 상징으로 박물관과 문화재의 역할에 주목한다. 하지만 식민지에서는 정반대 방향을 추구하고 있다. 즉 식민지의 박물관은 식민지의 역사와 문화가 얼마나 열등한지에 대해 실물 자료를 통해 명시적으로 드러나게 보여주는 장이 된다. 실물 자료의 전시를 통해 식민지 조선의 문화를 재현하고, 이 과정에서 특히 일본과 중국, 구미와의 비교를 통해 식민지 조선의 문화가 얼마나 열등한지를 스스로 자각하도록 만든다. 이를 통해 식민지가 스스로 열등의식을 자각하도록 만드는 곳이 바로 박물관인 것이다. 이러한 식민지 박물관의 역할을 충실히 수행할 수 있도록 하기 위하여 구로이타는 1922년 당시 조선총독부와 박물관 확장 계획을 의논 중임을 시사하고 있다.

2) 1922년 총독부박물관의 증축 계획

1922년 총독부박물관의 증축 계획은 구체적으로 추진되었던 것으로 보인다. 바로 1922년 증축을 추진하면서 설계한 건축 도면의 유리건판사진이 현재 국립중앙박물관에 남아 있다. 흥미로운 점은 타이완총독부박물관과 거의 유사한 외관을 띠고 있다는 것이다. 건물의 중앙부에 돔 구조를 추가하였으며, 건물의 좌우측 부분을 증축함으로써 전시실을 확장하고 있다. 총독부박물관의 증축설계안이 타이완총독부박물관 건물과 유사한 것으로 보아, 총독부박물관의 증축 설계는 노무라 이치로가 작업한 것으로 추정된다. 이에 대해서는 1부 1장에서 자세히 다룬 바 있다.

3) 1929년 총독부박물관의 확장 계획

1922년 노무라의 증축 설계는 실제 공사로 이어지지 않는데, 조선총독부 고적조사과의 폐지 배경과 마찬가지로 1918년 제1차 세계대전 종결에 따른 불황과 1923년 간토대지진 이후 경제 불황에 따른 재정 위기 때문인 것으로 보인다. 당시 조선총독부는 대대적인 긴축과 아울러 인원 감축에 들어갔다. 그럼에도 불구하고 1920년대 후반 조선총독박물관의 확장 계획이 다시 입안되었다. 조선총독부박물관 문서에는 총독부박물관의 속(屬) 니시다 아케마쓰(西田明松)가 입안한 「박물관 시설에 관한 계획서」가 남아 있다. 이 문서에 의하면 1926년부터 3년간 준비기를 거쳐 1929년에 신관을 건립하여 박물관의 본래 목적에 부응하는 시설로 만드는 계획을 세웠다. 이 역시 예산 긴축의 결과 실현되지 못했다고 언급하고 있다. 총독부박물관은 1929년 보다 구체적인 박물관 확장안을 제시하게 된다. 이 확장 계획에 대해 큰 밑그림을 제시한 이는 구로이타 가쓰미였던 것으로 보인다. 니시다가 작성한 계획서의 초두에는 지금은 남아 있지 않는 구로이타 가쓰미의 1925년 7월 의견서에 기초하여 입안하였다는 언급이 있다. 본문에 크게 6가지 사항을 제시하고 있다.

1. 박물관의 건축물은 내객외관(內客外觀)이 함께 일치하고, 관람자가 진열품에 대해 그 시대의 분위기 내로 들어가는 것을 느낄 수

있도록 해야 한다. 신관의 건축은 조선 재래의 형식에 의하고, 내진내화의 설비를 추가한다.

2. 박물관의 시설은 일반 행정 사무와 달리 반(半)독립을 요한다. 신관 개설의 즈음에 전문 학자를 주임 관장으로 하여 기술적 방면의 일을 총괄하게 한다.

3. 신관은 역사부, 미술공예부로 하고, 각 부에 주사 1인을 배치한다. 고적조사 업무를 행하고, 대영박물관, 베를린국립박물관, 파리 루브르박물관 등과 같이 십수 년 계속 고적조사사업을 완성하여 진열에 이바지한다.

4. 박물관 진열품은 주로 고적조사보다 수집품에 있다. 민간에 산재한 유물을 수집하여 보존한다. 진열품 구입의 다과에 박물관 가치의 상하가 있다. 따라서 신관 개설에 즈음하여 사무비 외에 특히 진열품비를 계상한다.

5. 종래 임시비로 운영하던 고적조사사업은, 대영박물관, 루브르박물관과 마찬가지로 박물관에 이관하는 것이 적절하다. 그러므로 1930년부터 임시비인 경상비부(經常費部)의 전용을 박물관 경비의 일부로 하고, 종래 고적조사위원회에 관한 사무는 박물관장이 겸하는 것이 적당하다.

6. 박물관은 원칙적으로 유물 유적을 두는 곳으로 한다. 경성에 본관을 두고 평양, 경주, 부여에 분관을 두어 그 지방의 유물을 수집 진열하고, 유적을 보면 바로 유물을 한눈에 접할 수 있고 그 지방의 역사적 변화를 이해할 수 있다.

이 가운데 세 번째 사항을 보면, 구미 박물관을 모범으로 하여 총독부박물관의 기능과 역할을 부여하고 정당화하였음을 알 수 있다. 대영박물관과 베를린국립박물관, 프랑스 루브르박물관은 고적조사를 담당하고, 이를 통해 진열품을 확보한다고 보았다. 그러므로 총독부박물관에서도 고적조사를 맡아야 한다는 논리다. 구미의 시각을 철저히 의식하고 있는 것으로, 박물관 진흥의 근거를 구미인의 시각에서 찾고 있다. 이는 곧 탈아입구의 의식에서 서구의 타자화된 시각을 통해 자신들을 인식하는 오리엔탈리즘의 시각이다.

이러한 계획을 실현하기 위하여 1935년 및 1936년 이후의 경상비까지 아주 구체적으로 제시하고 있다. 1926년 이후의 것은 현재 박물관 진열실의 약 4배 크기를 예상하고, 또 1926년 개설된 경주 및 평양, 부여의 세 분관을 추가하여 소요 인원, 청비(廳費), 진열품비, 조사비 등을 추산하였다. 요약하자면, 신정지(新政地)의 문화적 시설로서 대륙의 문호가 되고, 구미인의 깊은 주목의 초점이 되는 식민지 조선에서 적어도 이 같은 박물관은 최소한도로 반드시 개설될 필요가 있다는 것이다. 한편 "지금 교육의 향상, 대학 개설 등 학술교육에 사회교육에 더욱 많은 일이 되는 즈음에 역사공예박물관의 개선을 기하는 것은 총독정치가 앞서가야 할 것이라고 확신한다"고 하면서 총독부박물관을 '역사공예박물관'으로 규정하고 있는 것도 흥미롭다. 하지만 1929년의 총독부박물관 확장 계획 역시 실행에 옮겨지지는 못했다.

4) 1930년대 초 확장 논의

1930년에도 총독부박물관에 대한 확장 논의는 계속되었다. 총독부박물관뿐 아니라 이왕가박물관도 유물에 비해 장소가 협소하여 확장을 요구하였는데, 총독부박물관은 1931년도 예산으로 2만 6,000원의 예산 편성을 요구하였다.[2]

　이왕가박물관의 확장은 1938년에 이르러 실현되었다. 결국 창덕궁에 있던 이왕가박물관은 1938년 덕수궁 석조전 옆에 서관을 지어 이전하였다. 이에 앞서 1933년, 덕수궁 석조전에는 〈덕수궁 일본 근대미술 전시〉가 열리고 있었다. 덕수궁 석조전이 일본 미술의 전시장으로만 사용됨에 따라, 조선의 미술품도 함께 전시하자는 여론이 비등해져서 이왕직은 조선 미술품 전시를 위한 건물을 석조전 옆에 별도로 짓기로 하였다. 1936년 일본인 나카무라 요시헤이(中村興資平, 1880~1963)의 설계로 공사를 시작하여 1938년 석조전 서관이 완공되었다. 석조전 서관으로 이전한 창덕궁의 이왕가박물관은 석조전의 일본 근대미술 전시를 통합하여 이왕가미술관이 되었다. 즉 이왕가미술관은 창덕궁 이왕가박물관에서 옮겨온 조선 고미술품과 일본 근대미술품으로 구성되었는데, 각각 덕수궁 서관과 석조전에 전시되었다(〈그림 10-1〉 참조).

　총독부박물관의 증축 필요성을 절감한 조선총독부는 1934년 총독의 용산 관저로 이전하여 확장하는 안을 제시하기도 하였으나, 관사를 박물관으로 개조하는 데 소요되는 비용 문제나 위치의 불편함 등이 제기되어 무산되었다. 학무국에서는 경복궁 내 현 위치의 박물관을 증축하는 안을 선호하였는데, 여기에는 160만 엔의 비용이 필요한 것으로 추산되었다.[3]

　총독부박물관의 확장에 대한 논의는 1920년대 초부터 지속적으로 제기되었으나 실행되지는 못하였다. 수차에 걸친 총독부박물관

그림 10-1. 덕수궁 이왕가미술관 전경
사진의 오른쪽 건물이 일본 근대미술품을 전시하던 덕수궁 석조전이고, 왼쪽 건물이 1938년
신축한 덕수궁 서관이다. 1938년 창덕궁의 이왕가박물관이 덕수궁 서관으로 이전하면서, 두 곳을
합쳐 덕수궁 미술관이라 하였다.
출처: 국립중앙박물관.

의 확장 계획이 결국 1934년 시정 25주년 기념 종합박물관 건립 계
획으로 이어지게 되었다. 그렇다면 1920년대 이후 총독부박물관의
확장 계획이 재정적인 난관에 부딪혀 수차 좌절되었음에도 불구하
고 지속적으로 추진된 배경은 무엇일까. 이는 식민지배에서 총독부
박물관이 차지하는 역할의 중요성에 따른 것이지 않을까. 대내적으
로 식민지배의 정당성을 확보하는 이데올로기의 정립과 아울러 대
외적으로 문화적 지배를 선전하기 위한 도구로서 총독부박물관의
기능과 역할의 확대 필요성이 인식되었으며, 이는 구로이타 가쓰미
등을 통해 제국 일본의 아카데미즘에 의해서도 적극 지지되었다.

2. 종합박물관 건립 계획의 배경

일본에서 박물관의 건립과 진흥이 대개 황실의례를 계기로 이루어졌다면, 식민지 조선에서 박물관 진흥은 식민지 지배를 찬양하는 시정기념사업의 일환으로 이루어지게 되었다는 점에 주목할 필요가 있다. 총독부박물관의 개관이 1915년 시정 5년 기념 조선물산공진회의 산물이었다면, 총독부박물관과 은사기념과학관을 통합한 종합박물관의 건립 계획은 1935년 시정 25주년 기념사업의 일환으로 추진되었다.

조선총독부는 1935년에 맞이할 시정 25주년을 기념하기 위한 사업에 대해 각 국별로 다양한 안을 공모하였다. 내무국의 금강산국립공원 계획, 식산국의 산업박물관 계획, 경무국의 무덕전(武德殿) 설립 계획, 학무국의 문화연구소 설립안 등이 제시되었다. 당초에는 문화연구소 설립안이 거의 확정적이었다. 문화연구소는 10년 계획으로 조선 고유의 문화, 즉 고분, 미술, 공예, 음악, 종교, 관습 등을 세밀하게 연구하여 조선의 정치에 이바지한다는 것이었다. 여기에는 타이완총독부의 구관조사회(舊慣調査會)의 성공 사례가 참조되었다.[4]

하지만 최종적으로 종합박물관을 건립하는 것으로 결정되었다. 1934년 8월 27일 회의 기록을 보면 다음과 같다.

관계 각국에서 제출된 계획안은 초혼사(招魂社) 설립, 박람회, 종합적 문화연구부(綜合的 文化研究部), 종합박물관 등이어서, 우(右) 계획안을 중심으로 심의한 결과 가장 유력한 계획안으로서 각 관계 국의 지지를 받아온 종합적 연구부 안은 현재에 있는 각 기관을 종합 확충

할 필요가 잇슬뿐 아니라 기념사업으로서 부적당하다는 의견이 강하여 결국 성립되지 아니하고 그보다는 종합박물관 안이 가장 의의 깁흔 것이라함에 대체로 의견이 일치되었다.[5]

　『매일신보』의 두 기사를 통해 볼 때, 조선총독부 각 국에서 7월 '금강산국립공원 계획, 산업박물관 계획, 무덕전 설립 계획, 문화연구소 설립' 등을 제시하였다가, 8월에는 '초혼사 설립, 박람회, 종합적 문화연구부, 종합박물관' 등을 제시한 것을 보면, 당시 제시된 안들은 면밀한 검토를 거친 구체적인 계획이라기보다는 아이디어 차원에서 제기된 것이라고 볼 수 있다. 당초 조선총독부 내부에서는 문화연구소 설립안이 유력하였으나, 야마다 사부로(山田三郎, 1869~1965) 경성제대 총장, 시게무라 요시이치(重村義一, 1875~1938) 은사기념과학관장, 아루가 미쓰토요(有賀光豊, 1873~1949) 식산은행 두취, 가다 나오지(賀田直治) 경성상공회두 등 민간 위원과, 이마이다 기요노리 정무총감을 비롯한 주요 국과장이 참석한 관민 합동협의회에서 종합박물관 계획이 채택되었다. 문화연구소는 현재 각 기관에서 맡고 있는 일과 중복되는 부분이 있어서 먼저 이를 조정할 필요가 있으며, 아울러 기념사업으로서는 부적당하기 때문이라고 하였다.

　문제는 종합박물관 계획이 총독부박물관을 확장하는 것이 아니라 총독부박물관과 은사기념과학관을 통합하는 안이라는 점이었다. 이에 대해 총독부박물관은 어떤 입장을 취했을까. 흥미로운 점은 시정 25주년 기념사업으로 종합박물관 안이 채택되는 1934년 8월 27일 회의에 총독부박물관의 책임자였던 경성제대 후지타 료사쿠나 오랫동안 총독부박물관의 후견인 역할을 했던 도쿄제대 구로이타 가쓰미가 참석하지 않았다. 구로이타와 후지타는 이후 종합박물관과 관련된 다른 회의에는 늘 참석하였으며, 후지타는 1937년 조선총독부 박물관건설위원회의 간사로 참여하였다. 총독부박물관의 핵심적인 두 인물이 궐석인 상태에서 종합박물관 계획안이 채택되었다는 점은 흥미롭다.

이후의 상황을 보더라도 총독부박물관과 은사기념과학관을 통합하는 종합박물관 안에 대해 구로이타와 후지타는 호의적이지 않았던 것 같다. 후지타 료사쿠는 "(종합박물관) 계획에 관해 구로이타 박사의 매우 실제적인 촉진안이 당초 제출되었지만, 당시 관계자가 둘러보지 않아서 막대한 예산을 그대로 둔 채 미완성으로 끝나게 되었다"는 언급을 한 바 있다.[6] 그리고 니시다 아케마쓰가 입안한 「박물관 시설에 관한 계획서」에 반영된 구로이타 가쓰미의 1925년 7월 의견서에 의하면, 총독부박물관 단독으로 신관 건물을 증축하고 역사부, 미술공예부 등으로 확장하는 것으로 되어 있다. 물론 여기에는 은사기념과학관을 포함하여 과학관은 제외되어 있다. 따라서 은사기념과학관을 통합하는 종합박물관 계획은 총독부박물관의 입장이 적극적으로 반영된 것으로 보기는 힘들다는 것을 알 수 있다.

오히려 종합박물관 계획에 적극적이었던 것은 은사기념과학관 측이었던 것으로 보인다. 은사기념과학관 측은 과학관 건물이 늘어난 진열품을 수용하기에는 공간이 좁고, 많은 관람객이 몰려들어 위생상 문제가 있으며, 목조 건물이어서 화재의 위험이 있다는 점을 지적하며, 총독부에 과학관의 개축을 촉구하는 '건축계획안'을 작성하여 조선교육회에 제출한 상태였다.[7] 은사기념박물관은 기관지『과학관보(科學館報)』의 지면을 통해 200만 엔의 예산이 책정된 종합박물관 계획이 "가장 기쁜 소식"이라고 전하면서, 종합박물관이 완성되고 과학관이 이전하게 되면 이전과 달리 넓고 쾌적한 전시실과 강연실을 가지게 되어 여러모로 편리해질 것이라는 기대감을 드러내었다.[8] 종합박물관의 부지가 당초 경복궁 내로 결정되었다가 왜성대로 변경한다는 등 논란을 벌인 데에도, 경복궁 내 조선총독의 관저 부지 문제와 함께 은사기념과학관의 입장이 강하게 반영되었던 것으로 보인다.

시정 25주년 기념사업이 논의되던 1934년 7~8월은 일본에서 기원 2600년 기념사업이 적극적으로 논의되기 시작한 시점이라는 점이 주목된다. 이 기념사업은 1940년 진무(神武) 천황이 나라(奈良) 가시하라(橿原)에서 처음 즉위한 지 2600년이 된 것을 대대적으로 기념하는 행사이다. 전국 규모의 기념사업이 처음 제기된 것은 1933년 3월 20일 제64회 제국의회 귀족원 본회의이며, 내각은 기원 2600년 축천(祝典) 평의위원회를 설치하였다. 이에 따라 1934년 3월 도쿄시의회는 만국박람회 개최를 가결하였으며, 5월에는 일본만박회협회가 설립되어 구체적인 준비를 해나가고 있었다. 1935년 2월 일본만박회협회가 발표한 만국박람회 계획안에 따르면 1940년 3월 15일부터 8월 31일까지 총 건평 17만 7,500m²에 24개 전시관에서 열리는 대규모 계획이었다.[9] 아울러 기원 2600년 기념사업으로 국사관의 건립이 추진되고 있었던 상황도 영향을 미쳤을 것으로 보인다.[10] 조선총독부에서도 당시 일본에서 대대적으로 논의되고 있던 기원 2600년 기념사업의 추진 상황을 염두에 두었을 것이며, 문화연구소보다는 물리적인 건설공사를 수반하여 대규모 건축물이 지어지는 종합박물관 계획으로 결정하게 되었던 것으로 보인다.

3. 종합박물관 건립 계획의 추진

1934년 8월 민관합동협의회에서 시정 25년 기념사업이 종합박물관 건립으로 의견이 모아짐에 따라, 이후 학무국이 종합박물관의 건립 계획을 수립하였다. 학무국은 총독부박물관과 은사기념과학관을 합병하기 위하여 3개년 계획으로 건평 2,000평의 건물을 총독부 청사 후정(後庭)에 건립하는 것으로 계획하였으며, 소요예산은 총 150만 엔으로 산정하였다. 이후 1년 가까이 왜성대와 경복궁을 두고 부지 선정을 둘러싼 소모적인 논란이 진행되었다.[11]

1) 1934∼1935년 부지 논란

'왜성대'라는 명칭은 1885년 도성 내 거주하기 시작한 일본인들이 임진왜란 당시 왜군 장수 마시타 나가모리(增田長盛) 등이 주둔한 곳이라 하여 붙인 이름이다. 본래 조선시대 군사 훈련장인 무예장이 있어서 예장 또는 예장골로 불렸다. 1876년 강화도 조약 이후 도성 밖을 전전하던 일본 공사는 1882년 임오군란으로 인해 일본으로 철수하였다가, 1885년 왜성대에 일본 공사관을 마련하였다. 1905년 11월 을사늑약 체결 이후 조선통감부가 설치되면서 초대 통감인 이토 히로부미는 공사관 건물을 통감부로 사용하다가 1907년 별도의 건물을 건립하였다. 통감부 건물에는 1910년 한국강제병합 이후 조선총독부가 들어서게 되었다. 1926년 총독부가 경복궁 내 건물을 신축하여 이전함에 따라 그 자리에 1927년 은사기념과학관이 문을 열게 되었다(〈그림 10-2〉 참조). 통감부 건물은 1948년 소실되었다.[12]

그림 10-2. 은사기념과학관

은사기념과학관은 현 국립중앙과학관의 전신으로, 다이쇼 일본 천황이 준 은사금 17만 엔을
자본금 삼아 1927년 5월 10일 서울의 남산 왜성대 총독부 구청사에 14개 상설전시관을 갖추고
개관했다.

출처: 김유정문학관 소장 서울명소 사진.

통감부 건물이 별도 건립된 이후, 구 공사관 건물은 이토 히로부
미 통감의 관사로 사용되었는데, 1910년 8월 22일 조선통감 데라우
치 마사타케와 대한제국 총리대신 이완용이 한국강제병합 조약을
맺은 역사의 현장이기도 하다. 1910년 이후에는 조선총독의 관사가
되었다. 1939년 현 청와대 자리로 총독 관사가 옮겨감에 따라, 1940
년 그곳에는 시정기념관이 개관하였고, 해방 이후 1946년에는 송석
하 주도로 국립민족학박물관이 들어섰다. 1950년에는 국립박물관
남산분관이 자리하였고, 1954년 연합참모본부가 들어섰다.[13]

민관협의회 이후 학무국의 종합박물관 계획안에서 부지는 '총독
부 청사 후정'으로 되어 있다.[14] 그런데 『매일신보』 1934년 11월 9일

자에는 "그 편(便)은 총독부의 관저가 건축됨으로 왜성대의 은사과
학관의 부근으로 결정되여"라고 되어 있다. 경복궁 내 총독부 청사
후정에는 총독부 관저가 들어설 예정이므로 왜성대로 부지가 변경
되었다는 것이다. 당시에는 왜성대와 용산에 있던 노후하고 협소한
총독 관사를 증개축하거나 강북으로 이전하는 방안이 검토되었고
또 부지를 물색 중인 상황이었다.[15] 하지만 이에 대한 반대가 만만치
않았다. 1934년 11월 24일 제1회 협의회에서 "제일회 회합인 만치
결정은 못되엿스나 후보지는 종종의 의견이 잇섯스나 결국 왜성대
은사과학관 부지가 유력"하다고 하였다. 부지에 대해 논란이 많았던
것으로 보이는데, 참석자 중 후지타 료사쿠 '박물관장'이 포함된 것
으로 보아, 총독부박물관 측에서 강력한 반대를 제기했던 것 같다.

이러한 논란은 1935년 4월에도 계속되었다. 『매일신보』 1935년
4월 21일자에는 다음과 같은 기사가 실렸다.

목하 착수에 준비 중인데 그 부설 장소를 어느 곳에 할가 하는 것이
문제 중에 잇다. 그래서 총독부에서는 신중히 조사 중인데 제1호 후
보지로 지목되는 덕수궁은 조선의 유서 깁흔 건축물임으로 이곳으
로 완정하기는 어려운 모양이며, 대화정 왜성대 방면은 부근 주민들
이 긔성회까지 조직해가지고 유치 운동까지 하고 잇는 현상이요, 저
총독부 청사 자리는 발시가 납버서 조치안은 모양 갓다. 그래서 결국
총독부 뒤 현 총독부박물관 부근이 가장 유력한 후보지로서 연구 중
에 잇다.[16]

종합박물관의 왜성대 건립안에는 인근 지역 주민들의 적극적인

유치 활동도 일조했음을 알 수 있다. 하지만 종합박물관을 경복궁 내에 짓는 것으로 가닥이 잡히는 듯했다. 구로이타 가쓰미-후지타 료사쿠로 이어지는 총독부박물관 측의 강력한 주장이 관철되었으며, 한편 왜성대가 식민지 지배의 입지적 상징성과 양호한 접근성은 있지만[17] 부지가 좁고 대지 공사비가 많이 소요된다는 난점도 고려되었던 것으로 보인다.[18]

2) 1935년 부지와 건립 계획의 확정

부지, 건축양식, 설계 현상공모 등의 구체적인 계획은 1935년 7월 5일 관민간담회에서 최종 결정되었다. 총독부에서는 정무총감, 학무국장, 사회과장, 학무과장, 인사과장, 문서과장, 회계과장, 사계과장이 참석하였고, 민간에서는 야마다 사부로 경성제대 총장, 가토 게이사부로(加藤敬三郎) 조선은행 총재, 아루가 미쓰토요 식산은행 두취, 가다 나오지 경성상공회두, 후지타 료사쿠 박물관장, 시게무라 요시이치 은사기념과학관장, 구로이타 가쓰미 도쿄제대 교수 등이 참석하였다.

부지는 경복궁 뒤 당시 미술관 전람회장 옆의 1만 2,000평으로 결정하고 총경비는 180만 엔으로 증액하였다. 이는 도쿄제실박물관과 교토대례기념박물관의 규모를 염두에 두고 결정한 것이었다. 예산 180만 엔 중 100만 엔은 국비로 충당하고 80만 엔은 민간의 기부금을 통해 조달하기로 하였다. 건축 양식은 조선색(朝鮮色)을 띠어 주변의 궁궐 건물과 조화를 이루도록 하며, 1만 엔의 현상공모를 통해 모집하기로 하였다.

관민간담회의 결정에 기초하여 구체적인 건립 계획의 개요가 마련되었다. 『매일신보』 1935년 8월 29일자에 다음과 같이 제시되어 있다.[19]

一. 위치

조선총독부청사 뒤 현재 박물관 사무소 부근 약 5만 평방미터.

一. 규모

본 박물관은 종합박물관으로서 현 총독부박물관 및 은사기념과학관을 공히 확장하여 한 장소에 병치할 예정이나 이 양자는 그 성질 상 동일 건물 내에 설치함이 불리함을 인식하고 서로 인접한 별동으로 함. 상(尙) 현재 박물관은 이를 자원관으로 만들고 다시 이 삼관의 사무를 통할하기 위하여 따로 사무소를 건설하여 종합박물관으로서 사명을 완수하게 할 계획이다.

一. 건물의 계수평수(階數坪數)

미술박물관은 그 성질 상 주계(主階) 2층으로 짓고 과학박물관은 3층을 지어 공히 일부 지하층을 두되, 미술박물관 연 4,900평방미터, 과학박물관 5,000평방미터로 함. 사무소는 3층으로 짓고 일부 지하층 포함 2,650평방미터로 함.

一. 건축양식

주위 환경에 적응시켜 동양 취미를 가미케 함. 단 미술·과학 양관을 모두 같은 양식으로 하나 과학박물관은 그 성격상 미술박물관에 비해 비교적 의장 간소한 것으로 함.

一. 구조
내화내진의 구조로 하고 사용 재료는 부득이한 것 외에는 국산품으로 함.

一. 배치
미술박물관은 각 진열실의 위층에 귀빈실을 설치하고 아래층에는 진열품의 정리 저장 및 신발장을 배치함.
과학박물관은 각 진열실 외에 아래층에는 마찬가지로 진열품의 정리 저장으로 채움.
사무공간은 관장실, 각 부장실, 각 연구실, 각 기술실, 도서실, 준비실, 사진실 등 외에 대강당, 강의실, 보일러실, 전기실 등으로 함.

一. 경비
쇼와 10년도(1935년) 이후 4개년 계속 공사로 하여 총 경비 및 각관 내 설비를 포함하여 200만 엔으로 하고, 국비 및 기부금으로 충당함.

경복궁 내에 별동으로 미술박물관과 과학박물관을 짓고, 기존 총독부박물관 건물에 자원관을 설치함으로써, 미술, 과학, 자원 3관으로 구성되는 종합박물관을 추진하는 것으로 발표되었다. 건립 비용 200만 엔 중 100만 엔을 기부금으로 민간에서 갹출하기로 함에 따라, 미쓰이 15만 엔, 미쓰비시 15만 엔, 스미토모(住友) 10만 엔 등 기업과 대구의 오구라 다케노스케(小倉武之助) 5만 엔 등 기업인으로부터 고액이 기부되어[20] 이내 70만 엔이 모였다. 한편 소액 기부를 장려하기 위해 시정 25주년 기념박물관 건립후원회를 설립하였으며, 총독부 관료들도 고등관은 봉급의 100분의 1, 판임관은 봉급의 200분의 1을 기부금으로 내놓았다. 계획이 순조롭게 진행됨에 따라, 1935년 11월 19일 총독부 종합박물관 지진제(地鎭祭)가 우가키 가즈시게 총독의 주재로 경복궁 내 선전(鮮展) 회장(會場) 앞 1만 5,000평의 부지에서 거행되었다.

이러한 종합박물관 계획은 우가키 가즈시게 총독의 통치 슬로건인 '심전개발(心田開發)' 운동에 부합되도록 함으로써 정당성을 부여받았다. 1935년부터 본격적으로 내세워진 심전개발운동은 식민지 동화 내지 일본화정책으로 이루어진 정신교화운동의 일환이다.[21] 물질문명의 발달에 따른 정신문화의 고양을 지향하는 것으로, 실제로는 '내선일체'를 위한 황도정신(皇道精神)의 체득을 목표로 하고 있다. 황도정신의 체득을 위한 정신문화의 고양이라는 차원에서 식민주의 역사관을 체현한 박물관과 고적조사의 의미는 심전개발의 측면 공작으로서 중요한 의미를 지녔다.

아울러 종합박물관 계획은 "종래 박물관은 수천 년의 깊은 역사를 지닌 반도의 빛나는 문화를 반영하는 시설로서 부족하며, 자연과학에 대한 지식을 보급하고 함양하기 위하여 과학관이 확대될 필요"와 더불어 "현존 박물관의 확장 내용의 충실을 도모하는 동시에 산업에 관한 일반지식과 그 개발에 필요한 소지를 함양하는 시설이 되게 하며, 겸하여 현재의 은사과학관을 합병하여 예지(叡智)를 영원히 기념하는 동시에 조선 문화의 향상, 산업의 지도계발과 일반 사회교육의 보급 발전에 공헌하는 것"으로 보았다.[22] 바로 이러한 종합박물관 계획은 내선일체를 위한 황도정신 체득의 심전개발이라는 식민 정책에 적극 부응하여 추진한 사업이었다.

3) 건축 설계와 직제

종합박물관 건축 설계의 현상공모가 진행되어, 1935년 12월 20일에는 당선작이 선정되었다. 88명이 응모한 가운데, 상금 5,000엔이 주어지는 1등에는 조선총독부 회계과 기수인 야노 가나메(矢野要)의 설계안이 당선되었다. 설계안은 '조선의 독특한 색채'를 띠었으며, 미술박물관과 과학관, 그리고 사무실 등 3개관으로 구성되어 있다(〈그림 10-3〉, 〈그림 10-4〉 참조).

1936년 1월에는 종합박물관 직제 계획을 발표하였다. 개관과 더불어 관장은 칙임(勅任)으로 하고, 주임(奏任)부장 3명을 임명하여 미술박물관과 과학박물관 그리고 자원관을 각각 담당하게 하며, 총 직원은 100여 명으로 하기로 계획하였다.

1936년 5월에 기공식을 열기로 계획되어 있었지만,[23] 예정대로 열리지 못했는데, 이는 인사이동과 관련이 있어 보인다. 제6대 총독 우가키가 물러나고, 1936년 8월에 제7대 총독 미나미 지로(南次郎, 재임 1936년 8월~1942년 6월)가 부임하였다. 총독이 교체되는 어수선한 과도기적 상황으로 인해 기공식이 연기되었던 것으로 보인다. 새로운 총독의 부임으로 인해 종합박물관 계획은 검토의 시간을 갖게된다.

1937년 2월 「조선총독부박물관건설위원회규정」이 제정되고[24] 박물관 건설위원회가 설치되었다(〈표 10-1〉 참조).[25]

그림 10-3. 종합박물관 건축 현상설계 투시도

1935년 종합박물관 건축 설계의 현상공모에 1등으로 당선된 조선총독부 회계과 기수 아노 가나메의 설계안이다.

출처: 국립중앙박물관.

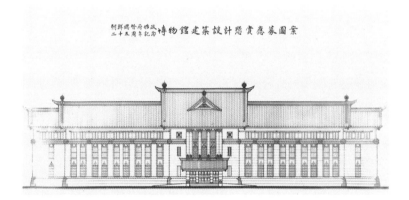

그림 10-4. 종합박물관 건축 현상설계도

조선총독부박물관이 이전할 새 건물의 현상설계도로, 당초 박물관과 과학관만 신축할 계획이었으나, 1937년 11월에 미술관의 건립도 추가되었다.

출처:국립중앙박물관.

　　고문으로 위촉된 사람은 전임 정무총감이었던 이마이다와 경성 제대 전·현임 총장, 그리고 조선은행 총재와 식산은행장이 있다. 그

표 10-1. 박물관건설위원회 구성(1937년 2월 19일)

위원장		오노 로쿠이치로(大野綠一郎, 정무총감)
고문(촉탁)		이마이다 기요노리(今井田淸德, 귀족원의원), 야마다 사부로(山田三良, 전 경성제대 총장), 하야미 히로시(速水滉, 경성제대 총장), 이토 주타(伊東忠太, 도쿄제대 명예교수), 다케다 고이치(武田五一, 국보보존회 위원), 우치다 요시카즈(內田詳三, 도쿄제대 교수), 사노 리키(佐野利器, 학술연구회 회원), 가토 게이사부로(加藤敬三郎, 조선은행 총재), 아루가 미쓰토요(有賀光豊, 식산은행장)
위원	임명	오타케 주로(大竹十郞, 내무국장), 하야시 시게조(林繁藏, 재무국장), 도미나가 후미카즈(富永文一, 학무국장), 야마무라 에이키치(山村銳吉, 중앙시험소 기사), 우에노 나오테루(上野直昭, 경성제대 교수)
	촉탁	오다 쇼고(小田省吾, 이왕직 촉탁), 시게무라 요시이치(重村義一, 은사기념과학관장), 가다 나오지(賀田直治, 조선상공회의소 회장), 최남선(崔南善, 중추원 참의)
간사(임명)		후지모토 슈조(藤本修三, 총독부 회계과장), 김대우(金大羽, 총독부 사회교육과장), 미시마 쇼로쿠(三島小六, 총독부 이사관), 하기와라 고이치(萩原孝一, 총독부 기사), 후지타 료사쿠(藤田亮策, 경성제대 교수)
사무(촉탁)		우에노 나오테루(경성제대 교수), 시게무라 요시이치(은사기념과학관장)
서기(임명)		가쓰라기 스에지(葛城末治, 총독부 속), 나가오 후쿠조(永尾福藏, 총독부 속), 나가누마 데이지로(長沼貞治郎, 총독부 속), 요시나가 구마키치(吉永熊吉, 총독부 속), 아사노 기요카쓰(淺野淸坦, 총독부 속)

외 이토 주타(伊東忠太, 1867~1954) 도쿄제대 명예교수, 다케다 고이치(武田五一, 1872~1938) 국보보존회 위원, 우치다 요시카즈(內田詳三, 1885~1972) 도쿄제대 교수, 사노 리키(佐野利器, 1880~1950) 학술연구회 회원 등은 모두 건축가이다. 여기서 새롭게 등장하는 인물은 우에노 나오테루(上野直昭, 1882~1973)이다. 그는 도쿄제대 철학과에서 심리학을 전공한 후 독일에서 미학을 공부하였다. 당시 경성제대 교수로 있었는데, 고유섭(高裕燮, 1905~1944)의 경성제대 스승으로도 잘 알려져 있다. 후일 도쿄미술학교 교장, 도쿄국립박물관 관장을 역

임하였다. 총독부박물관에는 거의 관여하지 않았던 우에노 나오테루가 종합박물관 건립에는 위원과 사무 촉탁으로 관여하였다는 점은 종합박물관의 성격과 관련하여 주목되는 점이다. 아마 종합박물관의 한 축이 미술박물관이기 때문인 것으로 보인다. 1937년 제1회 박물관건설위원회는 "동양 제일을 자랑하는 호화스러운 박물관 건설"을 목표로 본관인 고고미술관을 비롯하여 각 전시관의 성격과 기능을 정리했다.

　그렇다면 1937년 11월 왜 별도의 미술관 건립이 추가되었을까. 당초 종합박물관의 건립 비용은 총독부 예산 100만 엔과 기부금 100만 엔을 더해 총 200만 엔을 예상하였다. 하지만 기부금이 초과 모금되어 131만 엔이 모였다. 이에 따라 31만 엔으로 미술 전시를 위한 전용 공간으로 별관을 신축하고자 한 것이다. 1년간의 설계 기간을 거쳐, 1938년 봄 착공한 뒤, 시정 30주년이 되는 1940년 개관을 목표로 하였다.[26] 당초 조선총독부는 1929년 이래 경복궁에서 열렸던 박람회 공간을 조선미술전람회 전시장으로 이용하고 있었다. 하지만 종합박물관의 부지로 결정되어 1935년 11월 지진제를 거행한 곳이 바로 조선미술전람회장이 위치해 있던 곳이었다. 따라서 조선미술전람회장의 폐쇄가 불가피하게 되었고, 초과 기부금으로 별도의 미술관 건립을 추진하게 되었다. 650평 규모의 조선총독부미술관은 예산 15만 엔이 투입되어 1939년 5월 완공되었다. 조선총독부미술관에서는 1939년부터 1944년까지 해마다 대표적인 관전인 조선미술전람회가 열렸으며, 1939년 이후의 전시는 전시체제의 영향으로 군국주의의 색채가 짙게 깔려 있었다.[27]

4. 종합박물관 건립 계획의 좌절

1938년 들어 전시체제하 물자총동원법이 시행되었다. 이에 1938년도 예산도 5억 4,000만 엔에서 5,000만 엔이 삭감되었다. 이에 금강산 관광 시설과, 종합박물관을 비롯하여 총독의 신관저, 전매국 청사, 평남도청 청사 등 여러 건축공사가 중단되었다.[28]

1939년 2월 이후 조선에서도 강재(鋼材, 강철)의 배급이 절반으로 감소하면서 강재의 부족 사태를 초래하였고, 총독부는 1939년 5월 "현재 강재 부족을 완화하기 위해 고철 통제를 단행하기로 하고 우선 내지 유출을 제한하기로 결정"하였다. 아울러 1940년 6월에는 반대로 일본 제품의 조선 이출이 전면 제한되었다. 철강·면사·견사 등 산업물자가 중심이었다. 수입물자의 60~70%를 일본 본토에 의존했던 조선은 이전에 볼 수 없던 격심한 자재난과 노동력 부족, 그리고 수송난을 겪게 되었다.[29] 이에 따라 조선총독부의 대규모 건축공사는 어려움을 맞이하였다.

1940년 들어 종합박물관 건립은 다시 추진되었다. 이러한 공사 재추진에 대해, 종합박물관 추진 초기까지만 해도 본관인 고고미술관이 중심이었으나 중일전쟁 이후 과학관 중심으로 바뀌었으며, 본격적인 전시체제기에 들어서 군수공업 중심으로 사회가 움직이자 박물관도 시대 흐름에 맞추어 천연자원의 수급과 활용을 위한 식민지적 '과학성'을 중시하게 되었다는 견해가 있다.[30]

이 건물의 평수는 본관이 일천오백칠십평 과학관이 일천육백이십평으로 현재 덕수궁 안에 잇는 미술관의 건축양식을 따서 시국 아래 신축하는 건물로서는 실로 훌륭한 건물이다. 그런데 준공까지는 적어도 삼개년이 걸릴 것이라고 보이나 방금 자재난이 심각하기 때문에 사년이 넘어 걸릴 것 갓다. 드듸어 이 건물이 완성되면 지금 왜성대에 잇는 과학관을 이리로 옴기여올 것이며 또 총독부 뒤에 잇는 박물관도 옴겨오리라고 한다.[31]

하지만 당시 과학관만 아니라, 경복궁 내 총독부박물관을 옮겨올 미술박물관에 대한 건립 공사도 재개되었다. 공사비도 240만 엔에 달하는 만큼, 이 공사는 당초 종합박물관 건립 계획의 온전한 실현이었다. 총독부 학무국은 시종일관 총독부박물관의 확장과 과학관과의 통합을 근간으로 하는 종합박물관 계획을 추진하였다. 다만 자원관은 기존 총독부박물관 건물의 활용 방안으로 추가된 것이며, 미술관의 추가 건립은 기부금이 예상 외로 더 들어옴에 따른 예산상의 문제와 함께 건립부지에 있었던 미술전람회장이 없어짐에 따라 이루어진 것이다.

11장

공출과 소개

1. 공출

1) 태평양전쟁과 금속회수

1939년 이후 일본의 침략 범위가 확대되면서 베트남 침공과 독·이·일 삼국동맹에 따라, 미국은 일본에 고철금수 조처를 시행하였다. 그동안 미국의 설철에 의존하던 일본은 심각한 금속 자재의 부족 사태를 맞으며 큰 타격을 입었다. 이에 따라 전쟁 수행에 필요한 병기 제조의 원료가 되는 철(鐵), 동(銅), 석(錫) 등의 금속을 조달하기 위해 일본 본토와 식민지에서 '금속 공출'을 추진하였다.[1]

일본에서는 1939년 우편함, 가로등, 벤치, 화로 등을 회수하였고, '국방상 중요한 물자 확보'를 위해 「국가총동원법」 제8조에 따라 「금속류회수령」(1941년 8월 29일, 칙령 제835호)을 공포하였다. 철 관련 42종, 동 관련 46종의 회수 물건과, 군수시설을 제외한 학교, 병원, 금융시설, 시장 등 회수 시설을 지정하였다. 민간 조직을 통해 가정에서 일상생활의 필수품을 제외한 금속 물건의 공출을 독려하였고, 관공서에서도 철책, 철문 등의 공출에 적극 참여하도록 하였다.

조선총독부에서도 1941년 9월 15일자 관보에 「제정령」을 싣고 9월 30일에 동 시행규칙을 공포하여 90종에 달하는 물자를 지정했다. 1941년 6월 16일 미나미 총독은 "3주간에 걸쳐 전 조선 내의 각 공장과 사업장이 보유하고 있는 불요불급한 금속류의 회수운동을 전개한다"는 통첩을 내렸다. 또한 1942년 3월 1일부터 한 달 동안을 '금속류특별회수기간'으로 정하고, 가정용 유기제품을 비롯하여 유기제 제기, 은제 제기 등을 헌납하게 했다. 이어 총독부는 1942년 7월 17일 '대동아전쟁의 결전단계 진입' 운운하면서 「비상회수실시요강(非常回收實施要綱)」을 발표하여 비상회수를 단행하였다.

1942년 본격적인 금속회수사업이 시작되었는데, 태평양전쟁의 발발에 따라 남방 자원을 수송할 선박을 긴급하게 건조할 필요가 있었다. 1943년 『아사히신문(朝日新聞)』 보도에 의하면, 도쿄의 신사 33개소, 사원 73개소, 교회 14개소에서 범종과 문비 등을 공출하였다. 러일전쟁에서 포획한 야포, 포탄, 소총 등의 전리품과 야스쿠니 신사의 야외와 '유슈칸(遊就館)'에 진열된 청일전쟁 전리품도 공출되었다.[2]

문화재와 관련하여 특히 동(銅)이 문제가 되었는데, 사찰의 물건이나 국보, 중요미술품으로 지정된 것이 공출 대상에 다량으로 포함되었다. 그래서 일본에서는 상공성 내에 '특수회수동물건 심사위원회'를 설치하였다. 위원회는 상공차관을 회장으로 하고, 관료와 함께 도쿄미술학교 교장인 조각가 아사쿠라 후미오(朝倉文夫, 1883～1964), 도쿄미술학교 교수 기타무라 세이보(北村西望, 1884～1987), 제국학사원 회원 겸 도쿄제대 명예교수 다키 세이이치(瀧精一, 1873～1945)와 쓰지 젠노스케(辻善之助, 1877～1955) 등으로 구성되었다.[3] 그럼에도 불구하고 1942년 5월 범종(梵鐘)이나 불구(佛具) 등에 대한 강제적인 공출이 광범위하게 이루어졌으며, 일본에서는 범종의 9할 이상이 사라졌다는 쓰보이 료헤이(坪井良平)의 언급도 있다.[4]

일본 본토의 방침에 발맞추어 조선총독부에서도 1943년부터 "격증하는 군수와 생산 확충에 필요한 금속자원을 불요불급의 금속회수로서 보충"하고, "미영(美英)을 적멸할 만큼 병기가 될 쇠·구리·동의 금속품을 회수하는 운동"을 회수의 기조로 삼았다. 이에 따라 "일반 가정과 거리에 있는 금속 그리고 산업의 설비를 재편성하야 여기서 급하지 않은 것"을 철저히 회수했다.

1944년 2월부터 기업정비가 본격화되고 설비회수가 시작되자 일제는 「결전비상조치요강(決戰非常措置要綱)」(1944년 2월 25일)을 통하여 공공시설의 회수도 시작하였다. 그리고 이후 약 4개월간의 논의를 거쳐 「금속회수실시요강(金屬回收實施要綱)」(1944년 6월 16일)을 전국에 통첩했는데, 여기서 1944년도 회수 목표는 다음과 같다.

(1) 비상회수의 목표: 철 25,000톤, 동 8,000톤, 납 가급적 다량.
(2) 일반회수: 철 23,000톤, 동과 연 가급적 다량 — 관청 및 공공단체 등 지정시설 외 가정회수를 강행한다.

철도 궤도도 회수되었는데, 조선철도 중에서 회수당한 철로는 총 9개였다. 현재 알려진 노선으로는 토해선(土海線)[土城(토성) - 해주 간] 중 토성 - 청단(靑丹) 간, 광주선(光州線) 중 광주 - 담양 간, 경북선(김천 - 안동) 중 점촌 - 예천 - 안동 간, 동해선(안변 - 양양 - 삼척) 중 양양 - 북평 간 등이 철거되었다. 더욱이 1944년 8월 20일부터 9월 말까지 경성부는 '적국항복금속결전회수(敵國降伏金屬決戰回收)' 운동을 전개하면서 그동안 공출하지 않았던 것 중에서 쇠로 만든 냄비·솥·칼·삽 등 가정에서 없어선 안 될 물건이나 대용품 없는 물건을 빼고 의자·흡연기구·장식용구·도금·승강기·선풍기문·들창 부속물 등 그야말로 거의 모든 생활물자를 공출 대상에 포함시켰다.

1943년 12월 15일 자원회수와 더불어 시설회수를 일원적으로 추진하기 위한 기구인 조선중요물자영단이 설립되었다. 금속회수를 담당한 조선중요물자영단은 민영의 형태를 띠지만, 총독부 관료가 감리관이나 평위원, 설립위원 등을 모두 맡았다.[5] 총독부박물관의 재래 병기 회수는 이러한 총독부의 정책 추진 과정에서 진행된 사업이었다.

2) 총독부박물관 소장 재래 병기

총독부박물관은 1916년 개관에 즈음하여 조선군사령부와 병기지창에서 이관받은 다량의 조선시대 및 대한제국 병기를 소장하고 있었다. 대한제국의 병기류 등은 1915년 조선주차군사령부와 병기지창에서 옮겨온 것이다. 현재 총독부박물관의 『진열물품 납부서』에 의하면, 소장품의 제일 앞부분인 1번부터 194번으로 등록되어 있다.

이러한 무기류는 경복궁의 사정전에 전시되었다가 이후에는 근정전 동쪽 회랑으로 옮겨져 계속 전시되었다. 대한제국 군대의 무기를 압류하여 박물관에 전시한 것은 일본제국의 군사적 승리와 무력적 제압을 상징적으로 보여주려는 의도였다. 전시 공간은 박물관 본관이 아닌 경복궁의 전각 건물이었는데, 서양식의 박물관 본관 건물로 상징되는 진보적인 근대 문명과의 대비를 극대화하고자 한 조치였다. 1908년 개관한 타이완총독부박물관에서도 일본의 지배에 저항한 타이완의 토착원주민을 제압하고 이들의 무기를 전시한 것은 같은 맥락이라고 할 수 있다.[6] 재래 무기의 후진성을 시각적으로 제시함으로써 제국 일본과의 군사력 격차를 적나라하게 보여주고, 이런 전시를 통해 현격한 무력 차이를 통해 굴복의 당위성을 선전하고 저항의 가능성을 제거하고자 하는 상징성을 내포한 고도의 정치적 상징을 배경으로 하고 있음은 2부 5장에서 언급한 바 있다.

3) 박물관 소장품의 공출

금속류 비상회수가 급박하게 진행되던 1944년 총독부가 총독부박물관의 유물도 공출하였다는 사실을 확인할 수 있다.

박물관 소장 근대 병기류 중에는 같은 종류의 다수가 중복되어 특히 전부를 존치할 필요가 없는 바이므로 필요한 것을 제하고 북선과학박물관 및 은사과학관으로 각각 무상 양여하고, 잔여분은 금속품 회수에 기여하기 위하여 처분하는 것이 마땅하다.[7]

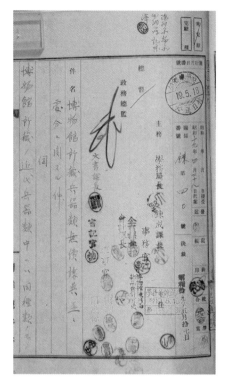

그림 11-1. 박물관 소장 병기류 무상 양여 및 처분에 관한 건에 관한 총독부박물관 공문서

조선총독부박물관 소장 고병기의 금속 공출을 확인할 수 있는 공식 문서이다. 상단에 1944년 5월 당시 조선총독부 정무총감 다나카 다케오(田中武雄)의 사인이 있다.

출처: 국립중앙박물관.

1944년 총독부박물관은 북선과학박물관(北鮮科學博物館)과 은사기념과학관의 요청에 따라, 5월 18일 정무총감의 결재를 통해 무상 양여를 허가하였다. 이에 총독부박물관은 소장하던 고병기 중 진열품 등으로 필요한 유물을 제외하고 북선과학관에 165점, 은사기념과학관에 295점을 무상 양여하고, 잔여분 1,610점을 금속 공출에 제공하였다(〈그림 11-1〉 참조).

총독부박물관은 1916년 조선주차군사령부 및 병기창에서 인수한 삼혈포(三穴砲) 등 1,223점을 본관품 1번에서 194번으로 등록하였다. 이후 1918년 잡포(雜砲) 등 430점을 6515번에서 6529번으로 등록하였다. 당시 조선주차군사령부 및 병기창에서 인수한 전량을 등록한 것이 아니라, 미등록 상태에서 보관하던 유물도 다량 있었던 것으로 보인다.

조선 재래 병기의 공출과 관련하여 등장하는 곳은 북선과학박물 관과 은사기념과학관이다. 북선과학박물관은 1942년 함경남도 청진 에 개관한 박물관으로, 광업가 이와무라 주이치(岩村長市)와 수산가 미야모토 데루오(宮本照雄)가 광물 자원이 풍부한 함경북도의 지리 적 산업적 중요성을 감안하여 사단법인 함경북도과학교육재단을 설 립하고 개관한 박물관이다.[8] 북선과학박물관은 제1본관에 물상부, 생물부, 수산과학부, 지리·광물부, 철강부, 화학공업부, 항공과학부 를 두고, 부설 건물에 영양과학부, 광산과학부, 공작부, 교변물 대여 부를 설치하였다. 그리고 전력 증강을 위하여 항공기, 자동차, 기타 과학병기 등에 관한 강의를 하였고, 부속 공장에서 공원(工員)을 양 성하였으며, 전쟁 시 영양 보급에 관한 도서, 도표, 통계 등을 전시하 였고, 장래 광산 전사(戰士) 양성을 계획하기도 하였다.

은사기념과학관은 1925년 5월 10일 천황의 결혼 25주년을 맞이 하여 받은 은사금 19만 엔으로 건립되어 1927년 5월 개관하였는데, '은사기념'이라는 명칭은 그것을 기념하기 위해 붙여진 것이다. 조선 총독부가 경복궁 내 신축 건물로 이전함에 따라 남게 된 왜성대의 조 선총독부 청사를 활용하여 개관한 박물관이다.[9] 오늘날 국립중앙과 학관의 전신이라고 할 수 있다.

총독부박물관이 소장하던 고병기가 두 과학관들과 어느 정도 직 접적인 관련성이 있는지는 의문이다. 당시 이루어진 총독부박물관 의 고병기 처분의 실제 목적은 1,610점에 달하는 고병기 유물을 공출하는 것이었다. 박물관 소장품마저도 금속회수의 대상에서 벗어나지 못하였던 것이다. 표면적인 행정 절차는 함경북도 북선과학박물관과 은사기념과학관의 요청에 의해 일부 양여하고 다수의 유물을 처분한 것으로 되어 있다. 하지만 총독부박물관의 소장품을 처분하기 위한 명분을 확보하기 위하여 일부 유물을 두 박물관에 양여하였고, 정작 병기 유물 처분의 실제 목적은 전쟁에 필요한 금속을 확보하기 위한 것으로 보이며, 이를 위하여 사전 결정된 절차를 진행했던 것으로 보인다.

한편 1944년 9월 14일 조선총독부 학무국장은 일본 문무성 총무국장에게 중요 문화재의 공출에 관한 일본의 사례를 문의하는 문서를 보냈다. 기안자는 박물관 주임이었던 아리미쓰 교이치였다. 「금속회수의 대상이 되어야 하는 국보 또는 중요미술품 등 취급 방법에 관한 건」이라는 다음의 문서이다.[10]

국보 또는 중요 미술 등으로 금속회수의 대상이 되어야 하는 것에는 그것을 회수에서 제외할 수 있는 것으로 사료되어야 하는바, 사무상의 참고하기 위하여 이에 대한 취급 방안에 관한 상세한 회답을 번거롭지만 의뢰한다.
참조 조선에서는 보존령에 의거하여 지정된 보물 중 종(鐘)과 같은 것을 회수하는 방안에 관해 고려 중인바, 그것의 취급에서 내지의 방안을 알아둘 필요가 있기 때문이다.

이 문서를 통해 조선총독부가 보물로 지정된 동종을 공출하는 방안을 고려 중이었다는 점을 확인할 수 있으며, 중요 문화재의 공출에 대해 일본 본토의 사례를 참고하고자 했다는 사실도 알 수 있다.

문화재 공출만 아니라 문화재 보호시설에 설치되어 있는 금속도 철저히 회수하였다. 1944년 8월 25일 조선총독부 학무국에서 경기도지사에게 보낸 「보물시설의 철책 등 공출에 관한 건」이라는 문서가 주목된다.[11] 이 역시 아리미쓰 교이치가 기안한 문서인데, "귀 관할에 소재한 아래 보물은 보존시설의 책(柵) 등에 금속류를 사용하고 있는바, 대체시설을 하고는 최근 실시 중인 비상 금속회의에 응하여 공출을 하여도 보물 보존상 지장이 없다고 인정되어 적의 조치"하라는 내용이다.

당시 보물의 보호시설 중 공출의 대상이 된 곳은 보물 2호 경성 동대문 철책, 보물 3호 경성 보신각 금망(金網), 보물 4호 원각사지 다층석탑 철책 등 3곳이다. 실제 철제 보호시설을 공출하고 목책을 설치한 경주 금관총의 사례도 있다. 1944년 10월 경주군에서 금속류 비상회수운동에 응하여 경주 금관총의 외책(外柵) 철쇄(鐵鎖)를 공출하였다. 대신 금관총 보호를 위하여 목책을 설치키로 하고, 목책 설치 비용 165엔 중 철쇄를 매각한 대금 6엔 75전을 제한 158엔 25전을 총독부에 신청하였다. 이에 학무국 연성과에서는 목책 설치비를 지급하였다.[12]

국내 사찰 문화재의 피해도 많았다. 1943년 1월 28일 조계종은 본사 주지에게 사찰 소유 금속류 공출 헌납에 관한 건을 1차 지시하여 3월 각 본말사의 범종, 불구 등 금속류를 공출하였으며, 이어 2차 지시(6월 10일), 3차 지시(8월 26일)를 하였다. 태고사는 1943년 5월 24일 범종 및 진유금속헌납앙고법요(眞鍮金屬獻納仰告法要)를 거행한 후, 43개 사찰 등에서 헌납한 범종 등 1,160점 4,545kg, 헌금 336

엔을 용산애국부에 전달하였다. 기림사 본말사는 1943년 각종 불구 487점을 헌납하였고, 통도사는 사리탑 주변 철제 난간을 비롯하여 식기, 불구 등을 트럭 3대분이나 실어보냈다고 한다. 그리고 1943년 5월 24일 경성·경기 지역 사찰에서는 범종 13구 3,068관, 유기 1,133점 1만 2,000관 등이 수탈되었다.[13]

국내에서는 아직 일제 말기 금속 공출에 대한 본격적인 연구가 진행되지 않았으나 조선총독부가 패색이 짙어가던 태평양전쟁의 긴박한 전황에 쫓겨 박물관 소장품이나 사찰 문화재마저도 공출의 대상으로 삼았으며, 총독부박물관이 직접 공출을 실행했던 것을 확인할 수 있다. 이는 제국 일본의 식민지배에 철저하게 종속되었던 식민지 박물관의 어두운 그늘을 넘어 심각한 전쟁 범죄이다. 당시 공출의 실태와 피해 상황에 대한 보다 정확한 조사가 필요하며, 아울러 박물관 소장품뿐 아니라 문화재 공출 피해에 대한 체계적인 조사가 이루어져야 한다.

2. 소개

1) 박물관과 소개

1941년 이후 일본에서는 연합군의 공습 피해로부터 문화재를 보호하기 위하여 도쿄의 문화재를 지방의 안전한 장소로 분산 보관하였다. 공습이나 화재 따위에 대비하여 한곳에 집중되어 있는 주민이나 시설물을 분산하는 것을 사전에서는 '소개(疏開)'라고 규정하고 있으며,[14] '소산(疏散)'도 유사한 의미로 사용된다. 그럼 식민지 조선의 상황은 어떠했을까?

조선총독부박물관 문서나 아리미쓰 교이치의 회고록 등에 의하면, 일본 본토와 마찬가지로 총독부박물관에서도 경성에 대한 공습의 피해를 우려하여 박물관 소장품을 소산시켰던 것이 확인된다. 일제가 일으킨 전쟁의 포연 속에 문화재와 박물관이 백척간두의 위기에 처했던 것은 제국이나 식민지나 마찬가지였다. 일본의 박물관과 문화재가 특히 공습의 위협 속에 있었던 것처럼, 제국의 네트워크 속에 있던 식민지 조선의 박물관과 문화재도 전화의 위험에서 비켜나 있을 수 없었다.

그러나 전쟁의 피해를 막기 위한 대응책 마련에는 제국과 식민지 간에 두드러진 차이가 있었다. 일본은 전쟁의 피해로부터 자국의 박물관과 문화재를 보호하기 위하여 적극적인 대처방안을 마련하고 또 실행에 옮겼다. 하지만 식민지 조선에서는 총독부나 행정 관료들이 박물관과 문화재에 대한 보호에 소극적인 태도를 취했으며, 박물관의 실무 직원들이 동분서주하며 문화재 보호를 위하여 노력한 것이 엿보인다. 극단의 상황에서 문화재 보호에 대한 제국과 식민지 간의 간극을 보여주는 것은 하나의 단면이라도 할 수 있다. 이러한 제국과 식민지의 차별, 그리고 식민지 조선에서 복무한 제국의 관료들과 박물관 실무 직원들의 상반된 태도와 행동 양태는 식민지 역사, 그리고 식민지 박물관을 식민주의의 관점에서 단순하게 그리고 일률적으로 이해할 수 없음을 보여준다.

2) 일본의 문화재 소개

일제는 1940년 대동아공영권을 표방하면서 인도차이나를 점령하였고, 급기야 1941년 12월 태평양전쟁이 발발하였다. 전세가 날로 확대되는 가운데 공습의 피해를 우려하여 문화재의 보호 문제가 제기되었다. 1931년 독일 베를린대학교에서 철학 박사학위를 받고 귀국한 도쿄미술학교 강사 고쓰카 신이치로(小塚新一郎, 1903~1977)는, 1941년 독일을 여행하고 돌아와『박물관연구(博物館研究)』14권 10호에「공습과 미술품 보호(空襲と美術品保護)」라는 글을 발표하여 공습에 대한 유럽 각국의 방위 대책을 상세히 소개하였다.[15]

개전 초기에는 방공시설에 대한 관심이 낮았지만, 전황이 점차 불리해지자 일본은 공습 대책을 강구하기 시작하였다. 1943년 12월 14일 각의 결정에 따라 공습 피해로부터 중요미술품이나 국보 등을 지키기 위한 조치를 하였다. 건조물에 대해서는 위장, 저수지, 방화·방탄벽의 축조 등을 시행하고, 보물류는 안전지대에 분산하여 보관하거나 수장고 등을 건설하여 엄중하게 보관하도록 하였다.

이즈음 일본 박물관협회도「박물관 시국 대책」을 발표하였는데, 전시하에 귀중한 자료를 응급 보호할 방안으로 '분산소개주의'를 취하도록 했다. 습도가 양호한 곳, 화재의 위험이 없는 곳, 도난의 우려가 없는 곳을 분산 장소의 주요 요건으로 제시하였다. 이런 관점에서 비교적 무난한 시설은 공습의 위험도가 낮은 지방에 있는 적당한 기성 창고였다.

문부성도 각의 결정에 따른 대처로, 교토, 나라, 시가(滋賀) 등지에 직원을 파견해 방공시설의 대상이 되는 건조물, 보물류의 실제 조사와 구체적인 방공시설에 대해 협의하였다. 소개된 보물류의 수장고 설정에 관해 관계자와 교섭하고, 지방청 직원의 협력을 얻어 소개 목록을 작성하였다. 문부성은 1943년 제2예비금 26만 4,000엔, 1944년 49만 9,128엔을 계상하였다. 방공시설비의 8할은 국고에서 보조금으로 교부하였다.[16]

이러한 움직임에 따라 도쿄제실박물관도 긴박한 전쟁 상황, 특히 미국의 공습에 따른 소장품의 피해를 방지하기 위하여 다양한 대비책을 강구하였다. 도자기, 고고품의 안전한 보관을 위해서는 도쿄제실박물관이 위치한 우에노(上野) 인근의 바위산을 굴착하여 횡혈식 창고를 건설하거나, 온습도에 민감한 회화, 서적 등을 위해서는 황실 소유지에 안전한 창고를 별도로 건립하는 방안을 논의하였다. 또 박물관 내부에 방공(防空) 지하실을 짓는 방안도 제기되었다.[17] 도쿄제실박물관은 1941년부터 1945년까지 아래와 같이 모두 5차례 소장품을 외부의 안전한 공간으로 이송하는 소개 작업을 펼쳤다.[18]

① 1941년 8~11월, 우수한 소장품과 일부 호류지(法隆寺) 헌납보물이 나라제실박물관 창고와 쇼소인(正倉院) 사무소로 소개되었다.

② 1942년 7월경, 아사카와(淺川) 비상창고를 건립하고, 일부 소장품을 소개하였다.

③ 1943년 7월경, 전시품을 모두 철수시키고 박물관 지하창고와 아사카와 비상창고로 소개하였다.

④ 1943년 12월「국보중요미술품의 방공시설정비요강(國寶重要美術品ノ防空施設整備要綱)」이 결정되고, 1944년 4월 국보, 중요미술품 등을 아사카와 비상창고, 도쿠시마(福島)현 다카마쓰노미야(高松

宮) 별저(別邸), 나라제실박물관 등 3군데로 소개하였다.

⑤ 1945년 4~8월, 나머지 소장품 및 아사카와 비상창고 수장품, 화족(華族) 소유 문화재 등을 교토 조쇼코지(常照皇寺) · 유게리료칸(弓削旅館), 이와테(岩手)현 오모리히코시로(大森彦四郎) 저택 창고, 다카마쓰노미야 별저로 소개하였다.

도쿄제실박물관은 모든 소장품을 소개한다는 계획을 가지고 있었다. 하지만 「쇼와 20년(1945년) 10월 현재(昭和二十年十月現在)」로 기록된 「소개미술품점수조(疏開美術品点數調)」에 의하면, 전체 소장품 8만 1,755점 중 4만 5,053점이 남아 있던 것으로 보아 대략 절반가량이 소개되었던 것으로 보인다.

이처럼 일본 본토에서는 각의 결정에 따라 체계적으로 문화재 보호를 위한 방안을 마련하고 또 예산을 투입하였다. 그렇다면 식민지 조선에서는 전시에 문화재 보호와 박물관 소장품의 소개가 어떻게 진행되었을까.

3) 총독부박물관의 소개

1943년 4월 7일 열린 도지사회의에서 고이소 구니아키(小磯國昭) 총독은 연합군의 공습에 대비하여 다음과 같이 훈시하였다.[19]

八. 방공의 완벽

황군의 적극과감한 진공작전(進攻作戰)과 지리적 조건의 우위에 의하여 한국은 다행히 금일까지 적의 공습을 수(受)함이 없이 경과해

왔으나 적은 공군을 중심으로 하는 대군비확충계획(大軍備擴充計劃)을 수립함과 아울러 제국 주변에 항공 기지를 얻는 데 노력하여 호시 탐탐 총후(銃後)의 산업, 교통 등에 대하여 파괴의 호기를 노리고 있고 특히 국제 사단의 추이가 난측(難測)한 시기에 처하여 반도의 방공태세에는 촌극(寸隙) 있음을 불허하는 바이다. 원래 이에 대한 군 방공(軍防空)의 준비는 철벽(鐵壁)과 같으나 제애(際涯) 없는 공간의 극(隙)을 엿보아 하시(何時) 여하(如何)히 하여 침입을 기도할는지 난측이다. 제관(諸官)은 금후 어느 시기에 있어서 국토가 적의 공습을 당할 경우가 있음을 상정하고 과거 및 현재의 방공의 실정을 검토하여 신속히 완벽의 태세를 정비하는 데 노력하기 바란다.

하지만 박물관과 문화재를 공습 피해로부터 보호하기 위하여 총독부가 적극적인 방안을 마련한 것으로는 보이지 않는다. 당시 총독부박물관에서 일어났던 일련의 정황은 아리미쓰 교이치의 회고록에 기록되어 있다.[20]

아리미쓰는 후지타 료사쿠를 이어 1941년 6월 총독부박물관의 책임자 격인 주임의 직위에 있던 인물이다. 6개월 정도 지난 12월에 태평양전쟁이 발발하면서 박물관 역시 위기 국면으로 들어가게 된다. 일본 본토의 도시들이 공습을 받을 것으로 예상되자, 조선도 불안함을 느껴 진열품을 폭격에서 보호할 방안을 논의하게 되었다. 이에 소장품을 안전하게 보관할 수 있는 대형 방공호를 급히 만들 것을 건의하고 그때까지 본관 주변에 흙주머니를 쌓을 것을 요청하였다.

그러나 이전부터 박물관 운영이나 고적조사사업에 냉담했던 총독부 관료들은 전세가 불리할 즈음에 어떤 요청도 무시했을 뿐 아니라 오히려 박물관을 폐쇄하고 건물을 전쟁 수행에 직접 관련된 부서가 전용하는 방안을 꺼내기 시작했다고 한다. 총독부박물관 직원들은 오히려 총독부를 믿을 수 없어서 직접 전쟁의 위험으로부터 박물관을 지키는 방안을 자체 모색하였다.

총독부와 총독부박물관 간 입장의 차이가 있었음을 알 수 있다. 총독부 내에서도 일반 관료들은 박물관과 문화재가 식민지배에서 지니는 역할과 의미에 대한 충분한 인식을 가지고 있지 못하였으며, 박물관 운영이나 고적조사사업에 호의적인 입장을 가지고 있지 않았음을 엿볼 수 있다. 총독부 내에 박물관에 대한 다양한 인식의 층차가 존재했음을 보여주는 대목이며, 박물관의 존재 의미나 중요성을 획일적으로 인식하고 있지는 않았음을 말해주고 있다. 반면 총독부박물관 직원들은 박물관과 소장품을 전화(戰禍)로부터 지키고자 하는 나름의 직업의식이 있었음을 알 수 있다.

박물관의 소장품을 대피시킬 장소로는 총독부박물관 산하에 있던 경주분관과 부여분관이 선정되었다. 경주나 부여는 항만에서 거리가 멀고 군사시설이나 중공업지대와는 관련이 없어서 안전한 곳으로 판단하였다. 또 경주분관에는 금관총 출토품을 일괄 진열하고 있는 철근 콘크리트 구조의 창고식 건물인 금관고가 있는데, 그 지하실을 소개품을 격납할 최적의 장소로 보았다(〈그림 11-2〉 참조).

서울과 경주 및 논산 간에는 철도가 부설되어 있어서 기차를 이용하였는데, 4인 1조를 이루어 포장된 유물 상자를 여객칸의 수하물로 운송하였다. 이런 방식으로 1,000점 가까이 되는 진열품을 경주와 부여 분관으로 소개하였다.

그림 11-2. 총독부박물관 경주분관 금관고

1921년 경주 금관총에서 금관이 발견되자, 이를 보관하기 위해 경주 지역민의 기부금을 모아 1923년에 세운 건물이다. 이 경주고적보존회 금관고는 1926년 조선총독부박물관 경주분관으로 흡수되었다.

출처: 국립경주박물관, 『다시 보는 경주와 박물관』, 1994, 도판 5.

(1) 1차 소개

현재까지 확인되는 총독부박물관의 최초 소장품 소개는 1942년 이루어졌다. 소개는 경주분관으로 두 차례에 걸쳐 이루어졌는데, 1942년 1월 28일 95건, 3월 17일 11건이 소개되었다. 당시 소개된 유물로는 금관총 출토 금관, 서봉총 출토 금관, 석암리 9호분 출토 유물 등 총독부박물관 소장품 중 최고 수준의 유물로, 모두 상설전시 유물이었다.

이와 관련하여 조선총독부박물관 문서 D023 「진열품 수령서」가 있다. 표지에 '진열품 수령서'라는 제목이 있고, 옆에 '쇼와 17년(1942

년) 1월 28일, 동년 3월 17일 결재, 학비 제11호, 박물관 진열품 이치
(移置) 보관에 관한 건'이라고 적혀 있다. 이는 1942년 총독부박물관
의 진열품을 경주분관으로 소개시키면서 남긴 수령증이다. 1점당 1
매의 수령증이 작성되어 있다. 수령자는 경주분관 주임인 오사카 긴
타로이며, 시점은 1942년 1월 28일과 3월 17일로 되어 있다. 수령증
에는 유물 번호와 명칭, 수량 그리고 유물 규격과 평가 금액이 명기
되어 있다.

경주분관에 소개된 유물은 1944년 11월 6~7일 양일 동안 점검
과 더불어 '개함폭풍(開函曝風)'이 이루어졌다.[21] 개함폭풍은 유물이
보관된 상자를 열어 바람을 쐬어주는 '포쇄(曝曬)'를 의미하는데, 상
자 속에 포장된 유물을 열어 상태를 점검하는 행위를 말한다. 당시
기록에 개함자는 총독부박물관 책임자였던 아리미쓰 교이치와 나
카무라 하루키(中村春樹)로 되어 있다. 「쇼와 19년(1944년) 11월 6일,
7일 개함폭풍 진열품표」에는 유물 30건의 유물번호, 명칭, 수량, 출
토지 등이 명기되어 있다. 서봉총 출토 연수명 은합, 석암리 9호분 출
토 청동렴·옥벽·옥돈·박산로, 신라 금동불 입상, 부여 군수리사지
출토 활석제 여래좌상 등 최고 수준의 유물들이 실려 있다. 이 유물
들은 1942년 경주분관으로 소개된 유물로, 포장 상자 상태로 보관된
것으로 보인다.[22]

(2) 2차 소개

총독부박물관은 1945년 3월 12일(1차), 3월 18일(2차), 3월 31일(3
차) 세 차례 소장품 중 22개 상자 분량을 경주분관으로 소개하였다.
당시 소개된 유물의 목록은 현재 남아 있지 않지만, 유물의 소개를

표 11-1. 1945년 3월 조선총독부박물관 유물 소개 내역

구분	1차	2차	3차
일정	3월 12일 18:30 경성 출발 3월 13일 02:15 대구 도착 05:50 대구 출발 08:25 경주 도착	3월 18일 18:30 경성 출발 3월 19일 02:15 대구 도착 05:50 대구 출발 08:25 경주 도착	3월 31일 18:30 경성 출발 4월 1일 02:15 대구 도착 05:50 대구 출발 08:25 경주 도착
소개품 개수	7개	8개	7개
소개품 규격	길이 37cm, 폭 38cm, 높이 40cm 이내	길이 37~79cm, 폭 28~37cm, 높이 20~40cm	길이 44cm, 폭 44cm, 높이 52cm 이내
인원	기수 아리미쓰 교이치(有光敎一, 38세) 촉탁 요시카와 고우지 (吉川孝次, 45세) 촉탁 나카무라 하루키 (中村春樹, 28세) 고원 가나우미 렌시키 (金海連植, 17세)	촉탁 사와 슌이치(澤俊一, 45세) 촉탁 가야모토 가메지로 (榧本龜次郎, 44세) 촉탁 고야마 야스시게 (公山靖茂, 44세) 촉탁 오야마 기이치 (大山喜一, 40세) 촉탁 나카무라 하루키 (28세) 고원 가나우미 렌시키 (17세)	촉탁 사와 슌이치(45세) 외 4명

위해 총독부박물관에서 경성 및 부산지방교통국장에게 협조를 요청하는 문서가 남아 있다.[23] 이 문서에는 1945년 3월 12일(1차), 3월 18일(2차), 3월 31일(3차)에 걸쳐 이용하는 열차 편과 일정, 직원의 성명과 연령 등이 적시되어 있다. 협조문서의 성격상, 소개 유물 목록은 첨부되어 있지 않다. 문서에 나타난 사실을 정리하면 〈표 11-1〉과 같다.[24]

(3) 3차 소개

아리미쓰 교이치의 회고록에는 1945년 7월 부여와 경주로 보낸 마지막 소개에 대한 일지가 남아 있다. 이를 간략히 정리하면 다음과 같다.

7월 1일 22시 경성역 출발(아리미쓰, 최영희 외 2명).

7월 2일 10시 논산역 도착. 11시 부여행 버스 탑승. 12시경 부여 도착, 소개품 상자를 부여분관 창고에 격납.

7월 3일 경성에서 반입된 소개품 격납. 분관주임 가쓰라 사부로(桂三郎)와 관리 방안 협의.

7월 4일 17시 논산행 버스 탑승. 23시경 논산에서 대전행 기차 탑승.

7월 5일 0시경 대전역 도착. 6시경 경성행 열차 탑승. 12시경 경성역 도착.

7월 9일 17시경 경성역 출발(아리미쓰, 사와 외 2명).

7월 10일 대구역에서 환승하여 8시 전 경주 도착. 소개 진열품을 금관고 지하실에 격납.

7월 11일 경주분관원, 군청직원, 경찰서직원과 분관 보안에 대해 협의.

7월 12일 8시 15분 경주 출발, 22시 30분 경성역 도착.

7월 24일 17시 경성역 출발(아리미쓰 외 3명).

7월 25일 8시 25분 경주역 도착. 소개품을 격납. 경주분관 오사카 긴타로(大坂金太郎), 경주군수 오누키 요리히사(小貫賴次) 등과 박물

관 방호 및 진열품 보안 협의. 상황의 절박함을 느껴 진열품을 재
소개하는 것이 필요하다는 결론에 도달.

7월 26일 어제 결론에 의거하여 오사카의 안내로 충효리의 김상권
(金尙權), 황남리 김상익(金相益)을 방문하여 그들의 부지 내 창고
를 지을 것을 부탁하고 양해를 얻음.

7월 27일 8시 50분 경주역 출발.

7월 28일 9시 경성역 도착. 총독부박물관 출근.

이를 통해 7월 1일 부여분관, 7월 9일 경주분관, 7월 24일 경주분
관으로 모두 3차례 소개가 이루어졌음을 알 수 있다. 한 번 소개를 하
는 데 아리미쓰 교이치를 포함하여 모두 4명의 박물관 직원이 동원
되었으며, 오가는 시간과 소개품의 인수인계 및 협의에 대략 5일 정
도의 시간이 소요되었던 것으로 확인된다. 1945년 7월 26일에는 기
존 경주분관 금관고의 지하실도 위험하다고 판단하여 충효리의 김
상권, 황남리의 김상익 등 민간인의 거주지 인근에 별도의 창고를 지
어 소개품을 보관하는 계획까지 추진하였다. 이러한 계획은 8·15해
방으로 인해 구체적으로 실행되지는 않았던 듯하다.

일본에서는 궁내성 차원에서 박물관 소장품 보호를 위한 문화재
소개 작업이나 방호시설의 건립이 적극적으로 도모되었던 데 반해,
식민지에서는 당국 차원의 보호책이 제대로 마련되지 않았다. 오히
려 박물관 직원들의 적극적인 노력으로 문화재의 보호와 소개 작업
이 이루어졌다는 점에 주목할 필요가 있다.

총독부박물관의 마지막 모습은 아리미쓰 교이치의 회고록에 자
세하게 묘사돼 있다. 총독부박물관의 전시실은 폐쇄되었다. 박물관

본관은 지방으로 소개하지 못한 소장품을 한데 모아둔 창고가 되었다. 박물관이 폐관됨에 따라 사계과(司計課)에서는 촉탁과 고용원들의 인건비를 포함한 박물관 운영 경비를 끊어버렸다. 용산에 있던 철도국이 박물관의 청사 공간으로 들어오려고 노렸으며, 박물관의 존속이 전쟁 수행에 장애가 된다고까지 공공연하게 말하는 관리도 있었다. 중앙아시아 벽화가 있던 수정전은 인원이 급증한 부서의 사무실로 바뀌었고, 종래 사무실이 있던 자경전은 총독부 고관들의 관사로 징발되었다. 게다가 불필요한 관청은 경성에서 지방으로 분산하라는 명령이 내려왔다. 총독부박물관 직원은 모두 경주분관과 부여분관으로 인사이동 발령을 받게 되었다.[25] 이와 비슷하게 평양부립박물관도 육군 항공본부의 항공관제소로 징발되었다.[26]

이러한 모습은 제국 일본이 자신들의 박물관과 문화재를 대하는 태도와 그에 따른 정책과 행정 집행과 극명한 차이를 보여준다. 전시체제의 종말에 패전이 다가오는 급박한 말기적 상황에서 일제 식민지배의 본질적 모습을 처연하지만 적나라하게 드러내고 있었다. 이것이 총독부박물관의 마지막 모습이었다. 1945년 8월 15일 해방으로 식민지배의 종식과 함께 총독부박물관도 30년 역사의 막을 내리게 되었다. 이제 박물관은 우리의 품 안으로 들어왔다.

12장

식민지 박물관의 주변

1. 총독부박물관과 조선인

식민지 조선에서 총독부박물관의 운영은 일본 제국대학 교수를 비롯한 일본인들의 전유물이었다. 총독부박물관의 전시와 고적조사는 그들에 의해 독점되었으며, 그 성과와 해석도 오로지 그들의 몫이었다. 이번 장에서는 박물관의 운영과 소비에서 조선인들이 어떤 위치에 있었는지를 살펴보려고 한다. 아울러 총독부박물관의 주변에서 관변 고고학과는 별개로 운영되면서 고적조사의 고고학 성과를 소비하고 있었던 경성고고담화회에 대해 검토하였다.

경성고고담화회에는 조선총독부 주변의 관변 고고학자들이 일부 참여하기는 했지만, 이와는 별개로 고고학 지식이 경성고고담화회를 매개로 식민지 조선에서 제한적으로 유통되고 있었다. 여기서도 식민지의 다른 부면과 마찬가지로 상당 부분 민족적 폐쇄성을 내 포하고 있었던 것으로 보이지만, 일부 조선인들의 활동을 확인할 수 있다.

1) 총독부박물관의 조선인 직원

조선인들은 총독부박물관의 운영에 어느 정도 참여했을까? 총독 부박물관의 운영, 특히 조사연구나 전시에 주도적으로 참여했던 조 선인을 찾아보기는 힘들다. 다만 총독부박물관에 소속된 과를 조선 인 과장이 담당하는 경우는 있었다. 이를 정리하면 〈표 12-1〉과 같다.

표 12-1. 총독부박물관 소속 조선인 과장

조직	시기	조선인 과장	재임기간
관방 총무국 총무과	1915.12.1.~		
관방 서무부 문서과	1919.8.20.~		
학무국 고적조사과	1921.10.1.~		
학무국 종교과	1924.12.24.~	유만겸(兪萬兼, 1889~1944) 이창근(李昌根, 1900~?)	1925~1927 1930.7.~1932.2.
학무국 사회과	1932.2.13.~	엄창섭(嚴昌燮, 1890~?)	1933~1936
학무국 사회교육과	1936.10.16.~	김대우(金大羽, 1900~1976) 이원보(李源甫, 1889~1969)	1936.10.~1939.3. 1939.3.~1940
학무국 연성과	1942.11.1.~	계광순(桂珖淳, 1909~1990)	1940~1942
학무국 학무과	1943.12.1.~		
학무국 교무과	1944.11.22.~ 1945.8.15.		

조선인 과장들은 모두 총독부의 행정 관료였다. 유만겸은 도쿄제대 경제학과, 김대우는 규슈제대, 계광순은 도쿄제대 법학부를 졸업하고 총독부에 들어왔으며, 이창근은 메이지대 졸업 후 1923년 12월 조선인 최초로 일본 고등문관시험 행정과에 합격해서 총독부 관료를 시작하였다. 엄창섭은 대한제국 관리로, 이원보는 경찰서 통역으로 출발하여 총독부의 고위직으로 올라간 인물이다. 이들은 총독부 관료로 재임하면서 친일 행각을 일삼아 모두 「일제강점하 반민족행위 진상규명에 관한 특별법」 제2조 제9·17·19호에 해당하는 친일반민족행위자로 규정되어 『친일반민족행위진상규명 보고서』에 수록되어 있다. 이들이 총독부박물관을 지휘 감독하는 행정 관료의 자리에 있었지만, 박물관에 대한 이해나 전문성을 가지고 있지는 않았던 것 같다.

총독부박물관에 근무했던 조선인들을 정리하면 〈표 12-2〉와 같다. 『조선총독부 직원록』에 따르면, 임한소와 양세환은 임시토지조사국 측지과의 기수로 나온다. 이들은 1918년 지형 측량과 지도 제작을 위하여 총독부박물관으로 차출되어 4~5년 정도 근무하였던 것으로 보인다. 1928년 종교과 시절에는 홍승균(1885~1948)이 확인되는데, 그는 탁지부 관료로 들어가 총독부에서 전라북도지사를 역임한 친일 관료이다. 1928년 전후에 종교과 사무관으로 근무하면서 박물관의 물품 출납 업무를 담당한 적이 있다.

1933년 8월 9일에 「조선보물고적명승천연기념물보존령」(제령 제6호)이 반포되었고, 이어 「조선보물고적명승천연기념물보존령시행규칙」(조선총독부령 제136호, 1933.12.5.), 「조선보물고적명승천연기념물보존령시행수속」(조선총독부령 제42호, 1933.12.5.), 「조선보물고적

표 12-2. 총독부박물관 근무 조선인

성명	재임시기	직급	직임	출전
임한소 (林漢韶)	1918.5.~ 1923.3.	기수	지형 측량 및 지도 제작	『朝鮮ニ於ケル博物館事業ト 古蹟調査事業史』
양세환 (梁世煥)	1919.6.~ 1923.12.	기수	지형 측량 및 지도 제작	『朝鮮ニ於ケル博物館事業ト 古蹟調査事業史』
홍승균 (洪承均)	1928.3.~ 1929.1.	사무관	종교과 사무관	총독부문서 진열물품청구서
최화석 (崔華石)	1935~ 1939	속	보물고적천연기념물 보존회 사무	小川敬吉 자료 12006
최세현 (崔世賢)		고인	보물고적천연기념물 보존회 물품보관	小川敬吉 자료 12006
김문현 (金文顯)		고인	박물관 사무, 문서 수발	小川敬吉 자료 12006
최영희 (崔泳喜)	1945.7.	고인	유물 소개	有光敎一(2007), 43쪽
가나우미 렌시키 (金海連植)	1945.3.	고인	유물 소개	총독부문서 진열 13-15

명승천연기념물보존회의사규칙」(조선총독부 훈령 제43호, 1933.12.5.)
이 제정됨에 따라 종래 「고적 및 유물보존규칙」과 「고적위원회규정」
이 폐지되었다. 이에 따라 보물·고적·명승·천연기념물의 지정을
통한 보호정책이 새롭게 시행되었다. 보존령의 제정과 함께 관련 업
무를 모두 총독부박물관이 맡아야 함에 따라 인력이 보강되었던 것
으로 보인다. 총독부박물관의 서무계에 보물고적명승천연기념물보
존회를 담당하는 속(屬) 최화석과 고인 최세현이 별도로 배치되었다.
최화석은 1935년부터 학무국 사회교육과, 사회과 등을 거쳐 1939년

7월 31일 황해도 수안군수를 역임하였으며, 해방 후 1950년 외자총국 부산사무소장으로 재임 중 횡령으로 파면된 인물이다.

최세현, 김문현, 최영희 같은 말단의 고인(雇人)들은 확인이 쉽지 않다. 이들은 총독부박물관에서 사무 보조 업무에 종사한 것으로 보이며, 전시나 조사연구 같은 업무에는 종사하지 않았다. 최영희는 해방 직전까지 총독부박물관에 근무하였으며, 해방 후 국립박물관의 서무과장으로 재직하였다.

이처럼 총독부박물관에서 조선인 직원들은 초기에 측량 관련 업무에 일시적으로 차출되었으며, 1930년대 이후에는 말단 고인으로 행정 보조 업무에 종사하였을 뿐이었다. 총독부박물관은 학술적으로나 전문 기술의 측면에서 조선인이 쉽게 근접할 수 없었으며, 박물관 전시뿐 아니라 고적조사에서도 민족적 격벽이 엄존하고 있었음을 알 수 있다.

2) 총독부박물관의 조선인 관람객

그렇다면 얼마나 많은 조선인 관람객이 총독부박물관을 방문하였을까. 조선총독부 『관보』에는 매년 총독부박물관의 관람객 현황을 조선인, 일본인, 외국인으로 구분하여 수록하고 있다. 연도별 관람객 현황은 〈표 12-3〉, 〈그림 12-1〉과 같다.[1]

총독부박물관의 관람객은 1916년 2만 1,550명에서 출발하여 통계가 이루어지는 마지막 시기인 1941년에는 14만 5,892명으로 25년 만에 6.7배 이상으로 늘어난다. 민족별 관람인원은 1924년부터 집계가 되는데, 1924년의 경우 총 관람객 6만 509명 중 조선인 1만 9,750

표 12-3. 총독부박물관 연도별 관람객 현황(단위: 명)

연도	합계	조선인	일본인	외국인
1916	21,550			
1917	23,952			
1918	36,100			
1919	37,635			
1920	36,306			
1921	57,337			
1922	64,420			
1923	39,004			
1924	60,509	19,750	38,784	1,775
1925	49,061	27,483	21,182	966
1926	60,125	32,471	25,648	2,006
1927	44,716	15,280	28,129	1,307
1928	50,338	18,859	30,308	1,221
1929	46,639	16,349	28,935	1,355
1930	36,640	9,304	25,787	1,513
1931	36,142	13,980	27,163	1,399
1932	49,742	11,131	37,966	645
1933	41,371	14,577	26,099	695
1934	49,469	19,342	28,523	1,600
1935	57,165	28,004	26,526	1,635
1936	63,111	28,829	32,392	1,890
1937	98,687	61,986	34,772	1,929
1938	85,865	50,875	34,140	850
1939	104,322	62,954	39,014	2,354
1940	145,392	104,148	39,607	1,637
1941	145,891	?	?	?

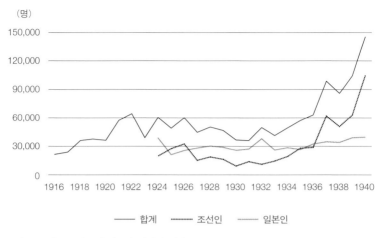

(명)

그림 12-1. 총독부박물관 연도별 관람객 현황

명, 일본인 3만 8,784명으로 일본인이 조선인보다 2배 정도 더 많다. 일본인 관람객이 조선인 관람객보다 1.5~3배 정도 더 많은 현상은 1930년대 전반까지 계속된다.

이러한 민족별 관람객의 통계에서 우선 두 가지를 지적할 수 있다. 먼저 1930년대 중반까지 조선인 관람객의 숫자가 의외로 적다는 점이다. 민족별 통계가 이루어지는 1924년을 시작으로 1934년까지는 매년 2만 명 전후에 불과하였다. 〈표 12-4〉는 비교적 전형적인 양상을 보이는 1931년의 민족별 관람객과 한반도 및 경기도 인구와 비교한 자료이다. 인구 비율로 볼 때 조선인 관람객에 비해 일본인 관람객의 비율이 매우 높다는 사실을 알 수 있다.

식민지 조선 전체 인구에 대비해 총독부박물관을 관람했던 조선인의 비율은 매우 낮았다. 그런 만큼 총독부박물관이 조선인에게 미쳤던 현실적인 영향력에 대해서는 재검토가 필요하다. 1930년대 전

표 12-4. 1931년 인구 대비 민족별 박물관 관람 현황

구분	관람객	한반도 인구		경기도 인구(경성부 포함)	
		인구 수	관람객/인구	인구 수	관람객/인구
전체	36,142명	20,262,958명	0.178%	2,060,160명	1.75%
조선인	13,980명	19,710,168명	0.007%	1,923,648명	0.72%
일본인	27,163명	514,666명	5.200%	129,924명	20.90%

반 이전 총독부박물관은 조선인들에게 광범위한 영향력을 끼쳤던 문화기관이라기보다는 식민지 고적조사와 문화 치적의 홍보, 문화재 관리 등을 맡았던 식민통치 기구의 일부로 이해하는 것이 보다 적절할 것이다. 다수의 조선인에게 박물관은 종래 경험해보지 못한 생경한 근대적 문화제도였으며, 따라서 박물관에 대한 경험이 아직 일상화되지 못했다고 볼 수 있다.

1937년 이후 조선인 관람객이 급증하는 현상이 확인된다. 관람객 통계에서 보듯이 1935년과 1936년에 조선인과 일본인의 비율이 거의 같아지다가, 1937년 이후에는 조선인이 일본인의 2배가 되는 역전 현상이 벌어진다. 1920~1930년대 일본인 관람객의 숫자는 3만 명 전후로 큰 변화가 없는 반면 조선인 관람객은 1937년을 기점으로 급격하게 늘어나는 현상을 보인다. 1937년 이후 조선인 관람객의 급증은 내선일체를 선전하기 위한 식민 권력의 정책적 동원에 의한 것이라는 견해가 제기된 바 있다.

1930년대 초반부터 총독부는 고적 보물의 지정 등을 선전하고 일종의 정신운동으로서 관 주도의 고적애호운동을 추진하였다. 이를 통해 고적과 박물관 전시를 통해 한일 양국의 역사적 동일성을 증

명하고자 하였으며, 일본의 신민으로서 총독부의 정책에 협력해야 한다는 것을 주입하고자 했다.[2] 고적애호일은 1935년 9월 10일부터 매년 시행되었으며,[3] 심전개발을 위한 박물관 관람의 장려도 1935년 6월부터 실시하여[4] 관람객을 유인하고 있었다. 그런데 1935년과 1936년에는 관람객 통계에 큰 변화가 보이지 않으므로, 총독부박물관의 관람객을 고적애호일이나 심전개발 등과 직접 연결짓기는 어려워 보인다. 특히 1936년 이후 총독부박물관 경주분관의 관람인원이 크게 변함이 없다는 점에 주목할 필요가 있다(〈표 12-5〉, 〈그림 12-2〉 참조). 만약 고적애호운동과 관련이 있다면, 고적과 밀접한 관련이 있는 경주에 소재한 경주분관의 관람객도 크게 늘어나는 것이 자연스럽다. 반면 은사기념과학관의 관람인원은 1937년을 전후로 총독부박물관과 마찬가지로 급증하는 양상을 보인다. 이에 대해서는 다

표 12-5. 총독부박물관 본관, 경주분관, 은사기념과학관 관람인원 비교(단위: 명)

연도	총독부박물관	경주분관	은사기념과학관
1932	49,742	21,937	64,456
1933	41,371	25,307	68,202
1934	49,469	32,446	76,162
1935	57,165	34,669	87,603
1936	63,111	36,265	87,351
1937	98,687	33,887	109,806
1938	85,865	44,352	121,264
1939	104,322	45,322	131,784
1940	145,392	47,873	140,088

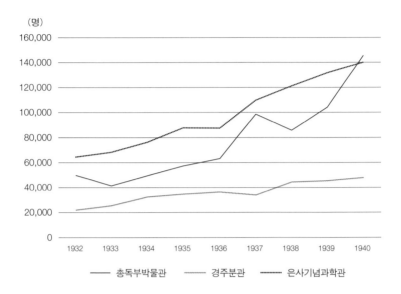

(명)

그림 12-2. 총독부박물관 본관, 경주분관, 은사기념과학관 관람인원 비교

른 원인을 찾는 것이 합당할 것이다.

　관람객의 다소를 기준으로 총독부박물관이 조선인에게 끼친 영향이 미미했던 것으로 단순히 평가하기에는 무리한 측면이 있다. 오히려 총독부박물관의 고적조사와 전시는 여러 매체와 다양한 방식을 통해 식민지에 유포되었으며, 특히 식민지 지식인에게 적지 않은 영향을 끼친 것으로 보인다.

　최근 10, 20년 동안 몰염치한 일본 사람 — 멀끔한 불한당들이 들어와서 땅속까지 호비고 훑는 통에 모처럼 뒤에 온 학자의 보고가 기막히게 비참한 피해를 입은 것은 생각할수록 가석한 일이다. … 그러나 미운 일본인은 동시에 고마운 일본인임을 생각하지 아니치 못할 것이다. 한 가지, 그래, 꼭 한 가지 일본인을 향하여 고맙다고 할 일이 있다. 그는 다른 것 아닌 '고적조사사업'이다. 모든 것이 다 마땅치 못한 가운데, 꼭 한 가지 칭찬하여 줄 일이 고적의 탐구와 유물의 보존에 대하여 근대적·학술적의 노력을 쌓아감이다. 우리 자신으로 말하면 무안한 일이요, 부끄러운 일이요, 잔등이에 화톳불을 질러놓은 일이지마는 조선 사람이 아니하는 조선 일을 일본인으로 하는 것이기에 그 공렬(功烈)이 더욱 빛나는 것이다. 문화에는 국경이 없다 할지라도 — 학술에는 내남이 없다 할지라도, 일본인의 손에 비로소 조선인의 생명의 흔적이 천명된다 함은, 어떻게 큰 민족적 수치인 것은 더 할 말 없는 것이다.[5]

식민지 조선을 대표하는 지식인 최남선(崔南善, 1890~1957)의 언급이다. "고적의 탐구와 유물의 보존에 대하여 근대적·학술적의 노력"을 한 '고적조사사업'에 높은 평가를 내리고 있다. 그는 『동아일보』에서도 일본인의 조선 유적과 유물 보존에 관하여 높게 평가하였다.[6]

이와 대조적으로 총독부 고적조사사업과 박물관 전시의 불순한 의도를 간파하고 이에 대한 대항적 담론을 적극적으로 펼친 이도 있다. 바로 정인보(鄭寅普, 1893~1950)이다.

나는 국사를 연구하던 사람이 아니었다. 어렸을 때부터 내 선친께서 늘 "우리나라 역사책을 좀 잘 보아두어라. 남의 것은 공부하면서 내 일은 너무들 모르더라"라고 말씀하셨건만 다른 노릇에 팔려 많은 세월을 허비하였다. 그러다가 어느 해인가 우연히 일인들이 『조선고적도보』랍시고 낸 '첫 책'을 보게 되었는데 그 속장 두세 쪽을 넘기기도 전에 벌써 '분'이 터지면서 "이건 가만히 내버려둬서는 안 되겠구나" 하는 생각을 가지게 되었다. 또 어느 해인가는 일인들이 이른바 "한 일 병합 몇 주년"이랍시고 『경성일보(京城日報)』인지 『매일신보(每日申報)』인지에다 기념호를 내었는데 거기에 이른바 '점선비(黏蟬碑)' 사진이 최근 몇 년 내의 대표적인 대사건의 하나로 올라왔다. … 그 것을 보고 나는 일본 학자들의 조선사에 대한 고증이라는 것이 저들 의 총독정책과 얼마나 밀접한 관계가 있는지 더욱 깊이 깨닫게 되었 으며 그들의 음모를 "언제든지 깡그리 부셔버리리라"라고 다짐하게 되었다.[7]

정인보는 고적조사 성과를 통해 낙랑군 출토 봉니를 근거로 낙랑 군을 평양 일대에 위치시키고 이를 통해 식민사학의 타율성론을 유 포시키고자 하였던 일제 식민사학의 불순한 의도를 간파하였다. 그 는 1935년 1월 1일부터 1년 7개월간 「오천년간 조선의 얼」이라는 제 목으로 『동아일보』에 연재한 글에서, 낙랑군을 매개로 한 일제의 의 도를 정면으로 부정하고 비판하는 방안의 하나로, 낙랑군에서 출토 된 봉니가 위조되었다는 '낙랑 봉니 위조설'을 주장하였다.[8]

가장 대표적인 식민지 지식인의 상반된 언설에서 나타나듯이, 이 처럼 총독부박물관의 조사와 전시는 식민지 조선의 지식계에 적지 않은 영향을 끼쳤으며, 그들의 정치적·학문적 입장에 따라 상이한 방식으로 수용되었다.

2. 경성고고담화회의 활동

식민지를 무대로 한 발굴조사를 중심으로 발전한 제국의 고고학은 일본 제국대학의 관학(官學) 아카데미즘의 토대하에 조선총독부의 전폭적인 후원과 지지를 받은 대신 식민주의의 보급과 확산에 주도적인 역할을 함으로써 식민 권력에 화답하였다. 기존에 행해진 다수의 한국 고고학사 정리에서는 조사와 연구의 주체에 대한 문제의식을 결여하고 있으며, 식민지 고고학의 본질적 측면을 간과한 채 단순히 유적과 유물의 발굴사에 머무르고 있다. 아울러 식민주의에 대한 접근을 결여하면서 조선총독부와 조선고적연구회의 조사사업에 대한 제도사적 고찰에서 벗어나지 못한 측면이 있다. 따라서 식민지 고고학의 다양한 면모에 대한 총체적 검토를 통해 식민주의적 성격에 대한 제대로 된 규명이 필요하다고 생각한다.

일본 제국대학 교수와 총독부박물관을 중심으로 한 관변 고고학과 별개로, 총독부박물관 주변에는 관변에서 생산된 고적조사의 결과를 폐쇄적으로 소비하던 소수의 계층이 있었다. 이와 관련하여 국립중앙박물관에 소장된 조선총독부박물관 문서 속에서 「경성고고담화회통신(京城考古談話會通信) 제3신(第3信)」(F101-003)이라는 흥미로운 자료를 발견하였다(〈그림 12-3〉 참조). 이 자료를 통해 1941년 총독부박물관이나 경성제대뿐 아니라 민간 부문까지 포괄한 경성고고담화회(京城考古學談話會)라는 단체가 결성·운영되었으며, 이 단체를 매개로 식민지 고고학에 대한 당대의 담론과 지식이 유통되었다는 사실을 확인할 수 있었다. 1940년대 초 식민지 조선의 수도 경성에서 결성된 경성고고담화회를 통해 그동안 착목되지 않았던 식민

그림 12-3. 조선총독부박물관 문서 「경성고고담화회통신 제3신」
식민지 조선에서 고적조사의 결과를 소비하면서 고고학 지식을 유통하던 '경성고고담화회'의
존재를 알려주는 흥미로운 자료이다.
출처: 국립중앙박물관.

지 고고학 지식의 유통과 소비를 이해할 수 있을 것이다.

1) 관련 자료의 검토

식민지 조선에서 경성고고담화회가 결성되었다는 사실은 아리미

쓰 교이치·후지이 가즈오(藤井和夫)·주홍규(朱洪奎)의 「경성고고담화회 제6회 예회[정기모임]: 새로 나온 고구려 벽화고분에 대한 좌담회(京城考古談話会 第六回例会: 新出高句麗壁画古墳についての座談会)」(『高麗美術館研究紀要』第6号, 2008)에서 이미 언급된 바 있다. 이 논문은 일본 교토 소재의 고려미술관(高麗美術館)에 소장된 아리미쓰 교이치의 개인 자료에서 발견된 「경성고고담화회 제6회 예회」의 좌담회 회의록을 정서하여 보고한 것이다.

1941년 6월 19일 오후 이왕가미술관에서 개최된 「새로 나온 고구려 벽화고분에 대한 좌담회」의 기록은 표지를 포함해 총 63매로 되어 있으며, 좌담회의 기록자는 아리미쓰 교이치의 기억이 명확하지는 않으나 당시 조선총독부 재무국에 재직하고 있던 마쓰오 고헤이(松尾孝平)라고 추정하였다. 좌담회에 참석한 인물은 아리미쓰 교이치(총독부박물관 주임), 고이즈미 아키오(평양부립박물관장), 요네다 미요지(총독부박물관 촉탁), 스에마쓰 야스카즈(경성제대 사학과 제2강좌 교수), 후지타 료사쿠(경성제대 법문학부장)[9]로 기록되어 있는데, 이들은 모두 경성고고담화회 제2회 예회에도 참석한 인물이다. 기록에는 좌담회 회의록을 보고하면서 경성고고담화회에 대한 간단한 소개를 덧붙이고 있다.

가야모토 가메지로에 의하면 당시 조선총독부 학무국 사회교육과 고적계나 총독부박물관 직원들은 매일같이 "산에 가자"고 하면서, 퇴근 후 당시 경성부 본정(本町)에 있던 찻집 '금강산(金剛山)'에서 커피를 마시며 조사 결과나 연구 경과 등을 서로 이야기하곤 하였다. 이 '산행(山行)'을 좀 더 넓혀보면 어떨까라는 취지에서 '경성고고담화회'가 생겼다고 한다. 참가자는 주로 총독부박물관 고적계(古蹟係)

직원, 이왕가미술관 직원 등이었다고 아리미쓰는 회고하고 있다.[10] 경성고고담화회는 「경성고고담화회통신」을 발행하였는데, 간이 등사판의 인쇄 팸플릿 정도여서, 발표문의 전문을 수록하는 것은 물리적으로 불가능했다고 회고하였다.[11] 한편 「경성고고담화회통신」의 존재는 요네다 미요지의 「유적 구조물에 나타난 조선 상대의 방위에 대하여(遺蹟構造物に現はれた朝鮮上代の方位に就いて)」가 1942년 4월 발행된 제13신에 게재되었다는 언급에서도 확인된다.[12]

여기서 소개하고자 하는 자료는 「경성고고담화회통신 제3신」(이하 「통신 제3신」)이다. 「통신 제3신」은 앞서 아리미쓰의 언급대로 양면 1매로 된 2쪽 분량의 팸플릿으로, 경성고고담화회에 대한 개략적인 상황을 파악할 수 있는 다량의 정보를 담고 있다. 「통신 제3신」에는 제2회 예회에서 발표된 구마가이 노부오의 「판명된 서역벽화의 출처(判明せる西域壁畫の出處)」 요약문, 제3회 예회 고지, 사적(史蹟) 순례 예고, 제2회 예회 출석자 명단 등이 실려 있다. 「통신 제3신」에 제2회 예회의 발표 내용이 실린 것으로 보아, 「통신 제1신」에는 담화회의 발족에 관한 내용을 싣고, 「통신 제2신」에는 직전에 개최된 제1회 예회의 소식을 싣는 방식으로 발간하였던 것으로 보인다. 이하 내용은 「통신 제3신」에 기록된 내용을 중심으로 살펴본 경성고고담화회의 실체와 활동 내용이다.

2) 결성과 운영

먼저 경성고고담화회의 결성 시기를 살펴보자. 「통신 제3신」의 표제 아래에는 '4월 10일'이라는 월일만 간단히 표기되어 있다. 전체 내용 중 어디에도 연도에 대한 언급은 없다. 참가자 명단에 등장하는 인물의 활동 시기나 몰년 등을 통해 경성고고담화회의 설립연도에 대한 추정이 가능하다. 제2회 예회의 참석자 명단에 기재된 인물 중 김재원(金載元, 1909~1990)은 1940년 6월 전후 독일에서 귀국하였으며, 요네다 미요지는 1942년에, 오쿠다이라 다케히코(奧平武彦, 1900~1943)는 1943년에 각각 사망하였다. 따라서 제2회 예회가 열린 시기는 1940년 6월 이후 1942년 이전으로 일단 추정이 가능하다. 아울러 아리미쓰 교이치 등이 보고한 제6회 예회 좌담회가 1941년 6월 19일 개최되었으므로, 「통신 제3신」에서 기록된 제2회 예회가 열린 4월 10일은 '1941년 4월 10일'에 해당된다. 이후 이루어진 예회의 개최 간격을 고려할 때, 경성고고담화회는 1941년 초에 결성되었던 것으로 보인다.

경성고고담화회의 사무소는 총독부박물관 관내에 둔 것으로 되어 있다. 경성고고담화회의 프로그램은 주로 발표를 중심으로 이루어진 것으로 보인다. 「통신 제3신」에는 「판명된 서역벽화의 출처」라는 제목의 구마가이 노부오의 발표문이 간단히 요약되어 있다. 제3회 예회는 4월 16일 이왕가미술관에서 고이즈미 아키오가 「관대 석침을 공반한 분묘 형식(棺臺石枕の伴ふ墳墓形式)」을 발표할 예정이었다. 현재까지 단편적으로 확인되는 자료를 통해 파악되는 발표 내역은 〈표 12-6〉과 같다.

예회에서는 50전의 회비도 징수하였다. 발표와 아울러 유적 답사도 하였다. 4월 20일 오전 10시에 경궤철도(京軌鐵道) 광장리역(廣壯里驛)에서 모여, 풍납리토성-몽촌토성-석촌고분군-삼전도 청태조 공덕비를 함께 돌아보는 것으로 예정되어 있었다. 답사를 위해 도시

표 12-6. 경성고고담화회의 발표 내역

구분	발표일시	발표자	발표내용	장소	출처
제2회 예회	1941.4.10.	구마가이 노부오 (熊谷宣夫)	판명된 서역벽화의 출처 (判明せる西域壁畵の出處)		「통신 제3신」
제3회 예회	1941.4.16.	고이즈미 아키오 (小泉顯夫)	관대 석침을 공반한 분묘형식 (棺臺石枕の伴ふ墳墓形式)	이왕가 미술관	「통신 제3신」
제6회 예회	1941.7.19.	후지타 료사쿠 (藤田亮策) 외	새로 나온 고구려 벽화고분에 대한 좌담회(新出高句麗壁画古墳についての座談会)	이왕가 미술관	『고려미술관연구기요 (高麗美術館研究紀要)』 第6号
제12회 (?) 예회	1942.4.	요네다 미요지 (米田美代治)	유적 구조물에 나타난 조선상대의 방위에 대하여(遺蹟構造物に現はれた朝鮮上代の方位に就いて)		『조선상대건축의 연구 (朝鮮上代建築の研究)』
미상	1942.11.21.	김재원 (金載元)	지나 고동기(古銅器) 문양의 의의에 대하여	이왕가 미술관	『매일신보』 1942년 11월 21일자
미상	미상	고유섭 (高裕燮)	조선의 탑파		스가야마 노부조 (杉山信三), 1944, 『조선의 석탑(朝鮮の石塔)』, 14쪽

락을 각자 휴대하고 아울러 「뚝섬[纛島]」 25,000분의 1 지도를 휴대할 것을 공지하고 있다.

　1941년만 하더라도 4월 10일 「통신 제3신」이 발간되고, 4월 16일 제3회 예회가 개최되었으며, 연이어 4월 20일 답사가 있었다. 7월 19일 제6회 예회가 있었던 것으로 보아 경성고고담화회는 대체로 월 1회 간격으로 예회를 개최했던 것으로 보이는 등 꽤 활발한 활동이 이루어진 것으로 보인다.

3) 구성원

경성고고담화회 참가자들은 조선에서 고고학과 직간접적으로 관련된 인물들로 볼 수 있다. 이 모임에는 당시 조선에서 유일하면서 공식적인 고고학 발굴조사 기관이었던 총독부박물관과, 학술 연구 및 고등교육 기관이었던 경성제대의 대표적인 인물들이 포함되어 있다. 「통신 제3신」에 제시된 제2회 예회의 출석자들을 통해 경성고고담화회의 참석 인원을 파악할 수 있다. 여기에는 모두 23명의 명단이 실려 있는데, 이들의 소속은 조선총독부, 총독부박물관, 조선사편수회, 이왕가미술관, 경성제대 등이다(〈표 12-7〉 참조).

먼저 총독부박물관에서 참석한 인물로는 아리미쓰 교이치, 구마

표 12-7. 경성고고담화회 제2회 예회 출석자

소속	참가자
총독부박물관	아리미쓰 교이치(有光敎一), 구마가이 노부오(熊谷宣夫), 요네다 미요지(米田美代治), 나카기리 이사오(中吉功), 오와다 모토히코(小和田元彦)
조선총독부	나가타 다네히데(永田種秀), 마쓰오 고헤이(松尾孝平)
조선사편수회	가쓰라기 스에지(葛城末治)
이왕가미술관	시모고리야마 세이이치(下郡山誠一), 히라타 다케오(平田武夫), 이규필(李揆弼)
경성제대	후지타 료사쿠(藤田亮策), 나고시 나카지로(名越那珂次郎), 스에마쓰 야스카즈(末松保和), 오쿠다이라 다케히코(奧平武彦), 야마자키 도모지(山崎知二)
기타 일본인	기시 겐(岸謙), 노즈키 긴이치로(野附勤一郎), 이시노 류고로(石野柳五郎), 오시마 가쓰타로(大島勝太郎)
기타 조선인	김재원(金載元), 고유섭(高裕燮), 박승대(朴勝木)

가이 노부오, 요네다 미요지, 나카기리 이사오, 오와다 모토히코(小和田元彦) 등이 있다. 총독부박물관에 오래 몸담았다가 평양부립박물관으로 자리를 옮긴 고이즈미 아키오도 제3회 예회의 발표자로 예정되어 있었다. 총독부박물관 직원 중에서 제국대학에서 전문적인 고고학 교육을 받은 고고학자는 아리미쓰 교이치에 국한되며, 구마가이 노부오, 요네다 미요지, 나카기리 이사오 등은 미술사학자로 분류될 수 있다.

구마가이 노부오는 도쿄제대 미학미술사학과를 졸업한 후 1940년 1월 총독부박물관 촉탁으로 건너와 1944년 3월까지 오타니(大谷) 탐험대의 서역미술품을 정리하였으며 후일 「서역의 미술(西域の美術)」이라는 논문으로 도호쿠대학에서 문학박사학위를 받았다. 나카기리 이사오는 경성제대에서 미술사를 전공한 후 총독부박물관에서 촉탁으로 근무하였으며, 주로 불교미술을 연구하였다. 요네다 미요지는 1932년 3월에 니혼(日本)대학 건축과를 졸업하고 1933년 8월부터 총독부박물관 촉탁으로 근무하였다. 1942년에 경성에서 병으로 사망하자 당시 교토제대 공학부 건축학 연구실의 무라타 지로(村田次郎) 교수가 그의 연구 성과를 모아서 『조선상대건축의 연구(朝鮮上代建築の研究)』라는 단행본으로 출판하였다. 한편 오와다 모토히코는 조선총독부 학무국 사회교육과 속(屬)으로 총독부박물관에 근무하던 행정 관료였다.

조선총독부의 행정 관료인 나가타 다네히데(永田種秀)와 마쓰오고헤이도 참석하였다. 나가타 다네히데는 창씨개명한 조선인 김병욱(金秉旭, 1895~?)이다. 그는 1914년 경성고등보통학교를 졸업한 후 경성사범학교 훈도를 거쳐 1925년부터 조선총독부 도시학(道視

學)에 임명되어 교육행정 관료가 된 인물이다. 총독부 내무국과 학무국 사무관, 중추원 참의 등을 지냈으며, 2009년 친일반민족행위진상규명위원회가 발표한 친일반민족행위 705인 명단에도 포함되었다. 1941년 당시에는 조선총독부 학무국 사회과 사무관과 조선사편수회 간사, 중추원 서기관과 통역관 등을 맡고 있었다.

마쓰오 고헤이는 1926~1937년 경상남도 부산부(釜山府)에서 근무하였으며, 1938년부터 조선총독부 재무국 사계과(司計課) 속(屬)으로 근무하였다. 부산부 근무 시기인 1936년 부산고고회(釜山考古會) 간사로 활동하였다.[13] 경성의 조선총독부로 이임한 후에도 부산고고회의 경력을 바탕으로 경성고고담화회에도 참석한 것으로 보인다. 이러한 마쓰오 고헤이의 활동은 조선총독부 주도로 생산된 고고학 지식의 민간 유통이라는 측면에서 경성고고담화회와 부산고고회 사이에 모종의 네트워크가 있었을 가능성을 상정할 수 있는 단서가 된다.

조선사편수회에서는 가쓰라기 스에지가 참석하였다. 가쓰라기는 1915년부터 중추원에서 근무한 것이 확인되며, 조선사편찬위원회를 거쳐 조선사편수회에서 줄곧 근무하였다. 그는 『조선금석교(朝鮮金石巧)』를 편찬한 금석문 연구자로 잘 알려져 있으며, 1930년대 중반에는 총독부박물관에서도 근무하였다.

이왕가미술관에서는 시모고리야마 세이이치(下郡山誠一), 히라타 다케오(平田武夫), 이규필(李揆弼)이 참가하였다. 시모고리야마 세이이치는 1904년 도쿄제대 제1임시교원양성소 박물과(博物科)를 졸업하고, 1908년 궁내성(宮內省) 박물조사(博物調査) 사무촉탁과 어원(御苑)사무국 촉탁으로 근무하였다. 이후 줄곧 이왕직에서 근무하면서 이왕가미술관을 운영하였다. 또한 조선총독부 박물관협의위원회 위원과 보물고적명승천연기념물보존회 위원을 역임하였다. 히라타 다케오는 1910년 궁내부(宮內府) 어원사무국 고원으로 시작하여 이왕직에 근무한 실무 직원이다. 이규필도 이왕가미술관의 촉탁으로 근무한 인물로 해방 직후인 1945년 9월 15일에 이왕가미술관의 관리 책임자였던 히라타 다케오로부터 유물을 인수인계받았다는 기록이 남아 있다. 미군정청은 이왕가미술관의 거의 유일한 조선인 직원이었던 이규필에게 해방 후 이왕가미술관의 관리를 맡겼던 것으로 보인다.

경성제대에서는 조선사학 제1강좌의 후지타 료사쿠, 조선사학 제2강좌의 스에마쓰 야스카즈, 일본사학의 나고시 나카지로(名越那珂次郞, 1884~?), 외교사 강좌의 오쿠다이라 다케히코, 프랑스문학 전공의 야마자키 도모지(山崎知二, 1903~1994) 등이 참석하였다. 후지타 료사쿠는 도쿄제대 국사학과 출신으로 총독부박물관과 경성제대 조선사학을 장악한 인물임은 앞서 여러 차례 살펴본 바와 같다. 스에마쓰 야스카즈는 1927년 도쿄제대 국사학과를 졸업하고 조선총독부 조선사편수회의 수사관으로 근무하였다. 1933년 경성제대 조교수가 되었으며, 1939년 조선사학 제2강좌 교수가 되었다.

나고시 나카지로는 1910년 교토제대 사학과를 졸업하고, 1915년 5월 부산중학교 교유로 임명되어 조선에 건너왔다. 1923년 경성법학전문학교 교수를 역임하고, 1924년 경성제대 예과 교수가 되었다. 그는 후지타, 스에마쓰와 함께 경성독사회(京城讀史會)에도 참가하여, 1930년 11월 경성독사회 제16회 예회에서 「브리테인(Britain)에 미친 나마(羅馬, 로마)문명의 영향」을 발표하였다.

오쿠다이라 다케히코는 1924년 4월 도쿄제대 법학부 정치학과를 졸업하고, 1926년 8월 경성제대 조교수로 임명되어 조선에 건너왔다. 유물 소장가로서 다수의 문화재를 수집하였으며, 도자기를 비롯한 미술, 공예, 건축 등 조선 문화에 대한 조예가 깊었다. 1929년부터 조선총독부 보물고적명승천연기념물보존회 위원, 조선박물관 위원, 이왕가미술관 평의원 등을 역임하였다.[14] 저서로는 『이조(李朝)』, 『조선의 송원명판복각본(朝鮮の宋元明板覆刻本)』, 『이조의 호(李朝の壺)』, 『조선고도(朝鮮古陶)』 등이 있다.

야마자키 도모지는 1927년 도쿄제대 프랑스문학과를 졸업하고, 1930년부터 경성제대 법문학부 조교수 및 교수로 1945년까지 근무하였다. 전후 아이치(愛知)대학 프랑스문학과 교수를 지냈다.

경성 소재 박물관이나 제국대학 등에 소속되지 않은 다양한 성격의 인물로는 등(燈) 연구가 기시 겐(岸謙), 실업가 노즈키 긴이치로(野附勤一郎, 1884~?), 공예가 이시노 류고로(石野柳五郎), 오시마 가쓰타로(大島勝太郎) 등이 있다.

먼저 기시 겐은 경성전기주식회사 감리과장을 지내면서 조선등화사료실(朝鮮燈火史料室)을 운영하였다. 특히 1942년에는 『조선(朝鮮)』지에 고조선, 삼국시대, 고려시대, 조선시대까지 각 시대별 등기(燈器)에 관한 글을 연재하기도 하였다. 2005년 국립민속박물관에서 기시 겐이 모은 유물 1,226점 중에서 일부를 선정하여 특별전 〈빛〉을 개최하기도 하였다.[15] 노즈키 긴이치로는 도쿄제대 공과대학 채광야금학과(採鑛冶金學科)를 졸업한 실업가로, 반도산금(半島産金) 대표, 조선광업개발(朝鮮鑛業開發) 취체역, 조선부회(朝鮮府会) 의원 등을 역임한 인물이다.

그림 12-4. 고유섭
인천 출신의 미술사학자로, 호는
우현(又玄)이다. 경성제대에서
미학과 미술사를 전공한 후
1933년 개성부립박물관
관장으로 부임했다.

이시노 류고로는 공예가이며, 제23회 선전에서 조선총독상을 수
상한 '당초모양함(唐草模樣函)'과, 1955년 제2회 일본전통공예전에 출
품된 나전 상자 '가마우지[鵜]' 등의 작품이 알려져 있다. 오시마 가
쓰타로는 1906년 조선연구회(朝鮮研究會)에서 발간한 『조선야담집(朝
鮮野談集)』과 1932년 발간된 『조선야구사(朝鮮野球史)』의 저자이다.

이 밖에 조선인으로는 김재원, 고유섭, 박승목(朴勝木)이 확인된
다. 김재원은 독일 뮌헨대학교에서 교육학과 고고학을 공부한 후
1940년 귀국하여 보성전문학교와 경성제대에서 독일어 강사를 지
냈다. 해방 후 초대 국립박물관장을 맡았다. 고유섭은 1925년 서울
보성고등보통학교를 졸업하고 경성제대 법문학부 철학과에서 미학

과 미술사를 전공하였다. 졸업 후 경성제대 미학연구실의 조수로 근무하였으며, 1933년 3월 개성부립박물관 관장으로 부임하여 재직 중인 상태였다(〈그림 12-4〉 참조). 박승목은 조선총독부의원 내과 의사로 추정되는데 자세한 정보는 미상이다.

4) 성격

담화회(談話会, regular meeting)는 발표를 통해 이루어지는 정기적인 연구 모임을 말한다. 20세기 들어 일본에서 유행하였으며, 식민지 조선에서 역사학 분야만 하더라도 경성독사회(京城讀史會), 고서회(古書會) 등 여러 담화회가 운영되었다. 경성고고담화회는 이름 그대로 고고학을 중심으로 한 연구 모임이다. 하지만 고고학 연구 모임임에도 불구하고 명실상부한 고고학자는 정작 별로 없는 모임이라는 특징이 있다. 고고학에 대한 체계적 교육이나 연구 경력이 있는 인물은 후지타와 아리미쓰 등에 지나지 않는다. 아리미쓰는 경성고고담화회 제6회 예회에 참석해 사회를 맡았으나 '담화회 그룹'의 멤버들과 연구 활동에 있어서는 소원했고 또한 운영에 적극적으로 관여하지 않아 경성고고담화회에 대한 기억이 없다고 회고하고 있어서, 주도적으로 관여한 것으로 보이지는 않는다.[16]

경성고고담화회를 결성하고 운영하는 데 구심적인 역할을 한 중심 인물은 후지타 료사쿠였다. 그는 총독부박물관, 이왕가미술관, 조선사편수회, 경성제대를 모두 아우를 수 있는 광범한 인적 네트워크를 지닌 인물이었다. 후지타는 1922년부터 사실상 총독부박물관의 책임자라 할 수 있었으며, 1924년과 1925년 조선총독부 편수관(編

修官)과 수사관(修史官)을 역임하였고, 1933년 4월부터 조선사편수회 위원으로 활동하였다. 그는 1926년 경성제대에 부임하여 1941년 9월에는 경성제대 법문학부장으로 임명되었다. 이보다 앞선 1941년 6월에는 아리미쓰에게 총독부박물관 주임 직을 물려주게 된다. 경성고고담화회가 결성되던 1941년의 시점은 후지타가 1922년 조선으로 건너와 20년 가까이 맡았던 박물관 주임을 공식적으로 아리미쓰에게 넘겨주던 즈음이었다. 하지만 그는 경성고고담화회를 통해서도 총독부박물관과 일정한 유대를 계속 가졌던 것으로 유추해볼 수 있다.

식민지 조선에서는 1930년 5월 경성제대, 조선사편수회, 총독부 인사들이 중심이 된 청구학회가 결성되기 이전에도, 1923년 조선사학회, 1925년 사담회(史談會), 1926년 조선사학동고회(朝鮮史學同攷會), 1930년 정양회(貞陽會) 등이 결성되었고, 저명한 중국사학자 이치무라 산지로(市村瓚次郎)의 권유로 경성제대 교수들이 일본의 사학회(史學會)를 본떠 1927년 결성한 경성독사회도 있었다. 경성독사회에 참가한 후지타 료사쿠는 1928년 12월의 제9회 예회에서 「한강반(漢江畔) 출토의 토기문양에 대하여」를, 1930년 9월 제23회 예회에서 「웅기 송평동 패총 발굴에 대하여」를, 1931년 12월 제30회 예회에서 「경주 및 낙랑고분 발굴담」 등을 발표하면서 적극적으로 활동하였다.

경성독사회는 1932년 10월, 34회의 예회를 끝으로 더 이상 기록이 보이지 않는다. 아마 청구학회가 창립되어 활발히 활동하자 해체된 것으로 보인다.[17] 1920년대부터 한국사를 둘러싼 다양한 연구 모임은 1930년 청구학회(靑丘學會)의 결성으로 귀결되었다. 이러한 다양한 연구 모임 활동을 경험한 후지타는 1940년대 들어 고고학을 중심으로 한 새로운 정기 모임인 경성고고담화회를 결성하였던 것으로 보인다.

후지타 료사쿠를 구심점으로 한 경성고고담화회는 고고학을 위한 전문 연구 모임이라기보다는 발굴 유물에 관심을 지닌 다양한 인사들이 모인 동호회의 성격을 지녔다. 참가 인사들 중에는 총독부박물관에서 고고학 조사에 종사하던 이도 있었지만 총독부박물관에서 미술사를 전공한 미술사학자, 이왕가미술관 관계자, 발굴 유물에 관심을 지닌 경성제대 교수, 이 밖에 민간의 유물 소장가들이 다수 포함되어 있었다. 다수의 구성원은 고고학 자체에 대한 학문적 관심보다는 고고학 유적에서 출토된 유물에 대한 관심이 오히려 더 많았던 것으로 보인다. 특히 이왕가미술관 관계자나 민간 소장가들은 소장품에 포함된 고고유물에 대한 이해를 심화시키기 위하여 경성고고담화회에 참가한 것으로 추정된다. 경성제대 교수였던 오쿠다이라 다케히코는 저명한 유물 소장가였고, 경성전기의 기시 겐은 조선등화사료실을 운영하면서 등(燈) 관련 유물을 집중적으로 수집하고 있었다.

경성고고담화회는 식민지 조선의 유일한 고고학 관련 모임이었는데, 총독부박물관과 경성제대 등 대표적인 조사 및 학술기관 중심의 인맥들은 식민지 지배자 중심의 고고학 담론을 형성하고 있었다. 식민지 조선에서 고고학은 일본인을 중심으로 한 지배자의 학문이었으며, 고고학과 발굴조사는 식민지 지배 이데올로기의 정립을 위한 역사관의 소재를 제공하기 위한 성격을 띠었다. 중국 한(漢) 제국의 식민지로 해석된 낙랑군이나 진구(神功) 황후의 신라 정벌과 관련된 경주, 그리고 임나일본부의 소재지였던 가야 지역에 대한 조사가 집중적으로 이루어졌다.

한편 고고학 조사는 식민지 문화재 관리와 보존이라는 측면에서도 주요한 역할을 하였다. 고고학 조사와 문화재 관리를 일원적으로 총괄한 기관이 바로 총독부박물관이었고, 그 중심 인물이 후지타 료사쿠였다. 조선총독부와 관학 아카데미즘에서 생산된 식민지 고고학의 지식은 경성고고담화회를 매개로 하여 제한적으로 유통되었다. 유통의 장은 조선총독부와 그 주변부, 경성제대, 이왕가미술관, 조선사편수회, 민간의 소장가들에 국한되었는데, 이는 경성고고담화회의 참가 인물들을 보면 단적으로 드러난다. 식민지의 다른 부면과 마찬가지로 민족적 차별성으로 인해 일본인들이 중심이 되었음은 물론이다.

종래 식민지 조선의 고고학에서는 조선인이 배제되었다는 점이 지적되었다. 그런데 경성고고담화회에는 나가타 다네히데라는 이름으로 창씨개명을 한 식민지 관료 김병욱을 제외하더라도 몇몇 조선인들이 확인된다. 바로 고유섭, 이규필, 김재원 등이다. 경성제대를 졸업하고 개성부립박물관장을 지낸 고유섭은 우리나라를 대표하는 초기 미술사학자이며, 이규필은 이왕가미술관의 실무직원으로 일한 경력을 지녔다.

김재원은 독일 뮌헨대학교에서 유학한 뒤[18] 벨기에의 중국학자 칼 헨체(Carl Hentz, 1883~1975)의 문하에 있었으며, 헨체의 학설을 소개하면서 자신의 견해를 덧붙인 두 편의 논문을 발표하였다.[19] 당시 식민지 조선에는 독일에서 고고학을 전공하여 박사학위를 받고 돌아와 『진단학보』 등에 기고한 도유호가 있었지만, 경성고고담화회에는 이름이 보이지 않는다.[20] 김재원은 해방 후 1945년 8월 미군정에 의해 국립박물관장으로 임명된 후 총독부박물관을 인수하여 새로이 국립박물관을 개관하였다. 김재원의 회고록에 의하면 미군정에 가서 문교장관인 록카드 대위에게 벨기에에서 사용하던 Ph.D. 학위가 적힌 명함을 보여주었더니 며칠 후 국립박물관장으로 임명되었다고 기술되어 있다.[21]

해방 이전 김재원이 총독부박물관이나 그 관계자와 모종의 관계를 맺고 있었다는 점은 종래 어느 자료에서도 언급된 바 없었다. 이번 「통신 제3신」에 의하면 1941년경 김재원은 경성고고담화회에 참석하면서 후지타 료사쿠, 아리미쓰 교이치 등 총독부박물관의 핵심 인사들과 나름의 교분 관계를 유지하였음을 확인할 수 있다. 김재원이 총독부박물관과 관계를 맺은 것은 1926~1928년 독일에서 유학한 경험이 있는 후지타 료사쿠를 매개로 하였을 것이다. 독일의 유학 경험과 고고학에 대한 관심이 김재원과 후지타 사이의 연결고리였던 것으로 보인다.

그는 고고학이라는 학문을 배경으로 총독부박물관과 이왕가미술관 등의 인사들과 인적 네트워크를 형성하고 있었는데, 이러한 네트워크가 후일 미군정의 국립박물관장 임명에 전혀 영향을 미치지 않았다고 볼 수 있을까.[22] 해방 후 총독부박물관을 이은 국립박물관의 성공적인 안착을 위해 총독부박물관 주임이었던 아리미쓰 교이치가 미군정의 승인하에 1년 이상 체재하면서 박물관 업무의 인수인계뿐 아니라 경주 호우총 발굴 등 고고학의 학문적 전수에 관여하였던 것은 이미 널리 알려진 사실이다(〈그림 12-5〉 참조). 국립박물관이 총독부박물관의 건물이나 소장품을 계승하였을 뿐 아니라, 고고학의 학

그림 12-5. 김재원(왼쪽)과 아리미쓰 교이치(오른쪽)
해방 이후 초대 국립박물관장으로 임명된 김재원은 해방 이전 박물관 주임을 맡은 아리미쓰
교이치 등과 교분 관계를 유지하고 있었다. 사진은 1946년 2월 당시 박물관 사무실로 사용되던
경복궁 자경전에서 찍은 것이다.
출처: 국립중앙박물관.

문적 측면에서도 단절보다는 연속의 성격을 불가피하게 띠지 않을
수 없었다. 단적으로 해방 후 한국인의 손으로 처음 발행된 한국통
사라 할 수 있는 1959년 진단학회 발간 『한국사』의 「사전(史前)문화」
부분이 1942년 간행된 후지타 료사쿠의 「조선고고학」의 체제와 내
용을 그대로 따랐다거나,[23] 우메하라 스에지의 저서 『조선고대의 문
화(朝鮮古代の文化)』(1946, 高桐書院)가 김경안(金敬安)이라는 가명으로
『조선고대문화』(1948, 정음사)로 번역되어 유포되었다.[24]

　그간 국립박물관의 역사는 총독부박물관과는 단절된 것으로 설
명되어왔다. 하지만 해방 이후 여러 방면에서 총독부박물관의 유산

이 우리에게 계속 내려오고 있었다는 점은 부정할 수 없는 현실이다. 과거에 대한 직시에서 새로운 미래가 열린다는 식상한 이야기가 우리에게는 여전히 유효한 잠언이라고 생각한다.

미완의 식민지 박물관,
조선총독부박물관

서구 열강은 제국주의 침탈 과정에서 원활한 식민지배를 위한 문화적 도구로 박물관을 비롯한 다양한 문화학술기관을 설립하고 운영하였다. 식민지에 설립된 박물관은 서구의 문명적 과업을 식민지인들에게 과시하고, 식민통치의 정당성과 합리성을 제시한다는 목적을 지니고 있었다. 근대 일본의 문화시설은 서구의 선행 사례를 모델로 하였으며, 제국 일본은 자신들의 경험을 바탕으로 박물관을 식민지에 이식해나갔다.

　근대 일본에서 국립박물관의 설립은 1873년 오스트리아 빈에서 개최되는 만국박람회의 출품 준비를 위해 1871년 박람회사무국을 설치한 데서 비롯되었다. 이 사무국은 1945년 패전 이후 도쿄국립박물관의 전신이라고 할 수 있는데, 이후 내무성을 거쳐 1881년 농상무성으로, 1886년 다시 궁내성으로 이관되었다. 최종적으로 궁내성 소관의 제실박물관이 된 배경에는 천황을 정부와 내각에서 독립시켜 천황 독자의 권한을 강화하려는 '천황의 대권 강화' 구상과 관련이 있었다. 일본의 제실박물관은 천황의 재산이자 천황을 상징하고 표상하는 박물관이었으며, 일본 국체의 정화인 '미술'과 '예술'을 전시하기 위한 공간이었다. 제국 일본은 이러한 박물관을 다시 자신들의 식민지에 확산시켰는데, 예컨대 1895년 침략한 타이완에는 '타이완총독부박물관'(1908년), 1932년 만주국을 침략하여 '국립박물관'(1935년)을 설립하였다. 식민지 조선의 조선총독부박물관도 그중 하나였다.

조선총독부박물관은 1915년 12월 1일 경복궁 내에 개관하였다. 총독부박물관을 설립하는 데 결정적인 역할을 한 사람은 초대 조선총독이었던 데라우치 마사타케였다. 데라우치는 총독 재임 기간 중 식민지 조선에서 많은 문화재를 수집하였다. 그가 소장했던 불상, 도자기, 금속공예품 등의 유물은 1916년 조선총독부에 기증되어 총독부박물관의 초기 주요 컬렉션으로 자리매김하였다. 최근 공개된 일본의 한일회담 관련 외교문서는 이러한 조선 문화재 수집이 총독부의 공금인 '기밀비'를 사용한 것임을 밝혀주고 있다.

데라우치 총독은 원활한 식민지 통치를 위한 방안으로 문화 침탈의 중요성을 인식하였으며, 그 과정에서 식민지 조선의 박물관과 문화재에 대해 적극적인 관심을 가졌다. 데라우치가 박물관의 설립을 결정하고 추진하는 데 영향을 끼쳤던 인물은 미술사학자 오카쿠라 덴신, 역사학자 도쿄제대 구로이타 가쓰미, 건축사학자 도쿄제대 세키노 다다시이다. 실무적으로는 오다 미키지로와 바바 제이치로가 식민지 관습조사를 맡았던 총독관방의 참사관실에 소속되어 있으면서 총독부박물관의 설립과 운영을 주도하였다.

총독부박물관은 1915년 일제 식민지배의 '성과'를 보여주기 위한 시정 5주년 기념 조선물산공진회를 마친 후 미술관 건물을 전용하여 개관하였다. 총독부박물관 상설전시가 일부 공진회 미술관 전시 체제를 따르고는 있지만 전체적인 구성을 달리하고 있으며, 동일 주제의 전시실에서도 전시품의 내용이 크게 달라졌는데, 이는 사전에 이미 오랜 기간 동안 기획 및 준비되어왔음을 말해준다. 총독부박물관은 피식민자의 상징적 공간에 새로운 근대 공간인 박물관을 세워 식민자 중심의 새로운 맥락을 창출해낸 것이다. 몰락한 왕조의 쇠락한 전통 건축물 속에 신고전주의 서양건축으로 우뚝 솟은 총독부박물관의 새로운 건축물은 합리적 근대 문명의 상징이자 식민지배의 당위성을 웅변해주는 아이콘으로서 기능하였다.

식민지 박물관으로서 총독부박물관은 식민지 문화재정책에 부응하여 발굴품과 미술공예품을 통해 시대적 특질을 문화사적으로 조망하는 박물관을 지향하였다. 실물 자료의 전시를 통해 조선의 문화를 재현하고, 이 과정에서 일본과 중국, 구미와의 비교를 겸하여 식민지 조선의 문화가 얼마나 열등한지를 스스로 자각하도록 만들기 위한 공간이었다. 아울러 총독부박물관은 조선에서 문화재 조사, 보호, 보존을 위한 행정 업무를 총괄한 식민지 문화행정기관이었다.

총독부박물관은 직제상 조선총독부 내의 과 단위에 소속된 하부 기구였다. 총독부박물관의 관장직은 처음부터 존재하지 않았고 운영 책임을 맡은 직위는 과장 아래에 위치한 주임급 정도였다. 총독부박물관의 인력은 크게 제국대학 출신의 주임과, 전문 기술을 지닌 기술원(엑스퍼트)으로 이루어진 이원 구조였다. 아울러 박물관의 관리 운영이나 고적조사와 보존사업에 조선인의 참여는 배제되었으며, 전적으로 제국대학의 교수나 일본에서 온 인력이 독점하였다.

총독부박물관 초기 컬렉션은 식민지 조사사업의 부산물과 조선주차군사령부에서 인계한 조선의 재래 병기, 데라우치 총독의 기증품 등 식민지배 또는 식민지 조사사업의 일환으로 확보된 자료를 기반으로 하였다. 이후 기증, 구입, 발굴 및 발견 등을 통해 소장품을 확대해나갔다. 이러한 소장품 수집정책은 총독부박물관의 목적과 의도에 부합하는 전시를 뒷받침하기 위한 것이었으며, 이를 통해 역사성이 배제된 고고품과 미술공예품을 통해 식민지의 역사와 문화를 오브제 중심으로 자신들의 의도에 맞게 재현하였다.

총독부박물관 상설전시는 공진회 미술관 전시나 1915년 개관 전시의 재질별 전시에서 출발하여, 1921년 고대사 전시부터 시대사 전시가 이루어지기 시작했으며, 1926년 단계에서 식민주의 역사학에 기반한 시대별 전시로 완성되었다. 이는 식민주의 역사학 연구성과의 축적과 박물관 소장품의 확충을 통해 점진적이고 단계적인 과정을 거쳐 이루어졌다. 이 과정에서 전시를 통한 식민주의 역사상의 재현이 보다 정교하게 진전되어갔으며, 도쿄제실박물관의 영향도 받았다.

총독부박물관의 상설전시는 '유물에 의한 역사서술로서의 전시'가 아니라, '유물'의 '역사적 전시(Historical Display)'였으며, 고고유물과 미술공예품을 통해 유물의 시계열적 배열, 즉 역사적 전시라는 은유적 방식의 문화사적 재현이었다. 조선 문화의 유구성, 고유성, 우수성이 아니라 타율성, 정체성 등 열등감을 조장하고, 일본과의 친연성을 의도적으로 부각시켜 식민지 신민으로서의 의식을 고양시킨다는 식민지 박물관 본연의 목적에 충실하였다.

식민지 조선에서 이루어진 문화재 조사사업, 이른바 고적조사는 조선총독부의 통제 아래 이루어졌다. 고적조사는 원활한 식민지배를 위한 식민지 조사의 일환인 동시에 식민지 문화재의 보존과 관리의 성격을 지녔다. 조선총독부가 주도하고 통제하였다고 해서 고적조사가 일제 관학자들에 의해 체계적으로, 그리고 식민통치 기간 내내 일사분란하게 이루어진 것은 아니었다. 총독부박물관 설립 이전에 고적조사는 여러 부서에서 개별적이고 산발적으로 시행되었으며, 1920년대 초반을 기점으로 제국대학 교수 주도에서 재조 일본인 주도로 주체의 변화가 있었다. 제국대학 발굴팀의 일방적인 조사가 예외적으로 이루어지기도 하였으며, 조선총독부의 재정난으로 인해 민간 모금을 통한 발굴단체가 결성되어 조사를 주도하기도 했다. 이처럼 고적조사가 원칙적으로 총독부박물관의 주요 사업이기는 했지만 고적조사를 둘러싼 다양한 주체들 간의 경합과 함께 외부로부터 상당 부분의 재원이 조달되었다는 사실을 확인할 수 있었다.

1920년대 이후 총독부박물관에 대한 확장 논의가 지속적으로 제기되었다. 이는 대내적으로 식민지배의 정당성을 확보하는 이데올로기의 정립과 아울러 대외적으로 문화적 지배를 선전하기 위한 도구로서 총독부박물관의 기능과 역할에 대한 확대의 필요성이 인식되었으며, 구로이타 가쓰미 등을 통해 제국 일본의 아카데미즘에 의해서도 적극 지지되었다. 결국 총독부박물관의 확장 계획은 1935년 시정 25주년 기념사업의 일환으로 추진된 종합박물관 건립 계획으로 귀결되었다. 이 계획은 우가키 가즈시게 총독의 통치 슬로건인 '심전개발'운동에 부합하여 정당성을 부여받았으며, 총독부박물관은 내선일체를 위한 황도정신의 체득이라는 식민정책에 적극 부응하였다.

패색이 짙어가던 태평양전쟁의 긴박한 전황에 쫓겨 박물관 소장품조차도 공출의 대상이 되었으며, 아울러 조선총독부 심지어 총독부박물관에서 자체 공출하였던 사실을 확인할 수 있다. 이는 제국 일본의 식민통치에 철저하게 종속되었던 식민지 박물관의 어두운 그늘을 넘어 심각한 전쟁 범죄였다. 따라서 전쟁 당시 박물관 소장품뿐 아니라 전반적인 공출의 실태와 피해에 대한 조사가 필요하다.

한편 전쟁으로부터의 피해를 막기 위한 박물관의 대응책 마련에는 제국과 식민지 간에 차이가 있었다. 일본은 전쟁의 피해로부터 박물관과 문화재를 보호하기 위하여 적극적인 대책을 마련하고 또 실행에 옮겼다. 하지만 식민지 조선에서 총독부나 행정 관료들은 박물관과 문화재에 대한 보호에 소극적인 태도를 취했으며, 박물관 실무 직원들의 개별적인 노력에 의존하였다. 극단의 상황에서 문화재 보호에 대한 제국과 식민지 간의 간극을 보여주는 하나의 단면이라도 할 수 있다. 이러한 제국과 식민지의 차별, 그리고 식민지 조선에서 복무한 제국의 관료들과 박물관 실무 직원들의 모순된 태도와 행동 양태는 식민지 역사, 그리고 식민지 박물관을 일방적 관점에서 단순하게, 그리고 일률적으로 이해할 수 없음을 말해준다.

식민지 조선에서는 총독부박물관은 일본 제국대학 교수를 비롯한 일본인들의 전유물이었다. 총독부박물관에서 조선인 직원들은 초기에 측량 관련 업무에 일시적으로 차출되었거나, 1930년대 이후에는 말단 고인으로 행정 보조 업무에 종사하였다. 총독부박물관은 학술적으로나 전문 기술적으로 조선인들이 쉽게 접근할 수 있는 곳이 아니었다. 또한 식민지 조선 전체 인구와 대비해볼 때 총독부박물관을 관람했던 조선인의 비율은 그렇게 높지 않았다. 총독부박물관은 식민권력이 창출한 과거를 재현하는 장소이기는 하지만, 근대적 공간으로서 박물관을 관람한다는 것은 아직 조선인들에게 생경한 경험이었다. 1937년 이후 조선인 관람객이 급증했는데, 이러한 현상은 내선일체를 선전하기 위한 식민권력의 정책적 동원에 의한 것이라기보다는 학교를 중심으로 한 단체 관람의 결과였던 것으로 보인다.

총독부박물관 주변에는 식민지 조선에서 생산된 고적조사의 결과를 폐쇄적으로 소비하던 소수의 계층이 있었다. 일본 제국대학 교수와 총독부박물관을 중심으로 한 관변 고고학과 별개로 경성제대에 재직한 후지타 료사쿠 주도로 민간 학자들 중심의 경성고고담화회가 존재하였다. 관변 고고학에서 축적된 고고학 지식이 경성고고담화회를 매개로 제한적으로 유통되고 있었으며, 식민지의 다른 부면과 마찬가지로 민족적 폐쇄성을 띠고 있었다. 이 단체에 일부 참여한 조선인 중 김재원은 해방 이후 국립박물관 관장을 맡아 한국의 박물관계를 주도했다는 점에서 주목을 끈다.

본서에서는 조선총독부박물관의 설립과 운영, 그리고 활동에 대한 제 부면을 살펴보았다. 총독부박물관은 식민지 박물관으로서 본연의 역할을 충실히 실현해나가면서 동시에 완결된 상태로 일사분란하게 활동하지 못한 미숙성, 그리고 여러 가지 성격이 착종된 복합성 내지 중층성을 내포하고 있었다. 이러한 다양한 측면이 동시에 조명된다면 총독부박물관에 대한 보다 역동적이고 충실한 접근이 이루어지리라 생각한다.

해방 후 국립박물관은 총독부박물관의 건물과 시설, 특히 컬렉션을 바탕으로 출발하였다. 총독부박물관이 일본인에 의해 독점적으로 운영되었기 때문에, 해방 이후 조선인 연구자나 박물관 운영자가 전무했다. 이러한 상황에서 남북한은 아리미쓰 교이치와 고이즈미 아키오를 강제 억류시켜가면서 박물관 운영의 지식을 전수받았다는 것은 주지의 사실이다. 그 후 70여 년이 흘렀다. 총독부박물관에서 국립박물관으로 이어지는 태생적 한계를 제대로 인식하고 점검하지 못했기 때문에, 총독부박물관의 그림자는 여전히 국립중앙박물관 곳곳에 짙게 드리워져 있다. 국립중앙박물관의 미래를 위한 과거의 이해, 그리고 현재에 대한 성찰을 하는 데 본 연구가 작은 디딤돌이 되기를 바란다.

제1부 설립: 열패한 식민지 문화의 전파

1장 설립 과정

1   編輯部, 2005, 「寺內正毅 略年譜」, 『寺內正毅と帝国日本: 桜圃寺内文庫が語る新たな歴史像』, 勉誠出版, pp. 166-167.

2   黒田甲子郎, 1920, 『元帥寺內伯爵傳』, 元帥寺內伯爵傳記編纂所, p. 64; 『황성신문』 1910년 8월 26일, "寺內正毅 통감이 시국의 대강을 해결하여 마음이 편안해지자, 남산 구락도 거닐고 혹 고골동상을 소집하여 우리 고미술품을 수집하고 완상한다고 하더라"; "(전략) 골동상 靑木이 와서 담화하며 시간을 보냈다"(『寺內正毅日記』, 1912년 3월 31일) 등의 기록이 보인다.

3   황정연, 2014, 「경남대학교 소장 '홍운당첩' 고찰: 조선후기-일제강점기 회화작품의 유통과 수장의 일면」, 『경남대학교 데라우치문고 조선시대 서화』, 국외소재문화재재단, 70쪽.

4   工藤壮平, 1934년 12월 19일~12월 20일, 「日韓併合までの寺内総督の基礎工作 (上)」, 『京城日報』.

5   永島広紀, 2013, 「寺內正毅と朝鮮總督府の古蹟・史料調査」, 『櫻浦寺内文庫の研究』, 勉誠出版. "金澤莊三郎 박사가 동경으로 귀환하는 길에 내방하였으므로 만찬에 초대하여, 山田三郎 박사, 藤田 박사와 함께 식사를 하고, 식후에 工藤壯平 사무관이 와서 石榻 法帖을 갖다 놓고 그것을 펼쳐보던 중에 檜垣 道長官이 내방하고 이어서 골동상 靑木이 와서 담화하며 시간을 보냈다."(『寺內正毅日記』, 1912년 3월 31일).

6   황정연, 2014, 앞의 논문, 69-70쪽.

7   『寺內正毅日記』, 1912년 4월 7일, "어제 이번에 평양 控訴院長에서 대구의 覆審法院으로 전임하는 向井巖씨가 내방하여 高麗燒花瓶을 주었다."

8   김봉렬, 1999, 「寺內문고 한국관계 문헌의 고찰」, 『사학연구』 57, 190-191쪽.

9   永島広紀, 2013, 앞의 논문, p. 68.

10   2005년 12월 결성된 '한일회담문서 전면 공개를 요구하는 모임(日韓会談文書・全面公開を求める会)'이 일본 법원에 소송을 제기하여, 2014년 4월 1,900건의 일본 측 한일회담문서가 공개되었다.

11   19050623 「조선 미술품과 골동품에 대하여」(문서번호 585); 조윤수, 2016, 「한일회담과 문화재 반환 교섭: 일본 정부의 반환 문화재 목록 작성과정을 중심으로」, 『동북아역사논총』 51, 138쪽.

12   『東京日日新聞』, 1910년 8월 12일, 「韓國機密費 문제」; 이태진, 2017, 『끝나지 않은 역사:

식민지배 청산을 위한 역사인식』, 태학사, 91쪽 재인용.

13 伊藤幸司, 2104, 「오호데라우치문고의 변천과 현상」, 『경남대학교 데라우치문고 조선시
     대 서화』, 국외소재문화재재단, 186-209쪽. 1945년 이후 운영에 어려움을 겪은 데라우
     치 문고는 건물과 토지는 山口縣으로 이관되었고, 이후 도서는 山口縣立대학, 縣立山口도
     서관, 보초쇼부칸(防長尙武館), 일본국회도서관 헌정자료실, 데라우치家 등에 분산되어
     있으며, 그중 98종 135책 1축은 1996년 경남대학교로 돌아왔다.
14 藤田亮策, 1958, 「ビリケ々總督: 朝鮮の思い出」, 『親和』52.
15 藤田亮策, 1951, 「朝鮮古文化財の保存」, 『朝鮮學報』1, p. 252.
16 淺川伯教, 1945, 「朝鮮の美術工藝に就いての回顧」, 『朝鮮の回顧』, 近澤書店, pp. 262-280.
17 黒板勝美, 1918, 「國立博物館について」, 『新公論』33-15(『虛心文集』4. p. 516); 이순자,
     2009, 『일제강점기 고적조사사업 연구』, 경인문화사, 175쪽.
18 關野克, 1978, 『建築の歷史學者 關野貞』, 上越市總合博物館; 伊藤純, 2001, 「李王家博物館開
     設前後の狀況と初期の活動」, 『考古學史硏究』9, p. 96.
19 주윤정, 2003, 「조선물산공진회와 식민주의 시선」, 『문화과학』33, 146-148쪽.
20 高正龍, 1996, 「八木奘三郎の韓国調査」, 『考古学史硏究』6; 全東園, 2011, 「1900〜1910年代
     における'韓国の美術'に関する一考察: 八木奘三郎の調査と論考を中心に」, 国際日本硏究セン
     ター主催 第3回若手研究者ワークショップ.
21 永島広紀, 2013, 앞의 논문, p. 88.
22 목수현, 2000, 「일제하 박물관의 형성과 그 의미」, 서울대학교 석사학위논문, 45쪽.
23 朝鮮總督府, 1916, 『施政五年紀念朝鮮物産共進會報告書』, p. 123.
24 세끼 히데오, 최석영(역), 2008, 『일본 근대 국립박물관 탄생의 드라마』, 민속원, 159-
     166쪽.
25 淺川伯教, 1945, 앞의 논문, pp. 262-280.
26 이성시, 2015, 「조선총독부박물관과 고적조사」, 『미술자료』87, 36-37쪽.
27 野林厚志, 2010, 「植民地国家から国民国家へ継承された博物館: 台湾総督府博物館の設立と
     原住民族コレクション」, 『国民国家の比較史』(久留島浩・趙景達 編), 有志舎, p. 284.
28 국가기록원 「일제시기 건축도면 컬렉션」(http://theme.archives.go.kr/)에 공진회 미
     술관 건축도면 20매 내외가 존재한다.
29 野林厚志, 2010, 앞의 논문, pp. 284-285.

2장 설립 목적

1   이순자, 2009, 앞의 책, 174쪽.
2   『매일신보』, 1915년 4월 23일, 「御大禮記念事業, 京城에 博物館 又는 圖書館 建設」.
3   세끼 히데오, 최석영(역), 2008, 앞의 책, 49-51쪽.
4   아라이 신이치, 이태진・김은주(역), 2014, 『약탈문화재는 누구의 것인가』, 태학사,
     40-41쪽.

5   Roy MacLeod (1998), "Postcolonialism and Museum Knowledge", *Pacific Science* vol. 52, no. 4; Kavita Singh (2009), "Material Fantasy: Museums in Colonial India", In *Art and Visual Culture in India, 1857~1947*, ed. Gayatri Sinha (Mumbai: Marg); Norita Aso (2013), *Public Properties*, Duke University Press, 2013; 野林厚志, 2010, 앞의 논문.

6   이태희, 2015, 「조선총독부박물관의 중국 문화재 수집」, 『미술자료』 87.

7   일본어에서 '模樣'은 물건의 표면에 자연적 또는 인위적으로 표현된 図, 絵, 形 등을 일컫는다. '文樣', '紋樣'을 포괄한 넓은 의미에서 사용된다(NHK放送文化研究所 · 日本放送協会放送文化研究所, 2005, 『ことばのハンドブック』, NHK出版, 184쪽).

8   Stefan Tanaka (1993), *Japan's Orient: rendering pasts into history*, 박영재 · 함동주 (역), 2004, 『동양학의 구조』, 문학과지성사; 강희정, 2012, 『나라의 정화, 조선의 표상: 일제강점기 석굴암론』, 서강대출판부, 38-39쪽.

9   다카기 히로시, 2004, 「일본 미술사와 조선 미술사의 성립」, 『국사의 신화를 넘어서』, 휴머니스트, 186-187쪽.

10   조선총독부박물관 문서 F098 「朝鮮ニ於ケル博物館事業ト古蹟調査事業史」(1925.4.).

11   강희정, 2012, 앞의 책, 80쪽.

12   이성시, 1999, 「黒板勝美를 통해 본 식민지와 역사학」, 『한국문화』 23.

13   『매일신보』, 1922년 3월 21일, 「文化高低의 標準, 總督府 博物館 擴張에 就하여, 文學博士 黒板勝美氏 談」.

14   小川敬吉 문서 1208, 교토대학 공학부 소장; 다카기 히로시, 2004, 앞의 논문, 187쪽.

15   藤田亮策, 1963, 「朝鮮古蹟調査」, 『朝鮮學論考』, p. 75.

16   黒板勝美, 1912, 「博物館について」, 『東京毎日新聞』(『虚心文集』 4, 481-487쪽).

17   黒板勝美, 1918, 앞의 논문; 이순자, 2009, 앞의 책, 175쪽.

18   藤田亮策, 1933, 「朝鮮考古學略史」, 『ドルメン』 4月號, p. 13.

제2부 운영: 식민지 박물관의 토대

3장 조직

1   「朝鮮總督府事務分掌規程」(조선총독부 훈령 제26호, 1915년 5월 1일).

2   이형식, 2012, 「조선총독부 관방의 조직과 인사」, 『사회와 역사』 102, 13쪽.

3   이형식, 2014, 위의 논문, 8-9쪽.

4   나가시마 히로키, 2016, 「편찬을 둘러싼 궁내성 · 이왕직의 갈등: 아사미 린타로와 오다 쇼고의 역사서술을 중심으로」, 『한국사학보』 64, 57쪽.

5   永島広紀, 2105, 「朝鮮總督 · 寺内正毅」, 『寺内正毅と帝国日本: 桜圃寺内文庫が語る新たな歴史像』, 勉誠出版, p. 48. 아키야마는 데라우치가 통감으로 부임하면서 조선의 강제병합을

위해 구미 열강의 식민지 병합에 대한 법적 절차를 검토하고 병합 후 조선에서 제국 헌법의 시행 문제를 검토한 측근이었다.

6 이형식, 2014, 앞의 논문, 18-19쪽.

7 國立國會圖書館 憲政資料室 寺內正毅 關係文書: 書翰の部 A-342; 寺內正毅(山本四郎 編), 1980, 『寺內正毅日記: 1900~1918』, 京都女子大学; 宇佐美勝夫 서신.

8 永島広紀, 2015, 앞의 논문, p. 54.

9 정상우, 2011, 『조선총독부의 '조선사' 편찬 사업』, 서울대학교 박사학위논문, 100쪽.

10 小泉顯夫, 1986, 『朝鮮古代遺蹟の遍歴』, 六興出版, pp. 4-5.

11 下岡忠治, 1924, 「指示要旨」, 『行政及財政整理に關するに訓令竝進知事會議於ける總督及政務總監訓示』, pp. 6-8.

12 藤田亮策, 1963, 앞의 책, pp. 72-74.

4장 인력

1 1924년 이전까지 박물관의 인력 구성에 대해서는 「朝鮮ニ於ケル博物館事業ト古蹟調査事業史」(조선총독부박물관, 1925)에 자세히 언급되어 있어 재구성이 가능하다.

2 정상우, 2011, 앞의 논문, 20쪽.

3 이승일, 2013, 「오다 미키지로(小田幹治郎)의 한국 관습조사와 관습법 정책」, 『한국민족문화』 46, 172 · 177쪽.

4 長崎縣 雲仙市歷史資料館 南串山展示館에 馬場家에 대한 전시가 있다.

5 梅原末治, 1969, 「日韓併合の期間に行なわれた半島の古蹟調査と保存事業にたずさわつた: 考古學徒の回想録」, 『朝鮮學報』 51, pp. 98-99.

6 이 밖에 임시토지조사국에 근무하던 長根葆, 고양경찰서 경무보 경력을 지닌 山內廣衛, 중앙시험소 기수이면서 후일 경성공업전문학교 조교수를 지낸 中村經太郎 등도 총독부 박물관에 일시 근무하였다.

7 梅原末治, 1973, 『考古學六十年』, p. 39.

8 藤田亮策 · 梅原末治, 1947, 『朝鮮古文化綜鑑』 第1卷, 養德社; 藤田亮策 · 梅原末治, 1948, 『朝鮮古文化綜鑑』 第2卷, 養德社; 藤田亮策 · 梅原末治, 1959, 『朝鮮古文化綜鑑』 第3卷, 養德社; 藤田亮策 · 梅原末治, 1966, 『朝鮮古文化綜鑑』 第4卷, 養德社.

9 정인성, 2009, 「일제강점기 '慶州古蹟保存會'와 모로가 히데오(諸鹿央雄)」, 『대구사학』 95, 3-4쪽.

10 「朝鮮ニ於ケル博物館事業ト古蹟調査事業史」(조선총독부박물관, 1925).

11 金玟淑, 2008, 「植民地朝鮮における歷史的建造物の保存と修理工事に関する研究」, 早稻田大学大学院 博士學位論文, p. 105.

12 有光敎一, 2007, 『朝鮮考古學七十五年』, 昭和堂, p. 34.

13 浦川和也, 2003, 「小川敬吉と'小川敬吉資料'について」, 『研究紀要』 9, 佐賀縣立名護屋城博物館.

14 川山貢, 1998, 「杉山信三先生の御逝去を悼む」, 『建築史學』 31.

15 吉井秀夫, 2008, 「澤俊一とその業績について」, 『高麗美術館紀要』 6.

16 小泉顯夫, 1986, 앞의 책.

17 梅原末治, 1973, 앞의 책, p. 46.

18 藤田亮策, 1963, 「朝鮮古蹟調査」, 『朝鮮學論考』, p. 88.

19 아라이 신이치, 이태진·김은주(역), 2014, 앞의 책, 104-105쪽.

20 大橋敏博, 2004, 「韓国における文化財保護システムの成立と展開」, 『總合政策論叢』 8, pp. 175-177.

21 有光教一, 2007, 앞의 책; 小泉顯夫, 1986 앞의 책, pp. 375-378.

22 『朝鮮總督府官報』, 1916년 4월 28일; 『每日申報』, 1916년 5월 2일.

23 「鮎貝房之進氏蒐集品につきて」, 『博物館報』 4, 1933.

24 鳥田 屬, 1924, 『朝鮮總督府博物館ニ關スル調査』.

5장 소장품

1 조선총독부박물관 문서 D001~011 「진열물품 청구서」.

2 유한철, 1992, 「일제 한국주차군의 한국 침략과정과 조직」, 『한국독립운동사연구』 6, 150쪽.

3 일제는 1907년 8월 1일 대한제국의 군대를 강제 해산한 후, 9월 3일 「총포 및 화약단속법」을 공포하였다. 이 단속법이 공포된 후 11월 말까지 한국인이 소유한 무기 99,747점, 화약 및 탄약류 364,377근이 압수되었다(박성수, 1980, 『독립운동사연구』, 창작과 비평사, 234쪽).

4 『황성신문』, 1909년 9월 19일, 「軍隊所屬品引繼」, "度支部에서 各觀察使及漢城府尹과 各 郡守에게 發訓ᄒ이 軍隊用에 供ᄒ든 건축물 又ᄂᆫ 기수입으로써 군대 경비에 充用ᄒ던 田畓 등의 재산은 今番 軍部가 廢止되고 其所管 재산으로써 現今 無用에 屬ᄒᆫ 자ᄂᆫ 詳細調査ᄒ야 재산 소재지 財務督監局長에게 引繼ᄒ라 ᄒ얏다더라.";『황성신문』, 1908년 2월 26일, 「軍需品輸去」, "日本 陸軍 御用船 咸興丸에 陸軍 十二名이 搭乘ᄒ고 再昨日 仁川港에 到泊ᄒ야 龍山 兵器廠에 在ᄒᆫ 軍需 一千六百六十五件을 日本 陸軍 運輸部로 輸去ᄒ얏다더라."

5 조선총독부박물관 문서 D013-014-002 「博物館所藏兵器類無償讓與幷ニ處分ニ關スル件」 (정무총감 내부결재, 1944.5.18).

6 金山喜昭, 2001, 『日本の博物館史』, 慶友社, p. 67.

7 金山喜昭, 2001, 위의 책, p. 81.

8 Nariko Aso (2013), *Public Properites*, Duke University Press, p. 100.

9 정상우, 2011, 앞의 논문, 20쪽.

10 朝鮮總督府 中樞院, 1938, 『朝鮮舊慣制度調査事業概要』, p. 40.

11 노경희, 2016, 「1910년대 조선총독부 참사관실의 한국문헌 수집과 정리 연구」, 『대동한문학회 2016년 추계학술대회 발표집』, 대동한문학회, 357쪽.

12 김태웅, 1994, 「1910년대 전반 조선총독부의 취조국·참사관실과 '구관제도조사사업'」, 『규장각』16, 112-113쪽.

13 이재정, 2004, 「국립중앙박물관 소장 활자에 대한 일고찰」, 『서지학연구』29, 314-323쪽.

14 「圖書引繼報告」, 『取調局 圖書關係書類綴(明治 44년)』(1911년 6월 15일).

15 「圖書整理事務經過槪要」, 『總督府 參事官分室關係書類(1)』(1913년 10월 1일~12월 25일).

16 이재정, 2004, 앞의 논문, 338-339쪽.

17 太田秀春, 2000, 「'조선성지실측도'와 왜성」, 『한국문화』25, 154쪽.

18 장상훈, 2017, 「일제 강점기 조선총독부의 대형 석조문화재의 수집과 전시」, 『국립중앙박물관 석조문화재』, 13-15쪽.

19 「古碑, 石塔, 石佛其ノ他石材ニ彫刻セル建設物保存方取締ニ關スル件」(官通牒第359號), 1911년 11월 29일.

20 조선총독부박물관 문서 A061-026-011 「궁성사찰 등 폐지(廢址)에 남은 탑비 등 구관(舊慣)조사 건」.

21 정인성, 2006, 「關野貞의 낙랑유적 조사 연구 재검토」, 『호남고고학보』24.

22 조선총독부박물관 문서 F134 「大正 7년 조선총독부박물관 기록 제4166호」.

23 藤田亮策, 1963, 앞의 책, p. 72.

24 황은순, 2016, 『석기시대: 鳥居龍藏 조사 유리건판』, 국립김해박물관.

25 조선총독부박물관 문서 F139 「제1회-제5회 사료조사(鳥居촉탁 조사) 사진원판 목록」.

26 조선총독부박물관 문서 D026 「大正 4년 12월 조선총독부박물관 소장품 목록」.

27 關野貞, 1941, 『朝鮮の建築と藝術』, 岩波書店. 황수영은 이 불상의 기증 과정에서 이루어진 關野貞의 역할을 조사하여 보고한 바 있다(황수영, 1998, 『한국의 불상(하): 황수영전집2』, 혜안, 82-83쪽).

28 조선총독부박물관 문서 D028 「조선총독부박물관 소장품 정리부」에는 이 불상이 '총독관저'에 소재하는 것으로 기재되어 있다.

29 藤田亮策, 1958, 앞의 글.

30 淺見倫太郎는 전적과 고문서를 다수 수집하였다. 「아사미 문고」는 미쓰이(三井) 재단을 거쳐 현재 미국 UC 버클리대학교 동아시아도서관에 소장되어 있다.

31 민병훈, 2005, 『중앙아시아』, 통천문화사, 24-26쪽.

32 "日本 大阪의 富豪 久原房之助가 朝鮮總督府博物館에 寄贈한 大谷光瑞의 西藏 探險時 齎來한 西域 發掘 古代遺物 壁畵 佛畵 土器 佛像 墓標 木乃伊 古瓦 等 373點과 陳列函 33個가 오늘 到着 景福宮 思政殿에 格納되다." 『매일신보』, 1916년 5월 12일.

33 민병훈 외, 2013, 『국립중앙박물관 소장 중앙아시아 종교 회화』, 국립중앙박물관; 김혜원 외, 2013, 『국립중앙박물관 소장 중앙아시아 종교 조각』, 국립중앙박물관; 김혜원·강건우, 2016, 『국립중앙박물관 소장 로프노르·누란 출토품』, 국립중앙박물관.

34 민병훈, 2000, 「국립중앙박물관 소장 중앙아시아 유물(大谷 컬렉션)의 소장경위 및 연구현황」, 『중앙아시아연구』5, 77-78쪽; 주경미, 2016, 「오타니 고즈이와 오타니 탐험대의 수집품」, 『조선비즈』, 2016년 3월 19일(https://biz.chosun.com/site/data/html_

dir/2016/03/18/2016031802689.html, 검색일 2020년 5월 1일).

35 『매일신보』, 1913년 5월 22일, 「조선 광업에 就하여, 久原房之助氏 談」.

36 『매일신보』, 1915년 7월 28일, 「갑산광산 매각」; 『매일신보』, 1915년 8월 3일, 「진남포 정련소」; 『매일신보』, 1915년 12월 4일, 「조선의 광업계」.

37 조선총독부박물관, 「조선총독부박물관 개요」(1926년 3월 21일).

38 이태희, 2015, 앞의 논문.

39 목수현, 2000, 「일제하 이왕가박물관의 식민지적 성격」, 『미술사학연구』 227, 86-87쪽.

40 오영찬, 2018, 앞의 논문, 227쪽.

41 東京國立博物館, 1973, 앞의 책; 金山喜昭, 2001, 앞의 책, pp. 40-65.

42 조선총독부박물관 문서 C016 「쇼와 5～19년도 구입품 견적서」.

43 小泉顯夫, 1986, 앞의 책, pp. 53-61.

44 김민철, 1994, 「식민통치와 경찰」, 『역사비평』 26, 208-209쪽.

45 藤田亮策, 1963, 앞의 책, p. 87.

46 조선총독부령 제52호, 『조선총독부관보』 제1175호, 1916년 7월 4일.

47 「古蹟及遺物ニ關スル件」(朝鮮總督府, 1917, 『大正5年度 古蹟調査報告』).

48 "(전략) 조선고적연구회는 유일한 예외이지만, 조사에 앞서 반드시 매번 총독부의 허가 를 받았다."(藤田亮策, 1963, 앞의 책, p. 87).

49 김영민, 2007, 「국립중앙박물관 소장 유리건판」, 『국립중앙박물관 소장 유리건판 궁궐』, 국립중앙박물관.

50 총독부박물관은 1915년 12월 1일 개관하였기 때문에 본격적인 유물 등록과 서류 처리 는 1916년도에 이루어졌을 가능성이 높다. 따라서 1915년과 1916년을 구분하는 것은 큰 의미가 없다.

6장 상설전시: 유물에 갇힌 식민지 역사

1 島田属, 1924, 『朝鮮總督府博物館ニ關スル調査』.

2 小泉顯夫, 1933, 「朝鮮博物館見學旅日記」, 『ドルメン』, 1933년 4월.

3 朝鮮總督府博物館, 1936, 『博物館略案內』.

4 조선총독부박물관 문서 「朝鮮總督府博物館概要」(1921년 3월 26일).

5 국립중앙도서관 소장 『朝鮮書畵古器物目錄』(청구번호: 한古朝81-9).

6 이와 유사한 내용의 유물 목록이 국립중앙박물관 소장 조선총독부박물관 문서에서 확 인되었다. 「大正十年 各館 陳列品 名簿」[진열14](D014), 「各館 陳列品 名簿」[진열15] (D015)라는 2건의 유물 목록인데, 『조선서화고기물목록』과 면밀히 비교한 결과, 「大正 十年 各館 陳列品 名簿」[진열14]는 목록III의 사본이며, 「各館 陳列品 名簿」[진열15]는 목 록II에 교정과 교열을 본 후 수정본을 정서한 것으로 확인되었다.

『조선서화고기물목록』 Vol.1 목록I

『조선서화고기물목록』 Vol.2-① 목록II → (수정·정서본) 「各館 陳列品 名簿②」[진열15]

『조선서화고기물목록』 Vol.2-② 목록III → (사본) 「大正十年 各館 陳列品 名簿」[진열14]

7   「博物館의 開館」, 『每日申報』, 1915년 12월 1일.

8   谷井濟一, 1920, 「京畿道廣州·高陽·陽州, 忠淸南道天安·公州·扶餘·靑陽·論山, 全羅北道益山及全羅南道 羅州十郡古蹟調査略報告」, 『大正六年度古蹟調査報告書』, 朝鮮總督府, pp. 593-668.

9   『每日申報』, 1919년 2월 4일, 「大正七年의 朝鮮 15-博物館」.

10   세키노 다다시가 1918년 중국 유학 중 구입한 유물을 말한다(이태희, 2015, 앞의 논문).

11   총독부박물관 본관 전시실의 명칭에 대해서는 약간의 혼동이 있다. 본서에서는 1926년 상설전시실의 명칭 구분에 따라, 중앙 로비 공간을 '중앙홀', 1층 동측 전시실[階下東]을 '제1실', 1층 서측 전시실[階下西]을 '제2실', 2층 서측 전시실[階上西]을 '제3실', 2층 중앙 회랑 부분을 '2층 회랑', 2층 동측 전시실[階上東]을 '제4실'로 통일하여 사용한다.

12   東京國立博物館, 1973, 앞의 책.

13   東京國立博物館, 1973, 위의 책, p. 279.

14   고고자료의 경우 대부분 1915년과 1916년에 발간된 『조선고적도보』 제1책(군), 제2책(고구려), 제3책(마한·백제·임나·예·옥저·고신라)에 수록된 유물이 다수를 차지하며, 전시실의 구성도 『조선고적도보』에서 제시한 정치체별 구분을 따르고 있다.

15   『每日申報』, 1919년 2월 4일, 「大正七年의 朝鮮 15-博物館」.

16   조선총독부박물관 문서 D012-008 「勤政殿 陳列品 盜難報告」(藤田亮策, 1922년 6월 26일). 이로 인해 1924년 작성된 「朝鮮總督府博物館ニ關スル調査」에서는 근정전 전시가 확인되지 않는다.

17   朝鮮總督府, 1916, 『朝鮮古蹟圖譜』 第3冊, pp. 344-352. 1915년 조사 후 96년 만에 출간된 경주 보문리 부부총에 대한 종합 보고서에서 발굴 유물의 전체 내역을 파악할 수 있다(윤상덕·조혜윤·이혜윤, 2011, 『경주 보문동 합장묘』, 국립경주박물관).

18   東京國立博物館, 1973, 앞의 책, p. 344.

19   朝鮮總督府博物館, 1926, 「朝鮮總督府博物館略案內」, 『博物館報』 第1호, p. 3.

20   朝鮮總督府博物館, 1926, 위의 책, p. 3.

21   이태희, 2015, 앞의 논문, 163-171쪽.

22   朝鮮總督府博物館, 1926, 「朝鮮總督府博物館略案內」, 『博物館報』 제1호 참조.

23   『朝鮮ニ於ケル博物館事業ト古蹟調査事業史』, 1925 참조.

24   정상우, 2011, 앞의 논문, 92-94쪽.

25   稻葉岩吉, 1935, 「朝鮮史研究의 過程」, 『世界史大系』 11, 平凡社, pp. 196-197.

26 전호태, 2006, 「일제 강점기 고구려 무덤벽화 모사도의 자료적 가치와 의미」, 『고구려무덤벽화: 국립중앙박물관 소장 모사도』, 국립중앙박물관, 218-222쪽.

27 한국박물관100년사편찬위원회, 2007, 『한국 박물관 100년사: 자료편』, 47쪽.

28 정상우, 2011, 앞의 논문, 89쪽.

29 『每日申報』, 1922년 3월 21일, 「文化高低의 標準, 總督府 博物館 擴張에 就하여, 文學博士 黑板勝美氏 談」.

30 Norita Aso (2013), *Public Properties*, Duke University Press, p. 63.

31 윤용선, 2017, 「박물관의 역사 전시: 집단정체성 형성과 역사정치의 문제」, 『서양 역사와 문화 연구』 43, 268쪽.

제3부 조사: 변동과 파행

7장 총독부박물관과 고적조사사업

1 이순자, 2009, 앞의 책.

2 西川宏, 1970, 「日本帝國主義における朝鮮考古學の形成」, 『朝鮮史研究會論文集』 7, 朝鮮史研究會, pp. 111-112.

3 朝倉敏夫, 1993, 「鳥居龍藏の朝鮮半島調査」, 『鳥居龍藏の見たアジア』, 國立民族學博物館, 44-48쪽; 天羽利夫, 1993, 「國立中央博物館所藏の鳥居龍藏關聯資料」, 위의 책, pp. 68-70.

4 藤田亮策, 1963, 앞의 책, p. 72.

5 정상우, 2008, 「1910~1915년 조선총독부 촉탁의 학술조사사업」, 『역사와현실』 68, 248-250쪽.

6 정상우, 2011, 앞의 논문, 37쪽.

7 吉井秀夫, 2016, 「植民地と歷史學」, 『岩波講座 日本歷史』 第22卷, p. 111.

8 朝鮮總督府, 1917, 「古蹟調査計畫」, 『大正5年度 古蹟調査報告』, pp. 2-3.

9 早乙女雅博, 2010, 「植民地期の朝鮮考古學」, 『月刊 考古學ジャーナル』 596, pp. 3-4.

10 朝鮮總督府, 1917, 『大正5年度 古蹟調査報告』.

11 이성시, 2015, 앞의 논문, 27-28쪽.

12 이태희, 2015, 앞의 논문.

13 今西龍, 1919, 「加羅疆域考」, 『史林』 4-3, 4-4.

14 林直樹, 1999, 「今西龍と朝鮮考古學」, 『靑丘學術論集』 14, pp. 66-68. 이후의 일이기는 하지만, 1927~28년 조선사편수회에서 今西龍과 黑板勝美 간에 격론이 벌어지고, 이후 今西는 편수회에 발길을 끊게 된다(정상우, 2011, 앞의 논문, 132-133쪽). 두 사람 간의 관계가 이전부터 격조했을 가능성도 있다.

15 大貫靜夫, 1997, 「原田淑人と東洋考古学」, 『精神のエクスペディシオン』, 東京大学.

16 吉井秀夫, 2006, 「日帝強占期慶州新羅古墳の発掘調査」, 『国立慶州文化財研究所 学術シンポ

ジウム 新羅古墳発掘調査100年』, p. 14.

17 이성시, 2004, 「조선 왕조의 상징공간과 박물관」, 『국사의 신화를 넘어서』, 휴머니스트, 281-282쪽.

18 권영국, 2014, 「일제시기 식민사학자의 고려시대 동북면의 국경영토 인식」, 『사학연구』 115쪽.

19 藤田亮策, 1963, 앞의 책, p. 79.

20 발굴보고는 뒤늦게나마 도요분코(東洋文庫)의 지원을 받아 『樂浪漢墓』 1, 2권(1975, 1976년)으로 간행되었다.

21 小泉顯夫, 1986, 앞의 책, pp. 267-268.

22 梅原末治, 1973, 앞의 책, p. 39.

23 梅原末治, 1973, 위의 책, p. 42. 우메하라가 교토제대 고고학 강좌 조교수가 되는 것은 1933년의 일이다.

24 함순섭, 2009, 「조선총독부박물관 경주분관」, 『한국 박물관 100년사』, 187쪽.

25 アルノ・ナンタ(Arnaud Nanta), 2016, 「植民地考古学・歴史学・博物館: 朝鮮半島と古代史研究」, 『帝国を調べる: 植民地フィールドワークの科学史』, 勁草書房, pp. 22-23.

26 小熊英二, 조현설(역), 2003, 『일본 단일민족신화의 기원』, 소명출판, 54쪽.

27 金澤庄三郎, 1910, 『日韓兩國語同系論』, 三省堂書店.

28 金澤庄三郎, 1910, 위의 책, pp. 76, 126.

29 이기성, 2010, 「일제 강점기 '석기시대' 조사와 인식」, 『선사와 고대』 33, 18쪽.

30 이기성, 2014, 「일제 강점기 김해패총 조사의 학사적 검토」, 『김해 회현리패총』, 국립김해박물관, 106쪽.

31 梅原末治, 1972, 『朝鮮古代の文化』, 國書刊行會, pp. 13-14.

32 小泉顯夫, 1986 앞의 책, pp. 211-212.

33 藤田亮策, 1934, 「朝鮮古代文化」, 『岩波講座 日本歴史』(『朝鮮考古學研究』, 1948, p. 2).

34 藤田亮策, 1948, 위의 책, p. 2.

35 藤田亮策, 1948, 위의 책, p. 2.

36 신숙정, 1993, 「우리나라 신석기문화 연구 경향」, 『한국상고사학보』 12, 165쪽.

37 신숙정, 1993, 위의 논문, 166-168쪽.

38 梅原末治, 1972, 앞의 책, pp. 13-14.

8장 1925년 도쿄제대의 낙랑고분 조사

1 "조사연구, 특히 고분 발굴은 國費로 국가의 책임으로 실시했고, 채집유물은 모두 국유로 하여 각지의 박물관에 진열하는 원칙을 엄수하였다. 조선고적연구회는 유일한 예외이지만, 조사에 앞서 반드시 매번 총독부의 허가를 받았다."(藤田亮策, 1963, 앞의 책, p. 87)

2 原田淑人・田澤金吾, 1930, 『樂浪: 五官掾王旿の墳墓』, 東京帝大 文學部; 小泉顯夫, 1986, 앞의 책, pp. 282-294.

3 　藤田亮策, 1931, 「書評: '樂浪'」, 『青丘學叢』 3, 青丘學會.

4 　樂浪漢墓刊行會, 1974, 『樂浪漢墓』 第1冊(大正13年度 發掘調査報告); 오영찬, 2013, 「낙랑 칠기 연구와 식민지주의」, 『백제연구』 49.

5 　八田蒼明, 1934, 『樂浪と傳說の平壤』, 平壤研究會, p. 8.

6 　조선총독부박물관 문서 F066-008-002 「古墳發掘ノ件」(東京帝國大學 庶第534號).

7 　조선총독부박물관 문서 F066-007-003 「第二十二回古蹟調査委員會議案」.

8 　조선총독부박물관 문서 F066-008-001 「古墳發掘ノ件」(朝鮮總督府 宗第126號).

9 　조선총독부박물관 문서 F066-009-001 「回議」(1925년 9월 9일).

10 　조선총독부박물관 문서 F066-008-005 「關野貞 의견서」.

11 　조선총독부박물관 문서 F066-008-012 「濱田耕作 의견서」.

12 　조선총독부박물관 문서 F066-016-001. 원래 의안은 '樂浪郡古墳ヲ總督府以外ノ者ニ發掘 調査セシムルコトノ可否ニ就キ諮問'이었는데, 상기와 같이 수정을 하였다.

13 　조선총독부박물관 문서 F066-016-002 「第二十五回古蹟調査委員會 會議錄」(1926년 8월 2일).

14 　조선총독부박물관 문서 F066-016-001 「第二十五回古蹟調査委員會 會議錄」(1926년 8월 2일).

15 　조선총독부박물관 문서 F066-016-007 「결의안」.

16 　석암리 205호분의 보고서는 당시 큰 관심을 끌었다. 이 보고서를 다룬 서평만도 여러 편에 이른다. 三上次男, 1931, 「'樂浪'東京帝國大學文學部編」, 『史學雜誌』 42-1; 藤田亮策, 1931, 「書評: '樂浪'」, 『青丘學叢』 3; 後藤守一, 1931, 「'樂浪'を讀む」, 『史潮』 1-1; 後藤守一, 1931, 「'樂浪'原田淑人・田澤金吾著」, 『考古學雜誌』 21-3; 楊樹達, 1931, 「讀'樂浪'書後」, 『北 平圖書館刊』 5-4.

17 　原田淑人・田澤金吾, 1930, 앞의 책, p. 3 주 6.

18 　조선총독부박물관 문서 F066-016-001 「第二十五回古蹟調査委員會 會議錄」.

19 　조선총독부박물관 문서 F066-016-003 「今西龍 의견서: 樂浪古墳ノ發掘ヲ美術學校ニ許可 スベキ否ヤニ對スル答」.

9장 조선고적연구회의 설립과 활동

1 　조선총독부박물관 문서 F068-016-011 「朝鮮古蹟研究會設立ノ經過」.

2 　최재석, 1990, 「黑板勝美의 일본 고대사론 비판」, 『정신문화연구』 13권 1호, 127-128쪽; 李成市, 1999, 「黑板勝美를 통해 본 식민지와 역사학」, 『한국문화』 23, 243-244쪽.

3 　藤田亮策, 1963, 앞의 글, p. 82; 李成市, 1999, 위의 논문, 253-255쪽.

4 　諸鹿央雄에 대해서는, 정인성, 2009, 앞의 논문, 1-34쪽 참고.

5 　朝鮮總督府令 제52호, 『朝鮮總督府官報』 제1175호, 1916년 7월 4일.

6 　朝鮮總督府, 1917, 「古蹟及遺物ニ關スル件」, 『大正5年度 古蹟調査報告』.

7 　藤田亮策, 1931, 「朝鮮古蹟研究會の創立とその事業」, 『青丘學叢』 6, 青丘學會, p. 190.

8 藤田亮策, 1963 앞의 책, p. 82; 坂詰秀一, 1997, 『太平洋戰爭と考古學』, 吉川弘文館, p. 93.

9 조선총독부박물관 문서 F068-005-001「役員囑託等ノ件」(昭和 6年 8月 26日).

10 조선총독부박물관 문서 F068-008-001「評議員囑託ノ件」(昭和 6年 9月 3日).

11 조선총독부박물관 문서 F068-013-002「朝鮮古蹟研究會規則」.

12 이순자, 2009, 앞의 책, 61쪽,〈표 3-4〉고적조사위원회 위원 명단.

13 조선총독부박물관 문서 F068-017-001「第壹回 朝鮮古蹟研究會評議員會議案」(昭和 7年 4月 4日).

14 추가로 한 가지 더 언급하자면, 1942년 조선고적연구회 회칙에서는 제7조의 이사장 선임 부분이 크게 바뀐다. 조선총독부 정무총감 대신에 학무국장을 이사장으로 추대하고 있는데, 대신 정무총감은 이사진 속에 포함되어 있다(이사장 조선총독부 학무국장 大野謙一, 이사 정무총감 田中武雄, 元경성제대 총장 山田三良, 도쿄제대 명예교수 黑板勝美, 이왕직촉탁 小田省吾, 감사 조선총독부 서기관 竹內俊平, 간사 경성제대 교수 藤田亮策). 추정컨대 1930년대 말 또는 1940년대 초의 어느 시점부터 조선고적연구회의 이사장은 정무총감에서 학무국장으로 바뀌었던 것으로 보인다(조선총독부박물관 문서 F161「昭和17年以來 古蹟關係庶務雜件」).

15 이하 내용은 다음 문서를 참조하였다. 조선총독부박물관 문서 F068-017-001「第壹回 朝鮮古蹟研究會評議員會議案」(昭和 7年 4月 4日); 조선총독부박물관 문서 古蹟調査25-6「朝鮮古蹟研究會理事協議要項」(昭和 7年 8月); 조선총독부박물관 문서 F068-015-001「第二回 朝鮮古蹟研究會評議員會議案」(昭和 8年 4月 5日).

16 1931년도 재정을 '岩崎小弥太男爵 寄附金 七千圓'이라고 밝히고 있으나(藤田亮策, 1963, 앞의 글, pp. 82, 84; 坂詰秀一, 1997, 앞의 책, p. 93), 이번에 확인된 조선총독부박물관 문서를 통해 7,000圓은 6,000圓의 誤記임을 알 수 있었다.

17 '發掘地 損料(발굴지 보상금), 祭奠料(개토제 제수용품 구입비), 사진비 등'으로 명기되어 있다.

18 '발굴지 보상금, 기타'로 명기되어 있다.

19 그러나 有光은 최근의 글에서 조선고적연구회로부터 사령을 교부받은 적도 없을뿐더러 연구원으로서 대우를 받은 적이 없다고 언급하고 있다(有光敎一・藤井和夫, 2000, 『朝鮮古蹟研究會遺稿I: 慶州皇吾里16號墳・慶州路西里215番地古墳發掘調査報告』, 東洋文庫・유네스코東아시아文化硏究센터, 3쪽). 그러나 조선총독부박물관 문서에는 9월 1일자로 작성된 有光의 자필 이력서가 첨부되어 있으며, 그해 12월 17일자 문서에서는 경주연구소 研究員 有光과 조수 李雨盛이 직무에 충실하고, 경주분관 雇員 崔順鳳은 황남리고분 발굴 중에 회계 사무를 잘 처리한 공로가 있어서, 有光 50圓, 李雨盛 10圓, 崔順鳳 20圓을 지급할 것을 의결하고 있다[조선총독부박물관 문서 F068-004-006「年末手當給與ノ件」(昭和 6年 12月 17日)]. 아울러 각종 회의 자료에서도 有光을 '硏究員'으로 지칭하고 있다.

20 조선총독부박물관 문서 F068-004-007「慶州硏究所助手採用ノ件」(昭和 6年 9月 25日).

21 조선총독부박물관 문서 F068-007-001-001「古墳發掘ニ關スル件」(昭和 6年 8月 25日).

22 조선총독부박물관 문서 F068-007-001-002「宗 第107號」(昭和 6年 9月 5日).

23 有光敎一, 1935, 『昭和6年度 古蹟調査報告 第1冊(慶州皇南洞第82號墳・83號墳 調査報告)』.

24 평양연구소의 1931년도 발굴 성과는 小泉顯夫 外, 1934, 『樂浪彩篋塚』, 朝鮮古蹟研究會로
    간행되었다.

25 藤田亮策, 1963, 앞의 글, 84쪽; 坂詰秀一, 1997, 앞의 책, p. 93.

26 조선총독부박물관 문서 F068-017-001 「第壹回 朝鮮古蹟研究會評議員會議案」(昭和7年 4
    月 4日).

27 有光敎一・藤井和夫, 2000, 앞의 책.

28 평양연구소의 1932년도 발굴 성과 중 정백리 127호분과 남정리 119호분에 대해서만 보
    고서가 출간되었다. 小場恒吉・榧本龜次郎, 1935, 『樂浪王光墓』, 朝鮮古蹟研究會.

29 조선총독부박물관 문서 古蹟調査25-6 「朝鮮古蹟研究會理事協議要項」.

30 조선총독부박물관 문서 古蹟調査25-6 「朝鮮古蹟研究會理事協議要項」.

31 東京國立博物館, 1973, 앞의 책, pp. 460-469.

32 藤田亮策을 추모하는 토론회에서 나온 대화 내용으로, 東京帝室博物館의 재정지원과 유
    물 기증에 대하여 간략히 언급되어 있다(桑田六郎 등, 1982, 「先學を語る : 藤田亮策先生」,
    『東方學』63, 東方學會, p. 9).
    "和田(軍一): 宮內省의 돈이 나온 것은 조건이 붙지 않았습니까?
    有光(敎一): 그것을 나는 모르기 때문에, 참 그렇습니다. 듣건대 출토품의 일부를 쇼와
    15, 16년경에 帝室博物館에 넣었습니다. 그것은 뒤에 문화재 반환 때 한국으로 반환되지
    않았어요. 그래서 궁내성의 하사금에는 아마 포함되어 있지 않았을까? 뒤에 생각이 났
    지만요."
    有光은 2003년 인터뷰에서 조선고적연구회의 1933년 발굴품 중 일부가 제실박물관으
    로 들어간 시기를 1934년으로 수정하였다(京都木曜クラブ 編, 2003, 앞의 글, 11-12쪽,
    30쪽).

33 정규홍, 2005, 『우리 문화재 수난사』, 학연문화사, 271-272면.

34 梅原末治, 1973, 앞의 책, p. 159.

35 藤田亮策, 1963, 앞의 글, p. 81.

제4부 전시체제하 박물관: 균열과 퇴락

10장 종합박물관 건립의 추진과 좌절

1 『매일신보』, 1922년 3월 21일, 「文化高低의 標準, 總督府博物館 擴張에 就하야 文學博士 黑
   板勝美氏談」.

2 『조선일보』, 1930년 8월 28일.

3 "총독부 박물관은 대단히 협착하야 진렬품도 소장품 중에서 대표될 만한 것만 뽑아 대략
   五분지一밧게 진렬치 못하얏슴으로 박물관 증축의 요망이 노파지엇다. 마츰 재등(齋藤)

총독은 방금 비어둔 룡산 관저를 박물관에 사용하얏스면 하는 생각을 가지고 잇스나 개조설비 기타에 막대한 경비가 필요하고 또 위치도 불편하다고 학무국에서는 차라리 현재 장소에 증축을 가하야 경복궁 고궁전을 배경으로함이 조켓다고하는 의사를 가지고 잇다. 그러나 이 경비도 一百六十만원은 잇서야 되겟슴으로 수년 내에 착수는 어려우리라고 한다."『동아일보』, 1930년 12월 11일, 「博物館 擴張案 財政難으로 流産」.

4   『매일신보』, 1934년 7월 17일.

5   『매일신보』, 1934년 8월 28일.

6   藤田亮策, 1963, 앞의 책, p. 76.

7   「恩賜記念科學館月報」, 『文敎の朝鮮』 66 (1931.2.), p. 137; 「恩賜記念科學館年報」, 『文敎の朝鮮』 70 (1931.6.), pp. 177-178.

8   「嬉しいお知らせ」, 『科學館報』 39 (1935), p. 1; 이경선, 2012, 「식민지에 설립된 제국의 과학관: 일제강점기 恩賜記念科學館의 과학보급사업」, 서울대학교 석사학위논문, 33-36쪽.

9   가네코 아쓰시, 박광현 외(역), 2009, 『박물관의 정치학』, 논형, 63-64쪽.

10 가네코 아쓰시, 박광현 외(역), 2009, 위의 책.

11 초기의 부지를 둘러싼 논란은 김현정, 2016, 「조선총독부 종합박물관 구상의 식민성」, 『서울과 역사』 94, 86-89쪽에 자세히 정리되어 있다.

12 현재 남산의 서울애니메이션센터가 위치한 자리이다.

13 현재 서울방재센터 인근이다.

14 『매일신보』, 1934년 9월 6일.

15 『동아일보』, 1934년 7월 12일; 『동아일보』, 1935년 5월 5일.

16 『매일신보』, 1935년 4월 21일.

17 김현정, 2016, 앞의 논문, 88-89쪽.

18 『동아일보』, 1935년 1월 28일.

19 『매일신보』, 1935년 8월 29일.

20 『부산일보』, 1935년 8월 9일.

21 "物質文明이 發達하였으나 精神文化는 이에 따르지 않고 民衆은 다만 物慾과 虛榮을 쫓기에 餘念이 없어 深刻한 社會不安의 原因을 기르고 있는 것은 全世界에 걸쳐 文明國家의 一大憂患인 것 입니다. 朝鮮도 역시 經濟繁榮上의 反面에서 이 流弊를 免할수는 없을 것입니다. 故로 民衆各人의 精神生活上의 充實한 向上을 期하기 爲해 前年來 特히 心田開發을 强調하고 전번에 그 指針을 指示한 것입니다. 各位는 이 趣旨를 諒得하여 이의 徹底를 期할 것에 最先을 다하여 주셨으면 합니다. 이 境遇 우선 率先奮起하여 몸으로써 機運의 先導가 되어야 할 官公吏로서는 한뜻으로 修養에 依해 이것을 玉과 같이 갈고 皇道精神을 體得하여 信念에 點火하고 各員의 職分을 通하여 이를 民衆 사이에 傳함으로써 眞實한 官民提携 名實相適한 大國民의 境地에 到達할 用意가 要되며 이 一念을 貫徹하여서만이 所謂 吏道가 振起되고 아울러 民衆의 精神을 作興하는 所以의 길인 것을 確信하는 것입니다."(『朝鮮總督府官報』, 1936년 6월 23일, 「정무총감 도지사회의 교시」)

22 『매일신보』, 1936년 1월 1일, 「박물관 건설과 고적조사보존사업. 심전개발의 측면공작」.

23 『매일신보』, 1935년 11월 20일.

24 『조선총독부관보』제3027호, 1937년 2월 19일, 「훈령 제8호 조선총독부박물관건설위원 회규정」.

25 「大博物館建設事務顧問 · 幹事ら任命さる」, 『朝鮮と建築』16-3, 1939.

26 『大阪毎日新聞』, 1936년 11월 22일; 『매일신보』, 1936년 11월 22일.

27 목수현, 2009, 「이왕가미술관과 조선총독부미술관」, 『한국 박물관 100년사』, 243쪽.

28 『매일신보』, 1938년 7월 15일; 『동아일보』, 1938년 7월 8일.

29 김인호, 2010, 「태평양전쟁 시기 조선에서 금속회수운동의 전개와 실적」, 『한국민족운동 사연구』62, 309-310쪽.

30 김현정, 2016, 앞의 논문, 110-113쪽.

31 『매일신보』, 1940년 6월 7일, 「科學半島의 殿堂, 大博物館 着工, 工費 尨大 二百四十萬圓」.

11장 공출과 소개

1 김인호, 2010, 「태평양전쟁 시기 조선에서 금속회수운동의 전개와 실적」, 『한국민족운동 사연구』62, 307쪽.

2 椎名仙卓, 2010, 위의 책, pp. 43-44.

3 椎名仙卓, 2010, 『近代日本と博物館: 戰爭と文化財保護』, 雄山閣, pp. 54-55.

4 坪井良平, 1993, 『梵鐘と古文化』, ビジネス教育出版社.

5 김인호, 2010, 앞의 논문, 341-342쪽.

6 Nariko Aso (2013), *Public Properites*, Duke University Press, p. 100.

7 조선총독부박물관 문서 D013-014-002 「博物館所藏兵器類無償讓與幷ニ處分ニ關スル件」 (정무총감 내부결재, 1944년 5월 18일).

8 朝鮮教育會 編, 1941, 「北鮮科學博物館設立」, 『文教の朝鮮』, 29쪽(전경수, 1998, 「한국박물 관의 식민주의적 경험과 민족주의적 실천 및 세계주의적 전망」, 『한국 인류학의 성과와 전망』에서 재인용).

9 정인경, 2005, 「은사기념과학관과 식민지 과학기술」, 『과학기술학연구』5-2, 1쪽.

10 조선총독부박물관 문서 F161-010-004 「금속회수의 대상이 되어야 하는 국보 또는 중요 미술 등 취급 방법에 관한 건」(1944년 9월 14일).

11 조선총독부박물관 문서 F161-008-013 「보물시설의 철책 등 공출에 관한 건」(1944년 8 월 25일).

12 조선총독부박물관 문서 A147-001-001 「금관총 나무 울타리[木柵] 가설비 예산 배부 건」 (1944년 12월 4일); 조선총독부박물관 문서 A147-001-002 「금속류 비상 회수 건 및 금 관총(金冠塚) 수리 공사비 예산 배부 방법 건」(1944년 10월 27일).

13 정규홍, 2005, 앞의 책, 141-142쪽.

14 『국립국어원 표준국어대사전』 '소개(疏開)' 항목. 소산은 '특정 지역에 밀집한 주민이나 건조물을 분산시킨다'는 의미로, 소개와 소산 간에는 의미의 차이가 있다.

15 小塚新一郎, 1941,「空襲と美術品保護」,『博物館研究』14-10.

16 일본의 문화재 소개에 대해서는 아래 책을 참고하였다. 椎名仙卓, 2010, 앞의 책, pp. 68-69.

17 三島貴雄, 2008,「東京帝室博物館における文化財疏開の概要と新出資料について」,『MUSE-UM』616, p. 37.

18 東京國立博物館, 1973, 앞의 책, 563-574쪽; 三島貴雄, 2008 위의 논문, pp. 38-40.

19 『朝鮮總督府官報』1943년 4월 7일.

20 有光敎一, 2007,『朝鮮考古學七十年』, 昭和堂, pp. 34-42.

21 조선총독부박물관 문서 D017「개함폭풍(開函曝風) 진열품표」.

22 「개함폭풍 진열품표」의 상단에는 하조번호라는 표시가 있는데, 포장 상자를 말한다. 상자 하나에 박산로, 청동정 등이 한 점씩 들어가 있는 것으로 보아, 상자의 크기는 그리 크지 않았던 것으로 보인다. 유물의 이상 여부에 대해서는 대부분 이상이 없는 것으로 표기되어 있고, 다만 반남면 옹관고분 출토 도금답(금동 신발)의 경우 가장자리에 작은 파손이 생겼다는 기록이 특별히 있다.

23 조선총독부박물관 문서 진열 13-15「총독부박물관 소장품 탁송에 관한 건」.

24 조선총독부박물관 문서「총독부박물관 소장품 탁송에 관한 건」(학무국장→경성·부산지방교통국장, 1945년 3월 10일, 비밀문서); 조선총독부박물관 문서「총독부박물관 소장품 탁송에 관한 건」(학무국장→경성·부산지방교통국장, 1945년 3월 30일, 비밀문서).

25 有光敎一, 2007, 앞의 책, pp. 42-43.

26 小泉顯夫, 1986, 앞의 책, p. 376.

12장 식민지 박물관의 주변

1 Sanghoon Jang (2015), A representation of nationhood: The National museum of Korea, Ph.D. dissertation, The University of Leicester, p. 62; 장상훈, 2015,「조선총독부박물관의 전시와 관객」,『조선총독부박물관 자료의 재조명』, 국립중앙박물관, 36쪽.

2 장상훈, 2015, 앞의 논문, 37-38쪽.

3 『每日申報』, 1935년 8월 4일,「名勝古蹟愛護日 九月十日로 創定」.

4 『每日申報』, 1935년 6월 20일,「心田開發側面工作으로 博物館을 開放奉仕」;『朝鮮新聞』, 1935년 6월 20일,「總督府博物館特別觀覽デー設置, 心田開發에 資하는」.

5 최남선, 1922,「조선역사통속강화 개제」(4),『동명』제6호(1922년 10월 8일), 11쪽.

6 『동아일보』, 1922년 12월 7일,「조선 고적연구 일본학자 간에」;『동아일보』, 1924년 12월 27일,「동양문화보존 日中 협력 실행」; 류시현, 2019,「1920년대 초반 조선 지식인의 '조선 미술' 규정과 서술: 잡지『동명』을 중심으로」,『역사학연구』73, 112쪽.

7 정인보, 1946,『朝鮮史研究』; 2009,『薝園 鄭寅普全集』3, 연세대 출판부.

8 정인보, 2009, 위의 책, 186-192쪽.

9 藤田亮策가 경성제대 법문학부장이 된 시점은 1941년 9월 5일이다(藤田亮策, 1971,『朝

鮮學論考』, p. 699). 有光教一의 기억에 착오가 있는 듯하다.

10 榧本龜生, 1942,「故米田君の一面」,『朝鮮と建築』21-12, pp. 11-12.

11 有光教一・藤井和夫・朱洪奎, 2008,「京城考古談話会第六回例会: 新出高句麗壁画古墳についての座談会」,『高麗美術館研究紀要』第6号.

12 米田美代治, 1944,『朝鮮上代建築の研究』, 秋田屋.

13 吉井秀夫, 2006,『植民地時期における考古學的研究の再檢討』(平成15年度〜17年度 科學研究費補助金 研究成果報告書), p. 25.

14 魯炳浩, 2004,「吉野作造の弟子奧平武彦の朝鮮: 奧平武彦の生涯と朝鮮」,『歴史文化社会論講座紀要』1, 京都大学大学院人間環境学研究科 歴史文化社会論講座, p. 41; 기유정, 2013,「경성제대 정치학 강좌와 식민지 조선에서의 의미: 戶澤鐵彦과 奧平武彦의 사상 분석을 중심으로」,『東方學志』163, 224-225쪽.

15 국립민속박물관, 2005,『빛/Light-燈, 전통과 근대』.

16 有光教一・藤井和夫・朱洪奎, 2008, 앞의 논문, pp. 29-30.

17 朴杰淳, 1992,「日帝下 日人의 朝鮮史研究 學會와 歷史(高麗史) 歪曲」,『한국독립운동사연구』6, 6-10쪽.

18 김재원의 1934년 뮌헨대학교 박사학위논문은 「한국의 초등교육. 일본 동화교육」이다 (Kim, Chewon, 1934, "Die Volksschule in Korea. Die japanische Assimilationserziehung", Inaugural-Dissertation zur Erlangung der Doktorwürde der Philosophischen Fakultät der Ludwig-Maximilians-Universität zu München). 최근 김재원의 박사학위논문을 소개하고 이를 분석한 연구가 출간되었다(Andreas Schirmer, 2010, "Verschwiegene Doktorarbeit. Zu Text und Kontext der Dissertation (München 1934) des späteren Direktors des südkoreanischen Nationalmuseums über die japanische Assimilationserziehung in Korea", *Wiener Beiträge zur Koreaforschung*, Koreanologie · Institut für Ostasienwissenschaften, Universität Wien(Hrsg.). 이 논문을 제공해준 스페인 말라가대학교 Luis Bottela 교수께 감사드린다.

19 金載元, 1942,「支那古銅器文樣の意義に就て」,『人類學雜誌』57-4; 金載元, 1942,「再び支那古銅器文樣の意義に就て」,『人類學雜誌』57-8.

20 한창균, 2017,『하담 도유호: 한국 고고학 첫 세대』, 혜안; 전경수, 2018,「식민지 지식인에 대한 제국일본의 감시와 착취: 都宥浩의 경우」,『근대서지』17, 근대서지학회.

21 김재원, 1992,『박물관과 한평생』, 탐구당, 84쪽.

22 평양부립박물관이 소련 군정에 인계되는 과정에서도 평양부립박물관장이었던 小泉顯夫의 추천으로 立教大學 출신의 黃澳가 새 관장으로 임명되었다고 한다(小泉顯夫, 1986, 앞의 책, p. 377).

23 이선복, 1988,『고고학개론』, 이론과 실천, 229쪽.

24 穴澤和光, 1994,「梅原末治論」,『考古學京都學派』, 雄山閣, p. 222.

참고문헌

○ 조선총독부박물관 발간도서

谷井濟一 外, 1920, 『大正6年度 古蹟調査報告』, 朝鮮總督府.

關野貞 外, 1915~1936, 『朝鮮古蹟圖譜』 1~17, 朝鮮總督府.

關野貞 外, 1925, 『樂浪郡時代ノ遺蹟(圖版)』(『古蹟調査特別報告』 第4冊), 朝鮮總督府.

關野貞 外, 1927, 『樂浪郡時代ノ遺蹟(本文)』(『古蹟調査特別報告』 第4冊), 朝鮮總督府.

關野貞・谷井濟一 外, 1927, 「平壤附近の樂浪時代の墳墓」, 『古蹟調査特別報告』 第1冊, 朝鮮總督府.

藤田亮策・梅原末治, 1947, 『朝鮮古文化綜鑑』 第1卷, 養德社.

藤田亮策・梅原末治, 1948, 『朝鮮古文化綜鑑』 第2卷, 養德社.

藤田亮策・梅原末治, 1959, 『朝鮮古文化綜鑑』 第3卷, 養德社.

藤田亮策・梅原末治, 1966, 『朝鮮古文化綜鑑』 第4卷, 養德社.

藤田亮策・梅原末治・小泉顯夫, 1925, 『大正11年度 古蹟調査報告: 南朝鮮に於ける漢代の遺蹟』 第2冊, 朝鮮總督府.

馬場是一郎・小川敬吉, 1927, 「梁山夫婦塚と其遺物」, 『古蹟調査特別報告』 第5冊, 朝鮮總督府.

梅原末治, 1932, 『大正13年度 古蹟調査報告: 慶州金鈴塚飾履塚發掘調査報告』 第1冊, 朝鮮總督府.

梅原末治, 1933, 『樂浪帶方郡時代紀年銘塼錄集』(『昭和7年度古蹟調査報告』 第1冊, 朝鮮總督府.

榧本龜次郎 外, 1935, 「平安南道大同江面梧野里古墳調査報告」, 『昭和5年度 古蹟調査報告』 第1冊, 朝鮮總督府.

榧本龜次郎・野守健, 1933, 「永和九年在銘塼出土古蹟調査報告」, 『昭和7年度 古蹟調査報告』 第1冊, 朝鮮總督府.

濱田耕作・梅原末治, 1921, 『大正9年度 古蹟調査報告』, 朝鮮總督府.

濱田耕作・梅原末治, 1924, 『慶州金冠塚と其遺寶』, 『古蹟調査特別報告』 第3冊, 朝鮮總督府.

小場恒吉・榧本龜次郎, 1935, 『樂浪王光墓』(『古蹟調査報告』 2), 朝鮮古蹟研究會.

小田省吾, 1935, 『帶方郡及び其の遺蹟』, 朝鮮總督府.

小泉顯夫・梅原末治・藤田亮策 外, 1923, 『大正11年度 古蹟調査報告』 第1冊, 朝鮮總督府.

小泉顯夫・野守健, 1931, 『大正12年度 古蹟調査報告: 慶尙北道達成郡達西面古墳調査報告』 第1冊, 朝鮮總督府.

小泉顯夫・澤俊一, 1934, 『樂浪彩篋塚』(『古蹟調査報告』 1), 朝鮮古蹟研究會.

神田惣藏・野守健, 1929, 「鷄龍山麓陶窯址調査報告」, 『昭和2年度 古蹟調査報告』 第1冊, 朝鮮總督府.

神田惣藏・野守健, 1929, 「公州松山里古墳調査報告」, 『昭和2年度 古蹟調査報告』 第2冊, 朝鮮總

　　　督府.

原田淑人 外, 1938,「樂浪土城址の調査(概報)」,『昭和12年度古蹟調査報告』, 朝鮮總督府.

原田淑人·田澤金吾, 1930,『樂浪: 五官掾王旰の墳墓』, 東京大學文學部.

有光教一, 1935,「慶州皇南里第83號墳調査報告」,『昭和6年度 古蹟調査報告』第1冊, 朝鮮總督府.

有光教一, 1937,「慶州忠孝里石室古墳調査報告」,『昭和7年度 古蹟調査報告』第2冊, 朝鮮總督府.

齋藤忠, 1937,「慶州皇南里第109號墳皇吾里第14號墳調査報告」,『昭和9年度 古蹟調査報告』第1
　　　冊, 朝鮮總督府.

田窪眞吾·梅原末治, 1938,「樂浪梧野里25號墳の調査」,『昭和12年度古蹟調査報告』, 朝鮮總督府.

鳥居龍藏, 1922,「北滿洲及び東部西伯利亞調査報告」,『古蹟調査特別報告』第2冊, 朝鮮總督府.

朝鮮古蹟研究會, 1934,『古蹟調査槪報: 昭和8年度 樂浪古墳』.

朝鮮古蹟研究會, 1935,『古蹟調査槪報: 昭和9年度 樂浪古墳』.

朝鮮古蹟研究會, 1936,『古蹟調査槪報: 昭和10年度 樂浪遺蹟』.

朝鮮古蹟研究會, 1937,『昭和11年度 古蹟調査報告』.

朝鮮古蹟研究會, 1938,『昭和12年度 古蹟調査報告』.

朝鮮古蹟研究會, 1940,『昭和13年度 古蹟調査報告』.

朝鮮總督府博物館 編, 1918~1943,『博物館陳列品圖鑑』第1-17輯.

朝鮮總督府博物館 編, 미상,『朝鮮書畵古器物目錄』.

池內宏, 1920,『大正8年度 古蹟調査報告: 咸鏡南道咸興郡に於ける高麗時代の古城址』, 朝鮮總督府.

池內宏, 1929,「眞興王の戊子巡境碑と新羅の東北境」,『古蹟調査特別報告』第6冊, 朝鮮總督府.

黑板勝美 外, 1917,『大正5年度 古蹟調査報告』, 朝鮮總督府.

○ 일제강점기 발간 논저

한결, 1923,「경복궁박물관을 보고서」,『東明』39, 東明社.

稻田春永, 1915,「朝鮮共進會の美術館一瞥」,『考古學雜誌』6-3, 日本考古學會.

末松熊彦, 1912,「朝鮮美術私觀」,『朝鮮及滿州』52, 朝鮮及滿州社.

「博物館開館の狀況」,『朝鮮彙報』1916年 1月.

「博物館案內 朝鮮總督府博物館」,『博物館研究』8-4, 1935, 日本博物館協会.

小田幹治郎, 1931,『小田幹治郎遺稿』, 中外印刷.

小泉顯夫, 1933,「朝鮮博物館見學旅日記」,『トルメン』1933-4.

朝鮮總督府, 1916,『始政五年記念朝鮮物産共進會報告書』.

朝鮮總督府博物館, 1926·1931·1933·1934,『博物館報』1~4.

朝鮮總督府博物館, 1935,「朝鮮總督府博物館」,『博物館研究』8-4, 日本博物館協会.

朝鮮總督府博物館, 1936,『博物館略案內』.

「朝鮮總督府博物館の新築進む」,『博物館研究』11-6, 1938, 日本博物館協会.

「朝鮮總督府博物館の狹隘」,『博物館研究』3-10, 1930, 日本博物館協会.

鳥田 屬, 1924,『朝鮮總督府博物館ニ關スル調査』.

編輯部, 1938, 「朝鮮の博物館と陳列館(其一)」, 『朝鮮』 277, 朝鮮總督府.

가네코 아쓰시, 2002, 「박물관의 정치성에 대해: 박물관사 연구방법론에 대한 생각」, 『미술사
　　논단』 14, 한국미술연구소.

강인욱, 2008, 「일제강점기 함경북도 선사시대 유적의 조사와 인식」, 『한국상고사학보』 61,
　　한국상고사학회.

강희정, 2012, 『나라의 정화, 조선의 표상: 일제강점기 석굴암론』, 서강대 출판부.

국성하, 2004, 「일제 강점기 일본인의 낙랑군 인식과 평양부립박물관의 건립」, 『고문화』 63,
　　대학박물관협회.

국성하, 2007, 『우리 박물관의 역사와 교육』, 혜안.

권행가, 2008, 「1930년대 古書畵展覽會와 경성의 미술 시장」, 『한국근현대미술사학』 19, 한국
　　근현대미술사학회.

권혁산, 2021, 「국립중앙박물관 소장 조선총독부박물관 자료의 공개와 정리」, 『미술사연구』
　　40, 미술사연구회.

기노시타 나오유키, 2002, 「日本, 美術館의 시작」, 『미술사논단』 14, 한국미술연구소.

기유정, 2013, 「경성제대 정치학 강좌와 식민지 조선에서의 의미: 戸澤鐵彦과 奧平武彦의 사상
　　분석을 중심으로」, 『동방학지』 163, 연세대 국학연구원.

기타자와 노리아키, 1995, 「‘美術’ 개념의 형성과 리얼리즘의 轉位: 메이지 · 다이쇼期의 ‘미술’
　　인식에 대하여」, 『미술사논단』 2, 한국미술연구소.

김대환, 2016, 「조선총독부 고적조사사업에서 藤田亮策의 역할」, 『한국상고사학보』 91, 한국
　　상고사학회.

김도형, 2001, 「일제하 총독부 박물관 문서와 관리체제」, 『기록학연구』 3, 한국기록학회.

김민철, 1994, 「식민통치와 경찰」, 『역사비평』 26, 역사비평사.

김봉렬, 1999, 「寺內문고 한국관계 문헌의 고찰」, 『사학연구』 57, 사학회.

김상엽, 2007, 「조선명보전람회와 『朝鮮名寶展覽會圖錄』」, 『미술사논단』 25, 한국미술연구소.

김상엽, 2014, 「경성의 미술시장과 일본인 수장가」, 『한국근현대미술사학』 27, 한국근현대미
　　술사학회.

김상엽, 2015, 『미술품 컬렉터들 : 한국의 근대 수장가와 수집의 문화사』, 돌베개.

김영민, 2007, 「국립중앙박물관 소장 유리건판」, 『국립중앙박물관 소장 유리건판 궁궐』, 국립
　　중앙박물관.

김용철, 2004, 「오카쿠라 텐신(岡倉天心)과 일본미술사의 성립」, 『일본사상』 7, 한국일본사상
　　사학회.

김용철, 2018, 「근대 일본의 문화재 보호제도와 관련 법령」, 『미술자료』 92, 국립중앙박물관.

김유리, 2004, 『중국의 기록물 분류와 기술: 조선총독부 공문서의 분류 · 기술과 관련하여』, 한
　　국국가기록연구원.

김인덕, 2007, 『식민지시대 근대 공간 국립박물관』, 국학자료원.

김인덕, 2008, 「1915년 조선총독부박물관 설립에 대한 연구」, 『향토서울』 71, 서울시사편찬

위원회.

김인덕, 2010,「조선총독부박물관 본관 상설전시와 식민지 조선문화」,『향토서울』76, 서울시
사편찬위원회.

김인호, 2010,「태평양전쟁 시기 조선에서 금속회수운동의 전개와 실적」,『한국민족운동사연
구』62, 한국민족운동사학회.

김재원, 1992,『박물관과 한평생』, 탐구당.

김태웅, 1993,「1910년 전반 조선총독부의 취조국 참사관실과 '구관제도조사사업'」,『규장각』
16, 서울대학교 규장각.

김현숙, 2007,「일제강점기 경주고적보존회의 발족과 활동」,『시각문화의 전통과 해석』, 예경.

김현정, 2016,「조선총독부 종합박물관 구상의 식민성」,『서울과 역사』94, 서울역사편찬원.

노경희, 2016,「1910년대 조선총독부 참사관실(參事官室)의 한국문헌 수집과 정리 연구」,『대
동한문학회 2016년 추계학술대회 발표집』, 대동한문학회.

다카기 히로시, 2000,「近代 日本의 文化財 保護와 古代美術」,『미술사논단』11, 한국미술연
구소.

다카기 히로시, 2004,「일본 미술사와 조선 미술사의 성립」,『국사의 신화를 넘어서』, 휴머니
스트.

도면회, 2014,「조선총독부의 문화정책과 한국사 구성체계」,『역사학보』222, 역사학회.

류시현, 2019,『조선 문화에 관한 제국의 시선』, 아연출판부.

류시현, 2019,「1920년대 초반 조선 지식인의 '조선 미술' 규정과 서술: 잡지『동명』을 중심으
로」,『역사학연구』73, 호남사학회.

목수현, 2000,「일제하 이왕가박물관의 식민지적 성격」,『미술사학연구』27, 미술사학연구회.

목수현, 2000,『일제하 박물관의 형성과 그 의미』, 서울대학교 석사학위논문.

목수현, 2008,「미술과 관객이 만나는 곳, 전시」,『근대와 만난 미술과 도시』, 두산동아.

목수현, 2009,「이왕가미술관과 조선총독부미술관」,『한국 박물관 100년사』, 사회평론.

민병훈, 2005,『중앙아시아』, 통천문화사.

박걸순, 1992,「日帝下 日人의 朝鮮史研究 學會와 歷史(高麗史) 歪曲」,『한국독립운동사연구』6,
독립운동사연구소.

박경식, 1986,『일본 제국주의의 조선지배』, 청아.

박성진 · 이승일, 2007,『조선총독부 공문서』, 역사비평사.

박소현, 2004,「帝國의 취미: 李王家博物館과 일본의 박물관 정책에 대해」,『미술사논단』18,
한국미술연구소.

박익수, 2002,「1910년대 초반 日帝의 朝鮮文化財政策」,『기전고고』2, 기전문화재연구원.

박현수, 1998,「日帝의 식민지 調査機構와 調査者」,『정신문화연구』21-3(통권 72호), 한국정
신문화연구원.

박찬홍, 2017,「이케우치 히로시(池內宏)의 한국고대사 시기구분과 고조선 · 한사군 연구」,
『역사와 담론』84, 호서사학회.

배성준, 2004,『조선총독부 조직구조와 분류체계 연구』, 한국국가기록연구원.

사토 도신, 2000, 「'近代 日本美術史'의 形成과 그 硏究動向」, 『미술사논단』 10, 한국미술연구소.

서효원, 2019, 「일제강점기 북한지역 고건축물 목록을 통해 본 조선총독부 학무국 고건축 조사의 성격」, 『대한건축학회논문집』 35-5, 대한건축학회.

關秀夫, 최석영(역), 2008, 『일본 근대 국립박물관 탄생의 드라마』, 민속원.

송완범, 2009, 「식민지 조선의 黑板勝美와 修史사업의 실상과 허상」, 『동북아역사논총』 26, 동북아역사재단.

시라이 준, 2013, 「마에마 교사쿠(前間恭作)와 아유카이 후사노신(鮎貝房之進)의 교류: 자이잔로(在山樓)문고 자료를 중심으로」, 『근대전환기 동서양의 상호인식과 지성의 교류』, 선인.

신숙정, 1993, 「우리나라 신석기문화 연구 경향」, 『한국상고사학보』 12, 한국상고사학회.

심희찬, 2013, 「근대역사학과 식민주의 역사학의 거리: 이마니시 류가 구축한 조선의 역사상」, 『한국사학사학보』 28, 한국사학사학회.

아라키 준, 2017, 「일제시기 경주(慶州)지역 문화재의 반출 경로에 대한 역사인류학적 고찰」, 『한국문화인류학』 50-3, 한국문화인류학회.

오세탁, 1996, 「일제의 문화재정책: 그 제도적 측면을 중심으로」, 『문화재』 29, 국립문화재연구소.

오영찬, 2018, 「식민지 박물관의 역사 만들기: 조선총독부 상설전시의 변천」, 『역사와현실』 110, 한국역사연구회.

오영찬, 2019, 「조선총독부박물관 문서의 분류 체계에 대한 시론」, 『미술자료』 96, 국립중앙박물관.

오춘영, 2017, 「일제강점기 문화재 정책 형성과정 연구: 위원회 구성과 목록 변화를 중심으로」, 『문화재』 51-1, 국립문화재연구소.

太田秀春, 2000, 「'조선성지실측도'와 왜성: 조선총독부의 식민지 지배와 관련하여」, 『한국문화』 25, 서울대학교 한국문화연구소.

유승훈, 2003, 「일제강점기 '문화재 관리'에 대한 비판적 고찰」, 『역사민속학회 발표문』(2003년 5월 10일), 역사민속학회.

윤용선, 2017, 「박물관의 역사 전시: 집단정체성 형성과 역사정치의 문제」, 『세계 역사와 문화연구』 43, 한국세계문화사학회.

유중현, 2017, 「일제 강점기 후지타 료사쿠(藤田亮策)의 조선 고대문화 인식과 그 변화: 『조선고고학연구』를 중심으로」, 『한일관계사연구』 56, 한일관계사학회.

유한철, 1992, 「일제 한국주차군의 한국 침략과정과 조직」, 『한국독립운동사연구』 6, 한국독립운동사연구소.

윤세진, 2001, 「근대적 미술담론의 형성과 미술가에 대한 인식: 1890년경부터 1910년대까지를 중심으로」, 『미술사논단』 12, 한국미술연구소.

윤해동 편, 2016, 『식민주의 역사학과 제국: 탈식민주의 역사학을 위하여』, 책과함께.

이경선, 2012, 「식민지에 설립된 제국의 과학관: 일제강점기 恩賜記念科學館의 과학보급사업」, 서울대학교 석사학위논문.

이구열, 1996, 『한국문화재수난사』, 돌베개.

이기성, 2010, 「일제 강점기 '석기시대' 조사와 인식」, 『선사와 고대』 33, 한국고대학회.

이민희, 2009, 『마지막 서적중개상 송신용 연구』, 보고사.

이민희, 2011, 『책쾌 송신용』, 아침.

이성시, 1999, 「구로이타 가츠미(黒板勝美)를 통해 본 식민지와 역사학」, 『한국문화』 23, 한국 문화연구소.

이성시, 2004, 「조선 왕조의 상징공간과 박물관」, 『국사의 신화를 넘어서』, 휴머니스트.

이성시, 2011, 「한국고대사 연구와 식민지주의: 그 극복을 위한 과제」, 『한국고대사연구』 61, 한국고대사학회.

이성시, 2015, 「조선총독부의 고적조사와 총독부박물관」, 『미술자료』 87, 국립중앙박물관.

이순자, 2009, 『일제강점기 고적조사사업 연구』, 경인문화사.

이승일, 2013, 「오다 미키지로(小田幹治郞)의 한국 관습조사와 관습법 정책」, 『한국민족문화』 46, 부산대 한국민족문화연구소.

이영학, 2011, 「통감부의 조사사업과 조선침탈」, 『역사문화연구』 39, 한국외대 역사문화연구소.

이영학, 2018, 「일제의 '구관제도조사사업'과 그 주요 인물들」, 『역사문화연구』 68, 한국외대 역사문화연구소.

이원규, 2002, 『한국 기록물관리제도의 이해』, 진리탐구.

이인범, 2002, 「한국 박물관 제도의 기원과 성격」, 『미술사논단』 14, 한국미술연구소.

이재정, 2004, 「국립중앙박물관 소장 활자에 대한 일고찰」, 『서지학연구』 29, 서지학회.

이지원, 1993, 「1930년대 民族主義系列의 古蹟保存運動」, 『東方學志』 77·78·79합, 연세대 국학연구원.

이지원, 2000, 「1920~30년대 日帝의 朝鮮文化 支配政策」, 『역사교육』 75, 역사교육연구회.

이지원, 2007, 『한국 근대 문화사상사 연구』, 혜안.

이태진, 2017, 『끝나지 않은 역사: 식민지배 청산을 위한 역사인식』, 태학사.

이태희, 2015, 「조선총독부박물관의 중국 문화재 수집」, 『미술자료』 87, 국립중앙박물관.

이토 고지, 2014, 「오호데라우치문고의 변천과 현상」, 『경남대학교 데라우치문고 조선시대 서화』, 국외소재문화재재단.

이형식, 2014, 「조선총독부 관방의 조직과 인사」, 『사회와 역사』 102, 한국사회사학회.

전경수, 2018, 「식민지 지식인에 대한 제국일본의 감시와 착취: 都宥浩의 경우」, 『근대서지』 17, 근대서지학회.

정규홍, 2005, 『우리 문화재 수난사』, 학연문화사.

정병준, 2016, 「식민지 관제 역사학과 근대학문으로서의 한국 역사학의 태동: 진단학회를 중심으로」, 『사회와 역사』 110.

정상우, 2011, 「조선총독부의 '조선사' 편찬 사업」, 서울대학교 박사학위논문.

정상우, 2017, 「일제하 일본인 학자들의 한국사에 대한 통사적 이해: 1930년대 중반의 저작들을 중심으로」, 『역사와 현실』 104, 한국역사연구회.

정상우, 2018, 『조선총독부의 역사 편찬 사업과 조선사편수회』, 아연출판부.

정인경, 2005, 「은사기념과학관과 식민지 과학기술」, 『과학기술학연구』 5-2, 한국과학기술학회.

정인보, 1946, 『朝鮮史硏究』; 2009, 『薝園 鄭寅普全集』 3, 연세대학교 출판부.

정인성, 2006, 「關野貞의 낙랑유적 조사 연구 재검토」, 『호남고고학보』 24, 호남고고학회.

정인성, 2009, 「일제강점기 '慶州古蹟保存會'와 모로가 히데오」, 『대구사학』 95, 대구사학회.

정일성, 2005, 『도쿠토미 소호』, 지식산업사.

정준영, 2015, 「제국일본의 도서관체제와 경성제대 도서관」, 『사회와 역사』 105, 한국사회사학회.

정준영, 2017, 「이마니시 류(今西龍)의 조선사, 혹은 식민지 고대사에서 종속성 발견하기」, 『사회와 역사』 115, 한국사회사학회.

정호진, 1999, 「일제의 식민지 미술정책」, 『한국근현대미술사연구』 7, 한국근현대미술사학회.

조윤수, 2016, 「한일회담과 문화재 반환 교섭: 일본 정부의 반환 문화재 목록 작성과정을 중심으로」, 『동북아역사논총』 51, 동북아역사재단.

주윤정, 2003, 「조선물산공진회와 식민주의 시선」, 『문화과학』 33, 문화과학사.

지건길, 2016, 『한국 고고학 백년사』, 열화당.

지수걸 외, 2004, 『조선총독부 공문서의 분류·기술 방법론』, 한국국가기록연구원.

최석영, 2001, 『한국 근대의 박람회·박물관』, 서경문화사.

최석영, 2004, 『한국박물관의 근대적 유산』, 서경문화사.

최석영, 2015, 「일제의 조선 '식민지고고학'과 식민지 이후」, 서강대출판부.

최우석, 2016, 「도리이 류조(鳥居龍藏)의 식민지 조선 조사와 일선동조론」, 『동북아역사논총』 53, 동북아역사재단.

최재석, 1990, 「黑板勝美의 일본 고대사론 비판」, 『정신문화연구』 13권 1호, 한국정신문화연구원.

한국국가기록연구원 엮음, 2008, 『조선총독부 도시계획 공문서와 기록평가론』, 진리탐구.

한국국가기록연구원 엮음, 2008, 『조선총독부 도시계획 기록의 이해』, 진리탐구.

한창균, 2017, 『하담 도유호: 한국 고고학 첫 세대』, 혜안.

함순섭, 2009, 「조선총독부박물관 경주분관」, 『한국 박물관 100년사』, 사회평론.

허영섭, 1996, 『조선총독부, 그 청사 건립의 이야기』, 한울.

황정연, 2014, 「경남대학교 소장 '홍운당첩' 고찰: 조선 후기~일제강점기 회화작품의 유통과 수장의 일면」, 『경남대학교 데라우치문고 조선시대 서화』, 국외소재문화재재단.

황종연 외, 2008, 『신라의 발견』, 동국대출판부.

후지하라 사다오, 임경택(역), 2014, 『앙코르와트: 제국주의 오리엔탈리스트의 앙코르 유적의 역사 활극』, 동아시아.

「寺内正毅 略年譜」, 『寺内正毅と帝国日本: 桜圃寺内文庫が語る新たな歴史像』, 勉誠出版.

アルノ・ナンタ(Arnaud Nanta), 2016, 「植民地考古学·歴史学·博物館: 朝鮮半島と古代史研究」,

『帝国を調べる: 植民地フィールドワークの科学史』, 勁草書房.

高正龍, 1996,「八木奘三郎の韓国調査」,『考古学史研究』第6号, 京都木曜クラブ.

關野克, 1978,『建築の歴史學者 關野貞』, 上越市總合博物館.

溝上智惠子, 1998,「ナショナリズムの装置としての文化施設」,『文化經濟學』2, 文化經濟學會.

國守進, 2013,「櫻浦寺内文庫の成立」,『櫻浦寺内文庫の研究』, 勉誠出版.

金山喜昭, 2001,『日本の博物館史』, 慶友社.

吉井秀夫, 2006,「日帝強占期慶州新羅古墳の発掘調査」,『国立慶州文化財研究所学術シンポジウム 新羅古墳発掘調査100年』, 国立慶州文化財研究所.

吉井秀夫, 2006,『植民地時期における考古學的研究の再検討』, 平成15年度〜17年度 科學研究費補助金 研究成果報告書.

吉井秀夫, 2008,「澤俊一とその業績について」,『高麗美術館紀要』6, 高麗美術館.

金玟淑, 2008,「植民地朝鮮における歴史的建造物の保存と修理工事に関する研究」, 早稲田大学大学院 建築學 博士學位論文.

金泰蓮, 2015,「朝鮮総督府博物館の設立と運営について: 1910〜1921年を中心に」,『仏教大学大学院紀要』, 文学研究科篇, 第43号, 仏教大学大学院.

大貫静夫, 1997,「原田淑人と東洋考古学」,『精神のエクスペディシオン』, 東京大学.

大橋敏博, 2004,「韓国における文化財保護システムの成立と展開」,『總合政策論叢』8, 島根県立大学 総合政策学会.

臺灣總督府博物館協會 編, 1937,『臺灣總督府博物館案内(第3版)』.

大出尚子, 2010,「'満洲国'国立博物館の展示におけ'満洲色'の創出: 高句麗・渤海・遼の古蹟調査を背景として」,『内陸アジア史研究』25, 内陸アジア史學會.

大出尚子, 2012,「日本の旧植民地における歴史・考古学系博物館の持つ政治性: 朝鮮総督府博物館及び「満洲国」国立(中央)博物館を事例として」,『東洋文化研究』14, 学習院大学東洋文化研究所.

大出尚子, 2014,『満洲国'博物館事業の研究』, 汲古書院.

稲葉岩吉, 1935,「朝鮮史研究の過程」,『世界史大系』11, 平凡社.

藤田亮策, 1929,「歐美の博物館と朝鮮」(上)(下),『朝鮮』164, 170(『朝鮮學論考』, 1963).

藤田亮策, 1933,「朝鮮考古學略史」,『ドルメン』4月號.

藤田亮策, 1958,「ピリケ々總督: 朝鮮の思い出」,『親和』52.

藤田亮策, 1963,「朝鮮古蹟調査」,『朝鮮學論考』.

鈴木良・高木博志, 2002,『文化財と近代日本』, 山川出版社.

魯炳浩, 2004,「吉野作造の弟子奥平武彦の朝鮮: 奥平武彦の生涯と朝鮮」,『歴史文化社会論講座紀要』1, 京都大学大学院人間環境学研究科 歴史文化社会論講座.

梅原末治, 1969,「日韓併合の期間に行なわれた半島の古蹟調査と保存事業にたずさわつた一考古學徒の回想録」,『朝鮮學報』51, 朝鮮學會.

寺内正毅, 山本四郎(編), 1980,『寺内正毅日記: 1900〜1918』, 京都女子大学.

三島貴雄, 2008,「東京帝室博物館における文化財疏開の概要と新出資料について」,『MUSEUM』

616, 東京國立博物館.

小泉顯夫, 1986, 『朝鮮古代遺跡の遍歴』, 六興出版.

松宮秀治, 2003, 『ミュージアムの思想』, 白水社.

矢島國雄, 2004, 「植民地と博物館」, 『植民地主義と歴史學』, 刀水書房.

野林厚志, 2010, 「植民地国家から国民国家へ継承された博物館: 台湾総督府博物館の設立と原住民族コレクション」, 『国民国家の比較史』(久留島浩・趙景達 編), 有志舎.

永島広紀, 2013, 「寺内正毅と朝鮮總督府の古蹟・史料調査」, 『櫻浦寺内文庫の研究』, 勉誠出版.

永島広紀, 2015, 「朝鮮總督・寺内正毅」, 『寺内正毅と帝国日本: 桜圃寺内文庫が語る新たな歴史像』, 勉誠出版.

有光教一, 2007, 『朝鮮考古學七十五年』, 昭和堂.

有光教一・藤井和夫, 2000, 『朝鮮古蹟研究會遺稿I: 慶州皇吾里16號墳・慶州路西里215番地古墳發掘調査報告』, 東洋文庫・유네스코東아시아文化研究센터.

伊藤純, 2001, 「李王家博物館開設前後の狀況と初期の活動」, 『考古学史研究』第9号, 京都木曜クラブ.

伊藤真実子, 村松弘一 編, 2014, 『世界の蒐集: アジアをめぐる博物館・博覧会・海外旅行』学習院大学東洋文化研究叢書, 山川出版社.

日下部龍太, 2016, 「「臺灣總督府博物館」と教育政策」, 『博物館という装置: 帝国・植民地・アイデンティティ』, 勉誠出版.

林直樹, 1999, 「今西龍と朝鮮考古學」, 『靑丘學術論集』 14, 靑丘學術財團.

荻野昌弘, 1997, 「DOING SOCIOLOGY 保存する時代: 文化財と博物館を考える」, 『ソシオロジ』 42-2, ソシオロジ編集委員会 編.

荻野昌弘, 2002, 「「民族の展示」: 植民地主義と博物館」, 『植民地主義と人類學』, 關西學院大學出版社.

全東園, 2011, 「1900〜1910年代における「韓国の美術」に関する一考察: 八木奘三郎の調査と論考を中心に」, 国際日本研究センター主催 第3回若手研究者ワークショップ.

全東園, 2012, 「近代朝鮮の「朝鮮文化財」調査,研究に關する一考察」, 『日本語日本學研究』 2, 東京外大 國際日本研究センタ.

鳥居龍藏, 1953, 『あの老學徒の手記』, 朝日新聞社.

早乙女雅博, 1997, 「関野貞の朝鮮古蹟調査」, 『精神のエクスペディシオン』, 東京大学.

朝創敏夫, 1993, 「鳥居龍藏の朝鮮半島調査」, 『鳥居龍藏の見たアジア』, 國立民族學博物館.

中見立夫, 2016, 「「帝國」という空間における博物館を考える」, 『博物館という装置: 帝国・植民地・アイデンティティ』, 勉誠出版.

川口幸也 編, 2009, 『展示の政治学』, 水声社.

川山貢, 1998, 「杉山信三先生の御逝去を悼む」, 『建築史學』 31, 建築史學會.

淺川伯敎, 1945, 「朝鮮の美術工藝に就いての回顧」, 『朝鮮の回顧』, 近澤書店.

椎名仙卓, 2010, 『近代日本と博物館: 戦争と文化財保護』, 雄山閣.

坂詰秀一, 1997, 『太平洋戦争と考古學』, 吉川弘文館.

八田蒼明, 1934, 『樂浪と傳說の平壤』, 平壤研究會.

黑田甲子郎, 1920, 『元帥寺內伯爵傳』, 元帥寺內伯爵傳記編纂所.

黑板勝美, 1939, 『虛心文集』.

Aso, Nariko (2013), *Public Properites*, Duke University Press.

MacLeod, Roy (1998), Postcolonialism and Museum Knowledge, *Pacific Science* vol. 52, no. 4.

Singh, Kavita (2009), Material Fantasy: Museums in Colonial India, In *Art and Visual Culture in India, 1857~1947*, ed. Gayatri Sinha, Mumbai: Marg.

Tanaka, Stefan (1993), *Japan's Orient: rendering pasts into history*; 박영재 · 함동주(역), 2004, 『일본 동양학의 구조』, 문학과지성사.

찾아보기